高等职业教育“数字贸易应用型人才培养工程”系列教材

外贸单证实务与实训

（第2版）

杨玉真　主　编
李廷华　梁全芳　副主编

電子工業出版社
Publishing House of Electronics Industry
北京 • BEIJING

内 容 简 介

本书在分析外贸单证员典型工作任务的基础上，按照外贸业务环节设计学习项目，并为每个项目引入源自外贸企业的业务背景及材料，设置仿真的工作任务情境，提供必要、够用的基础理论知识，让学习者学习外贸制单、审单、审证等操作技能，提升其在单证员岗位上的工作能力。

本书学习项目的安排按照能力递进、先主后次的原则展开。结合进出口贸易工作流程，安排了 7 个学习项目，依次为外贸单证概述、信用证释读与操作、缮制结汇单据、缮制托运单据、缮制报检单据、缮制报关单据、全业务流程综合制单实训。

本书既可作为高职高专国际商务、国际贸易实务、国际经济与贸易等经济贸易类相关专业的教学用书，也可作为外贸制单、国际贸易从业人员的参考用书。

图书在版编目（CIP）数据

外贸单证实务与实训 / 杨玉真主编. —2 版. —北京：电子工业出版社，2020.8

ISBN 978-7-121-39342-6

Ⅰ. ①外… Ⅱ. ①杨… Ⅲ. ①进出口贸易－原始凭证－高等职业教育－教材 Ⅳ. ①F740.44

中国版本图书馆 CIP 数据核字（2020）第 143103 号

责任编辑：朱干支
印　　刷：涿州市京南印刷厂
装　　订：涿州市京南印刷厂
出版发行：电子工业出版社
　　　　　北京市海淀区万寿路 173 信箱　邮编 100036
开　　本：787×1 092　1/16　印张：17　字数：435.2 千字
版　　次：2013 年 9 月第 1 版
　　　　　2020 年 8 月第 2 版
印　　次：2023 年 5 月第 5 次印刷
定　　价：49.80 元

凡所购买电子工业出版社图书有缺损问题，请向购买书店调换。若书店售缺，请与本社发行部联系，联系及邮购电话：（010）88254888，88258888。

质量投诉请发邮件至 zlts@phei.com.cn，盗版侵权举报请发邮件至 dbqq@phei.com.cn。

本书咨询联系方式：（010）88254573，zgz@phei.com.cn。

前　言

自本书第 1 版于 2013 年 9 月由电子工业出版社出版以来，我国对外贸易政策和有关国际贸易的一些惯例出现了许多新变化。例如，2013 年国际商会银行委员会对《关于审核跟单信用证项下单据的国际标准银行实务》（简称《ISBP745》）重新修订，对《跟单信用证统一惯例》（简称《UCP600》）的规则进行了解释和补充；2018 年 8 月，我国海关启用新版报关单，新版报关单对布局结构进行了优化，增减或修改了部分栏目，版式由竖版改为横版；2018 年 4 月 20 日起，为落实国务院机构改革方案，我国原出入境检验检疫部门正式并入海关总署，我国对外贸易货物检验检疫的管理制度和机构发生相应变化……因此，我们对本书进行了修订。此次修订主要更新了以下内容：

（1）对第 1 版中引用的部分外贸资料和案例进行了更新，用近年的新材料代替年份较早的案例，体现了知识的前沿性和时代性。

（2）根据我国对外贸易政策的变化，删除了关于核销单的相关内容。

（3）根据我国出入境检验检疫的政策变化，更新了报检单据的相关内容。

（4）根据我国海关总署 2018 年第 60 号公告及报关流程的变化，更新了报关单据的相关内容。

（5）项目 3 缮制结汇单据中新增一项学习任务，即审核结汇单据，进一步完善了知识体系。

（6）在缮制官方单据的学习任务中新增了关于区域性优惠原产地证书的学习内容。

（7）对用于课后训练的任务实训的部分习题内容进行了修订、更新。

修订后的内容导图如下：

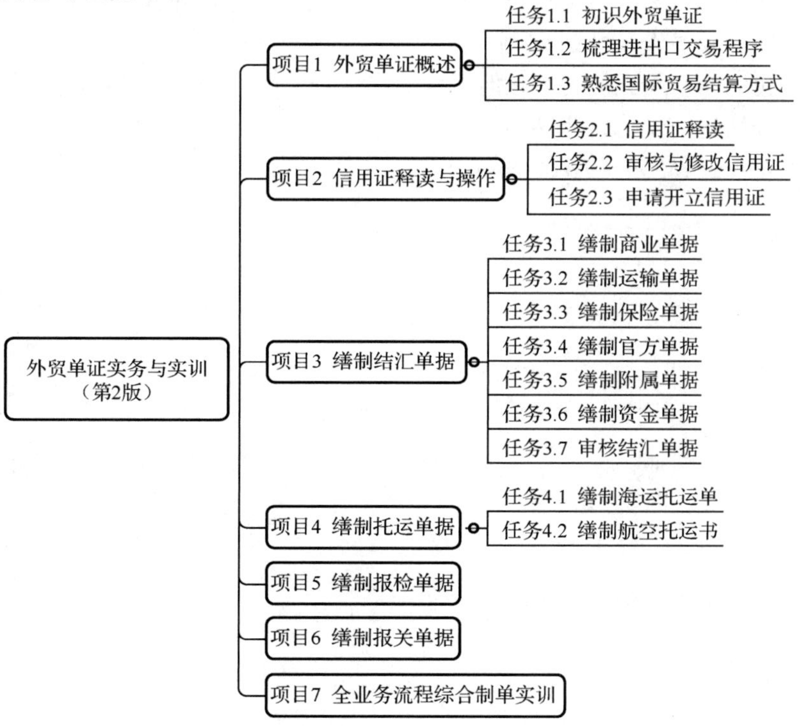

本书具有以下四个主要特色：

（1）编写体例新颖。本书采用项目任务式编写体例，在分析外贸单证岗位典型工作任务的基础上，以进出口贸易工作流程为主线设计教学内容。在结构安排上，按照“学习目标→任务情境（任务要求）→支撑知识→任务实训”的顺序展开。力图用完整的工作流程强化学生对外贸制单操作的把握，用各种工具性栏目加深学生对外贸制单工作的理解。

（2）重视实训操作。本书以提高学生的外贸制单能力为目标，强调对各种外贸单证操作能力的训练，特别是最后一个项目为全业务流程综合制单实训，围绕一笔交易合同的履行程序缮制了各个环节的相关单据，将前面各项目的单证学习形成一个完整的体系，进一步巩固和提高了各种单证的制作能力。

（3）理论知识必要、够用。本书所介绍的理论知识均围绕实训操作展开，以必要、够用为原则，相关理论均属国际贸易领域的新规定。

（4）单证案例资料翔实，图表丰富。本书引用了大量的单证案例资料和图表，均来自外贸公司的真实业务，但基于保护公司商业秘密的原因，对相关公司名称及地址做了改动，既实现了学习与真实工作的无缝对接，又丰富了教材内容，开阔了学习者的视野。

本次修订由杨玉真老师担任主编并负责统稿，李廷华、梁全芳老师担任副主编并参与修订。具体分工如下：梁全芳负责项目 1 之任务 1.1 的修订，李廷华负责项目 5 的修订，其余部分由杨玉真负责修订。

本书提供丰富的教学资源包，内容包括电子课件和习题解答。需要者可登录华信教育资源网（www.hxedu.com.cn）免费下载。

本书是烟台职业学院立项横向课题“中小外贸企业单证从业人员的知识储备和能力提升模式研究”（项目编号 HX2019023）的研究成果之一。

在本书编写和修订过程中，借鉴了相关专家学者的论著和观点，也参考了同行的相关教材，并得到了烟台许诺国际贸易有限公司许肖红总经理的大力支持，在此表示诚挚的谢意！同时，对第 1 版参与编写的人员表示感谢！

此次修订，我们尽了最大的努力，但仍难免出现一些疏漏和不足，在此恳请各位读者予以批评指正，以便今后进一步修订完善。

编者联系邮箱：1615556409@qq.com。

编　者

2020 年 5 月

目　录

项目 1　外贸单证概述

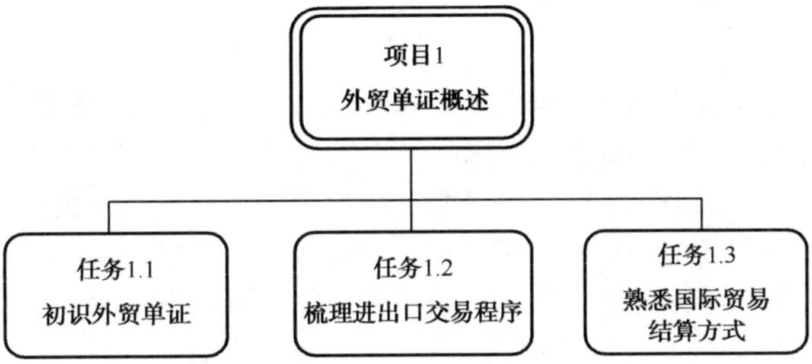

任务 1.1　初识外贸单证

学习目标

通过学习，要求完成以下任务：

1．了解外贸单证的重要性；

2．掌握外贸单证的意义及种类；

3．熟悉外贸单证制作的依据和要求。

任务情境1.1.1

2018 年，山东青岛 A 公司签订了一份海产品出口合同，合同采用 CIF 条件成交，即期信用证方式支付。合同签订后，A 公司按照交易条件完成了该合同的履行。

思考：

1. 该笔交易中 A 公司完成合同履行的业务环节有哪些？

2. 每个业务环节涉及的外贸单证有哪些？

支撑知识

国际贸易作为一种国与国之间的商业行为，其绝大部分表现为商品和资金的相互流动。在外贸实践中，商品、资金的流动同时表现为各类单证的流动，国际贸易的最终完成往往是以单证交流的形式实现的。

外贸单证贯穿在整个国际贸易的交易过程中。从贸易合同签订后出口方装运货物到进口方提货的整个过程，每个环节都需要相应的单证缮制、处理、交接和传递，以满足进出口企业、货运公司、保险公司、银行、海关，以及外汇管理局等相关政府机关对进出口管理等多方面的需要。

1.1.1 外贸单证的含义及作用

一、外贸单证的含义

外贸单证（Foreign Trade Documents）是在国际贸易中使用的各种单据、文件与证书的统称，对外贸易的相关各方通过这些单证来处理国际货物的交付、运输、保险、报检、报关、结汇等。

外贸单证有广义和狭义两种概念，广义的单证是指国际贸易整个交易过程中涉及的各种文件、证书；狭义的单证仅指信用证和信用证项下的各种结汇单据。单证工作贯穿在整个国际贸易的操作过程中，它除买卖双方外，还与交通运输部门、保险公司、海关、银行、外汇管理局、税务局等发生联系，单证之间环环相扣，互相影响，互为条件。

二、外贸单证的作用

外贸单证的作用体现在以下几个方面。

1. 外贸单证是国际结算的基本工具

国际贸易是国与国之间的商品买卖，主要表现为货物和单据的相互流动。实际业务中，无论采用哪一种结算方式，买卖双方要实现货物和货款的转换都必须通过单据的交付来实现。在以信用证作为支付方式的外贸业务中，卖方向客户收取货款的凭证不是实际货物，而是与信用证要求完全相符的一整套单据。《跟单信用证统一惯例》（简称《UPC600》）规定：在信用证业务中，各有关方面当事人处理的是单据而不是有关的货物、服务或其他行为。即使采用跟单托收或汇付等其他支付方式，单据同样起着不可忽视的作用。

2. 外贸单证是履行合同的必要手段

在国际贸易中，买卖双方分属于不同国家，在绝大多数情况下，商品和货币不能进行简单的交换，而必须以单证作为交换的媒介。根据相关惯例（《2020 年国际贸易术语解释通则》，简称《INCOTERMS2020》）中的规定，国际贸易中常见的 CIF、CFR、FOB 合同，卖方需要既交货又交单，买方需凭单付款，而不是凭货付款，实行的是单据和付款对流的原则。因此，国际贸易货物的单据化，使得货物买卖可以通过单据买卖来实现。卖方通过交付单据，表示交付货物；买方付款赎取单据，就可以凭单提取货物。

3. 单证工作是体现经营管理好坏的重要环节

单证工作是进出口业务的一个重要环节。通常，合同内容、信用证条款、货源衔接、商品品质、交货数量，以及运输安排等诸多业务管理上的问题，最后都会在单证工作上集中反映出来。因此，单证工作既是为国际贸易全过程服务，也是为争取安全迅速收汇而进行的细致烦琐的工作，这是外贸企业经营管理中一个非常重要的环节。单证工作不仅仅是单证的缮制和组合，还必须妥善地处理各种问题，解决好各种矛盾，从而使企业的经营成果得到可靠的保证。

外贸企业经营的好坏与单证工作组织管理的优劣关系很大。单证管理工作的加强，单证质量的提高，不仅可以有效地防止差错事故的发生，弥补经营管理的缺陷，还可以节约各种费用，加速对外交易，在无形之中为国家创收大量外汇。从这个意义上说，单证就是外汇。

4. 单证工作是政策性很强的涉外工作

外贸单证作为一种涉外商务文件，它必然体现国家的对外政策。因此，单证处理要严格按照国家有关外贸的各项法规和制度办理。例如，出口许可证，它关系到国家对出口商品的管理，甚至还牵涉两国之间甚至多国之间的贸易协定。

在外贸中，有很多被多数国家承认和采用的法规和惯例，不同国家又有各自的特殊法规和惯例，这些法规和惯例涉及的面很广，如国际货物买卖、国际金融、国际结算、国际保险及各种国际货运规则等。外贸单证作为涉外的法律文件，必须与国外有关法律（如《中华人民共和国票据法》，简称《票据法》）、规则（如《托收统一规则》，简称《URC522》）、惯例（如《跟单信用证统一惯例》，简称《UCP600》）等相适应。

5. 单证工作是企业业务和素质的体现

单证虽然是商务文件，但却能起到企业对外宣传的作用。优美、整洁、清晰的单证，能展示企业高品位的业务质量，为企业塑造良好的形象，有利于业务的开展。反之，粗劣、杂乱、错误的单证则必然会给企业带来负面效应。

1.1.2　外贸单证的分类

外贸业务中涉及的单证很多，根据不同的分类标准可以分为不同的种类。

一、根据进出口业务单证的出具方划分

根据进出口业务单证的出具方，外贸单证可分为出口单证和进口单证。

出口单证，即出口方所在国的企业及有关部门出具的单证，包括出口许可证件、出口报关单、出口货运单据、出口报检单、商业发票、包装单据、保险单、汇票、商检证书、产地证、形式发票等。

进口单证，即进口方所在国的企业及有关部门出具的单证，包括进口许可证件、信用证、进口报关单、进口报检单、保险单等。

二、根据单证的性质划分

《托收统一规则》规定，根据单证的性质，外贸单证可分为金融单据和商业单据。

金融单据，即汇票、本票、支票或其他类似用于取得款项的凭证。

商业单据，即发票、运输单据、契据或其他类似单据及所有非金融单据。

这种分类方法简明扼要，除金融单据以外，其他的统归为商业单据，这就使商业单据的种类相当广泛。

三、根据业务环节划分

根据进出口业务环节，外贸单证可分为托运单据、报检单据、报关单据、结汇单据等。

托运单据是指托运人委托外运公司或国际货运代理公司办理国际货物运输时所涉及的单据，主要包括海运托运单（Booking Note）、空运托运单（又称国际货物托运书，Shipper's Letter of Instruction）等。

报检单据是指根据国家规定需要进行法定检验检疫货物的货主自理或委托报检单位向国家出入境检验检疫机构申请检验的凭证，主要指进出口货物报检单及随附单据。

报关单据是指进出口货物的货主自理或委托报关公司向海关办理进出口报关手续时需要提供的单据，主要指进出口货物报关单及其随附单据，如发票、装箱单、原产地证等。

结汇单据是指进出口双方办理结汇手续时需要提供的单证，也是外贸单证中最重要的一类单证，这类单证是买方付款的依据，也是卖方履约的证明，有时还可作为物权凭证。

四、根据单证的用途划分

在实际业务中，较常用的做法是按照单证的用途进行分类。

根据单证的用途，外贸单证可分为商业单据、运输单据、保险单据、官方单据、附属单据、资金单据等。

商业单据，即出口商出具的单据，包括发票（Invoice）、商业发票（Commercial Invoice）等各种名称的发票及装箱单（Packing List）、重量单（Weight Memo）、尺码单（Measurement List）、花色搭配单（Assortment List）等各种名称的包装单据。

运输单据，即不同运输方式下出具的各种货运单据的统称，如海运提单（Bill of Lading）、海运单（Sea Waybill）、租船合约单（Charter Party Bill）、航空运单（Air Waybill）、铁路联运运单（Through Rail Waybill）和内河运输单据（Inland River Transport Document）、快递单（Express Delivery Note）和邮政收据（Post Receipt）。

保险单据，即保险公司出具的保险单（Insurance Policy）或保险凭证（Insurance Certificate）、预约保险单（Open Policy）等。

官方单据，即国家对外贸易主管机构规定或出具的单据和证明，如海关发票（Customs Invoice）、领事发票（Consular Invoice）、原产地证明书 （Certificate of Origin）、商检证明（Inspection Certificate）等。

附属单据，包括受益人证明（Beneficiary's Certificate）、装运通知（Shipping Advice 或 Shipping Note）、寄单证明（Certificate for Despatch of Documents）、寄样证明、船舱证明及其他机构出具的证明等。

资金单据，包括汇票（Draft 或 Bill of Exchange）、支票（Check 或 Cheque）、本票（Promissory Note）等信用票据。

五、根据单证的表现媒介划分

根据单证的表现媒介，外贸单证可分为纸质单证、电子单证。

传统贸易中的单证，是以纸质单证的形式出具的，但随着电子信息化技术的广泛应用，当前国际贸易中的单证，绝大多数体现为电子单证的形式，从单证的填制、流转到存档，基本都实现了电子化操作。这种转变不仅提高了制单的效率，还促进了国际贸易的发展。

1.1.3 外贸制单的依据

外贸单证为履行贸易合同而产生，单证的制作应首先遵循合同的规定。另外，在不同的支付方式下，单证的制作还应遵循相应支付方式的要求和惯例。

1．在汇付和托收支付方式下，买卖合同是制单和审单的首要依据。单据内容要符合合同的规定；合同中没有规定的项目可根据贸易双方的往来函电制作单据。

2．在信用证支付方式下，信用证是制单的主要依据。信用证项下的贸易合同中，银行付款的原则是只凭信用证而不看合同，单据必须完全符合信用证的规定。如果信用证中的规定与合同的内容不符，那么应要求买方将信用证修改，待“证同一致”后，再按照信用证的规定缮制单据，以保证安全收汇。

3．合同和信用证中没有做出详细规定的内容，如货物的实际装运数量、毛净重、尺码、装运船名、航次、装运时间等，按照实际产生的业务数据和资料填制。

4．另外，单据的制作要符合相关的国际贸易惯例和常用规则。例如，信用证项下制单应符合《跟单信用证统一惯例》、《关于审核跟单信用证项下单据的国际标准银行实务》（简称《ISBP745》）、《跟单信用证项下银行间偿付统一规则》（简称《URR725》）等，托收项下制单应符合《URC522》，贸易术语的应用须依据《INCOTERMS2020》等。

1.1.4　外贸单证的要求

外贸单证的制作工作，关系到卖方能否安全迅速地收汇和买方能否及时地收货，同时也能从侧面反映公司的管理水平。所以，制单不能随意，必须符合商业习惯和实际需要。各种进出口单证，原则上应做到：正确、完整、及时、简明、清晰。

一、正确

正确是单证工作的前提，单证不正确就不能安全结汇。

“正确”至少包括两个方面的内容：一方面是要求各种单据必须做到“三相符”，即单证相符、单单相符、单货相符；另一方面则要求各种单据必须符合相关国际惯例和进口国的有关法律和规定。

（1）各种单据要“相符”。在以信用证结算货款的贸易中，出口方提供的单证必须与信用证条款相符（Accordance with the terms and conditions of the credit），开证行在相符提示的前提下，必须履行付款义务（If documents presented constitute a complying presentation, the issuing bank must honor）；在银行托收项下，虽然对单证的准确性要求不如信用证业务那么严格，但如果不符合买卖合同的规定，那么也可能被进口商拒付货款或拒收货物。

（2）单据必须与有关惯例和法律规定相符。在信用证结算货款时，进口方开证行负有审核单证的责任。银行在审单时，除审核单据是否与信用证条款相符外，还要审核是否与《跟单信用证统一惯例》和《关于审核跟单信用证项下单据的国际标准银行实务》（简称 ISBP745）相符（Accordance with the applicable provisions of uniform rules and practice of the credit and international standard banking practice）。

（3）此外，在缮制单据时，还要注意进口国对单据或进口货物有无特殊规定。目前，有不少国家对进口货物单据都规定了特殊的要求，如果出单时忽视了进口国的这些规定，就很有可能遭到进口国当局的拒绝。

二、完整

完整包含以下三层含义。

（1）单证要成套、齐全。单证在通过银行议付或托收时，一般都是成套、齐全，而不是单一的。例如，在CIF交易中，卖方向买方提供的单证至少应有发票、提单和保险单。在信用证支付方式下，出口商必须按照规定备齐所需单证，银行才会履行议付、付款或承兑的责任。在单证制作和审核过程中，必须密切注意，及时催办，防止遗漏和误期，以保证全套单证的完整无缺。

（2）单据的本身内容必须完备齐全。任何单证都有它特定的作用，这种作用是通过单证本身的特定内容即格式、项目、文字、签章等体现的，如果单证格式使用不当，项目漏填，签章不全，就不能成为有效文件，也就不能被银行接受。例如，签署和背书，一般须盖一个章，如果漏了盖章，这项单据便成为“未签署”的单据了，而未经签署的单据是无效的。背书是使单据的转移得以实现的手段，不同的背书形式直接影响单据的流通价值和作用。如格式A产地证书的“原产地标准”栏，虽然仅须填一个字母或再加上税则号码或进口成分，但如果漏填或填写不正确，便会使证书变成一张废纸，毫无用处。所以单证的齐全和完整是构成单证合法性的重要条件之一，必须十分重视。

（3）各种单据的份数要齐全。每种单据的份数要按照要求备齐，尤其是提单的份数，更应注意按要求出齐，避免多出或少出。如有些信用证仅要求出具“单份提单”（Sole B/L），如果企业还是按通常习惯出具两份，便会被银行视为出单不符而拒绝接受。

信用证或合同对单据份数的规定通常有以下几种情况：

① 明确规定几份正本、几份副本。例如“1 Original Commercial Invoice plus 1 copy…”。

② 笼统规定一式几份。例如“Commercial Invoice in 6 copies”。《UCP600》第十七条（e）款规定：“如果信用证使用诸如‘一式两份’‘两张’‘两份’等术语要求提交多份单据，则可以提交至少一份正本，其余份数以副本来满足。但单据本身另有相反指示者除外。”

③ 笼统规定提供全套单据。例如“Full Set of Bill of Lading”。这种规定方法须视出单人的实际出具份数而定，如果出单人习惯出具两份单据，则两份构成全套；如果出单人习惯出具一份单据，根据惯例规定，一份也能构成全套。

三、及时

1．及时的一层含义是指各种单证的出单日期必须合理、可行。

外贸业务中各种单据的出单时间应结合业务履行环节的先后顺序而定。发票是出口业务中最早开出的单据，备货完毕即应开立发票，因为在业务履行的各个环节（例如租船订舱、出口保险、出口报检、出口报关等）都需要用到发票，因此发票的出单日期应早于其他单据的日期，也可以早于信用证的开证日期，但一般不能早于合同的签发日期；出口保险、报检、报关、申请原产地证这些业务一般在货物装运前申请办理，因此，相应的保险单、报检申请单、出口报关单、原产地证书的出单日期都应早于货物的装运日期，即运输单据的出单日期。《UCP600》第二十八条（e）款规定：“保险单据的日期不得晚于货物的发运日期，除非保险单据表明保险责任不迟于发运日生效。”

另外，每种单据的出单日期都不能晚于信用证规定的有效期限或按商业习惯规定的合理日期，如果填错就会造成出单不符。

2．及时的另一层意思是指交单要及时。

这主要是指向银行交单的日期不能超过信用证规定的交单期和有效期。另外，按照《跟单信用证统一惯例》的规定："除交单到期日以外，每个要求运输单据的信用证还应该规定一个运输单据出单日期后必须交单付款、承兑或议付的特定限期，如未规定该限期，银行将拒收迟于运输单据出单日期 21 天后提交的单据……"。过期交单将会遭到拒付或造成利息损失。因此，如果在信用证允许的前提下尽量提早交单，则有利于尽早收汇。

四、简明

单证的内容应力求简洁明了，力戒烦琐。国际商会《UCP600》指出："为了防止混淆和误解，银行应劝阻在信用证或其任何修改书中加注过多细节的内容。"其目的就是避免单证的复杂化。

简化单证不仅可以减少工作量和提高工作效率，而且有利于提高单证的质量和减少单证的差错。

五、清晰

清晰主要是指单证的表面要整洁、美观、大方；单据中的各项内容应清晰、易认。

单据是否清晰，不但可以反映单证员制单技术的熟练程度和工作态度，而且会直接影响出单效果。单证的清晰要求单证格式的设计和缮制，力求标准化和规范化，单证内容的排列要求行列整齐、不得错行和错列、字迹清晰，重点项目突出醒目。各种单证的更改都要有一个限制点，不允许在一份单证上进行多次涂改。更改处一定要加盖校对章或简签。如涂改过多，应重新缮制。

单证的清晰、易认，要求单证各项内容布局合理、层次分明、清楚简洁，切不可将各项内容互相混合。同时，对单证内的各项内容也应按照其主次顺序安排好，不要喧宾夺主。

知识拓展

《ISBP745》简介

《ISBP745》是《关于审核跟单信用证项下单据的国际标准银行实务》（International Standard Banking Practice，ISBP）的简称，是国际商会银行委员会在信用证结算过程中为了防止因开证行和进口商滥用不符点拒付而制定的国际惯例，用以规范出口商制单和银行审单。该惯例首次于2002年编撰（即国际商会第 645 号出版物，简称《ISBP645》）。2007 年 4 月 26 日进行了简单修订（即国际商会第 681 号出版物，简称《ISBP681》），2013 年再次修订（即国际商会第 745 号出版物，简称《ISBP745》），《ISBP745》对《UCP600》中的规则进行了大量的解释和补充，解决了《UCP600》实施以来的诸多空白和影响。《ISBP745》包括引言及 200 个条文，它不仅规定了信用证单据制作和审核所应遵循的一般原则，而且对目前跟单信用证的常见条款和单据做出了具体的规定。

《ISBP745》是各国银行、各进出口公司在信用证业务中单据处理的必备工具，是《跟单信用证统一惯例》必不可少的补充。

任务实训

实训 1.1.1　知识巩固

1．外贸制单的基本要求是什么？
2．制单要求中最重要的是"正确"，正确应包括哪些具体要求？
3．单据"三相符"的要求指的是什么？哪个占首要地位？为什么？
4．进出口单证工作的内容包括哪些？

任务 1.2　梳理进出口交易程序

学习目标

通过学习，要求完成以下任务：

1. 了解进出口交易前的准备工作；
2. 掌握交易磋商的程序和步骤；
3. 熟悉进出口合同的基本履行程序；
4. 能用英文拟订国际货物买卖合同。

任务情境1.2.1

A 公司是一家经营服装出口的贸易公司，通过阿里巴巴国际站与欧洲某客户建立了业务关系，经过多次函电磋商，按 CIF 条件、信用证付款的方式签订了一份儿童服装出口合同，合同的支付条款规定："11 月在中国港口装船，运往欧洲某港，不准转运。" 10 月底，A 公司已备妥货物，但买方的信用证尚未开出，经再三催促，最终信用证于 11 月 20 日开出，但已超过直达船的船期，因为该航线的直达船的船期均安排在月中，要在 11 月装运已不可能。为此 A 公司电请买方将信用证的装运期延至 12 月 31 日，并将信用证的议付到期日延至来年的 1 月 15 日。适逢该货物的国际市场价格下跌，该客户非但不同意延期，反而借口 A 公司未能在 11 月份装运而违反合同，向其索赔。

思考：

1. 在该交易中究竟是何方违约？A 公司应从中吸取什么教训？
2. 在该交易中 A 公司应按照什么顺序完成合同的履行？

支撑知识

国际贸易中，买卖双方在进行市场调研后经过磋商达成协议，签订书面合同，并以书面合同为法律依据，遵循各自的权利和义务，完成合同的履行。

国际贸易是以进出口合同为依据进行的。企业从准备出口或进口一批货物，到完成交易取得货款或所需的货物为止，要经过若干具体环节和步骤。在一般交易条件下，贸易程序可以分为几个阶段：交易前的准备工作；进出口交易磋商；签订书面合同；合同的履行（出口合同的履行和进口合同的履行）。

1.2.1　交易前的准备工作

一、国际市场调研

国际市场调研是指进出口企业对其所经营的商品及与商品有关的客观环境进行的调查和

研究，以便及时发现销售机会和存在的问题，为制定进出口策略提供依据。

1. 市场调研的种类和内容

（1）国别（地区）调研。通过国别（地区）调研，以期达到选择适宜市场、创造有利条件发展贸易关系的目的。这方面的调研内容主要包括政治与法律环境、经济环境、文化环境、自然环境等。

（2）商品调研。在国际市场中，同类商品之间的竞争十分激烈，产品能否在激烈的市场竞争中占有一席之地，与商品的品质、性能、规格、外观设计、颜色、包装装潢、商标使用等是否适应市场需求有着密切的关系。通过商品调研，企业要摸清市场，特别是要研究市场畅销产品的特点，积极主动地适应市场的需求，并挖掘市场需求。

（3）市场调研。在国际市场中，由于受消费水平、质量要求、消费习惯、销售季节、生产周期、产品销售周期等多种因素影响，供求关系是经常发生变化的，企业应通过积极的市场调研，掌握市场供求变化的规律，预测其变化的趋势，并结合我国商品供应的可能和进口的实际需要，选择最恰当的销售或购买时机。

（4）价格调研。在影响进出口贸易的各项交易条件中，价格是最主要的因素。价格的高低，直接关系到产品在当地市场的销路和企业的获利水平。因此，企业必须及时对有关商品在不同地区、不同时期的价格进行调研，以了解各地市场的价格情况，分析影响价格变化的因素及价格变化的规律和趋势，以便选择在最有利的市场和最佳时机进行商品的购销。

（5）客户调研。正确选择国外客户，对企业发展业务有很大影响。为了使交易建立在可靠的基础上，企业必须在贯彻外交政策和外贸政策的前提下，根据业务需要，认真、谨慎地选择国外客户，并对客户的相关背景展开细致的调查。调查的具体内容主要包括：客户的政治背景和对我国的政治态度；客户在各种社会、政治、经济组织中的地位；客户的历史、规模、经营技能和经验、业务往来关系及经营能力的大小；客户的注册资本、营业额、资产负债情况、支付能力、经营作风等资信情况。

2. 市场调研的渠道和方法

市场调研是一项复杂细致的工作，必须有科学、严格的运作程序。一般可通过下列渠道和方法进行：

（1）查阅有关文件、文献资料获取信息；

（2）通过各种媒体（报纸、杂志、广播、电视、互联网等）查找资料；

（3）通过驻外机构、有关国家的银行、商会和咨询公司进行调查；

（4）利用交易会、展览会、技术交流会、学术研讨会进行了解；

（5）派出国外代表、推销小组等进行调查；

（6）利用私人关系（已有的国外客户）进行调查。

二、制定进出口商品经营方案

国际市场中各类商品竞争非常激烈，在进入国际市场之前，企业必须结合具体情况，制定周密的进出口商品经营方案。商品的种类不同，经营方案的内容也会有所不同，一般来说，进出口商品经营方案的主要内容如下。

（1）商品和货源情况：包括商品的特点、品质、包装，国内生产数量、可供出口数量、当前库存及国内需求量。

（2）国外市场情况：包括国外商品生产、消费、贸易情况，主要进出口国家的交易情况，未来发展变化的趋势，国外主要市场经营该商品的基本做法、销售渠道等。

（3）经营历史情况：包括进出口商品在国际市场中所处的地位，主要进出口地区及销售情况，国外客户的具体反馈，经营该商品的经验、教训等。

（4）进出口计划安排：主要包括进出口商品的数量、金额，对某国或地区出口或进口的数量、进度等。

（5）经营策略：包括应采取的措施、贸易方式、价格条件和掌握幅度、收汇方式的运用和掌握、进出口销售的原则等。

经营方案涉及的商品可以是一种，也可以是一类。凡是大宗商品或重点推销的商品，一般要逐个制定进出口经营方案；而普通商品或经营额不大的商品，通常按类制定经营方案；对于一些小商品，则制定内容较为简单的价格方案即可。

三、建立进出口业务关系

进出口企业在进行市场调研后，即应考虑选择客户并与之建立业务关系。企业必须对客户的资金、信誉、经营商品的品种及地区范围、从业人员的数量、技术水平及拥有的业务设施、管理水平、售后服务等进行综合分析，选择经营作风好、经营能力强、态度友好的客户作为企业的基本客户并与之建立业务关系。

在国际贸易中，买卖双方业务关系的建立，通常是由一方主动向另一方自我介绍并以信函、传真或E-mail的形式完成的。

1.2.2 进出口交易磋商

交易磋商是国际货物交易过程中不可缺少的一个重要环节，也是签订合同的必经阶段。一旦买卖双方对各项交易条件协商一致，合同即告成立，交易双方都受合同的约束。

一、交易磋商的形式

交易磋商在形式上可以划分为口头磋商和书面磋商两种。

1. 口头磋商

口头磋商主要是指在谈判桌上面对面谈判的形式，如参加各种交易会、洽谈会、贸易小组出访及邀请客户来华洽谈交易等，另外，还包括双方通过国际长途电话进行的交易磋商。口头磋商可以根据业务进展情况及时调整策略，尤其适合谈判内容复杂、涉及问题较多的业务，如大型成套设备交易谈判。

2. 书面磋商

书面磋商是指通过电子邮件（E-mail）、电报（Cable）、电传（Telex）及传真（Fax）等通信方式来洽谈交易的形式。目前，多数企业使用电子邮件、传真磋商交易。但应注意，传真件容易褪色，不能长期保存，而且容易做假；电子数据文件的法律效力在国际范围还有待进一步明确，因此，通过传真或电子邮件达成交易后，应以信函补寄正本文件或另行签订合同，以掌握合同成立的可靠证据。

在国际贸易中，买卖双方通常采用书面磋商的形式交易。

二、交易磋商的内容

交易磋商的内容，即买卖合同的各项交易条款，包括品名、品质、数量、包装、价格、装运、保险、支付，以及检验、索赔、仲裁和不可抗力等，其中前八项为主要交易条件。买卖双方欲达成交易，订立合同，必须至少就上述八项交易条件进行磋商并达成一致意见。其他交易条件如检验、索赔、仲裁和不可抗力等，如果对方没有异议，一般可提前印在固定格式的合同中，不必逐条协商，这样可节省磋商时间和费用开支。

在实际业务中，具体磋商时应注意各条款之间保持内在的一致性，不可前后冲突、自相矛盾，否则，将会为履约带来隐患。

三、交易磋商的程序

交易磋商的程序一般分为询盘、发盘、还盘、接受四个环节。其中发盘和接受是达成交易必不可少的两个环节。

1．询盘（Inquiry/Enquiry）

询盘是交易的一方欲购买或出售某种商品，向对方询问买卖该商品的有关条件，或者就该项交易提出带有保留条件的建议。询盘又称询价，在法律上称为“要约邀请”。询盘可由买方发出，也可由卖方发出；可采用口头形式，也可采用书面形式；询盘只是一种表示交易的愿望，对买卖双方均没有约束力，不是交易磋商的必经步骤。但询盘是了解市场供求、寻找交易机会的有效手段，不容忽视。

【样单Ⅰ-2-1】询盘示例

发件人：Nick@nfx.com

收件人：Anniewu@zjy.com

日　期：2018.5.7　22:20:08

主题：Sample and Enquiry on the Pac Boots

Hi Annie,

Thanks a lot for good cooperation between us in last deal. Now we want to order the Pac Boots. 2 samples of the Pac Boots Style No. 9078 and Style No. 9079 have been mailed to you by DHL, the checking No. is 2727890333. After receiving it, please remake it and send us ASAP. Meanwhile, please quote us the best price on CFR Oakland. The order quantity details as follows:

Size assortment for Style No. 9078: Men Brown　　**Unit: pair**

Size	8	9	10	11	12	13	14	Total
Quantity	192	360	648	672	480	288	72	2712

Size assortment for Style No. 9079: Women Brown　　**Unit: pair**

Size	5	6	7	8	9	10	Total
Quantity	24	96	240	456	240	192	1248

Half of the order quantity should be shipped in August, 2018; Half of the order quantity should be shipped in September, 2018; The quantity of each size and each style is the same.

Best regard.

Nick Smith

General Manager

Nick Footwear Inc.

Add：No. 20 SW Broadway Portland OR 97207, USA

Tel: 001-503-725-3512　　Fax: 001-503-725-3513

E-mail: Nick@nfx.com

2. 发盘（Offer/Quotation）

发盘又称发价，法律上称为“要约”，是交易的一方向另一方提出购买或出售某种商品的各项交易条件，并愿意按照这些条件与对方达成交易、订立合同的行为。发盘可由卖方提出（卖方发盘），也可由买方提出（买方发盘，或称递盘或订单）；发盘既可以是口头形式的，也可以是书面形式的。发盘既是一种商业行为，也是一种法律行为。

构成一项有效的发盘，应具备以下四个必要条件：

- 发盘应向一个或一个以上特定的人提出；
- 发盘的内容必须十分确定；
- 表明发盘人受其约束；
- 发盘必须送达受盘人。

【样单Ⅰ-2-2】发盘示例

发件人：Anniewu@zjy.com

收件人：Nick@nfx.com

日　期：2018.5.14　22:20:08

主题：Offer on the Pac Boots

Dear Mr Nick,

Thanks a lot for your enquiry of May 7, 2018. 2 remaked samples of the Pac Boots have been mailed to you, the checking No. is 870215469. We quote you as follows:

Commodity	Specification	Quantity	price
Pac Boots	**Men Brown Style No. 9078**	2712Pairs	CFR Oakland USD16/Pair
	Women Brown Style No. 9079	1248Pairs	CFR Oakland USD15/Pair

Payment:50% by T/T In Advance,50% by L/C at sight

If acceptable, please advise us as soon as possible before May 21, 2018.

Yours faithfully.

Anniewu

Add：No. 20 Tai Shan Rd,QingDao,ShanDong,China

Tel: 87-0532-35121235　Fax: 87-0532-35121238

E-mail: Anniewu@zjy.com

3. 还盘（Counter-offer）

还盘是指受盘人对发盘内容不完全同意而提出修改或变更的表示。还盘既可以针对价格，也可以针对其他条件。交易过程中可以多次还盘与反还盘。

【样单Ⅰ-2-3】还盘示例

发件人：Nick@nfx.com 收件人：Anniewu@zjy.com 日　期：2018.5.19　23:01:52 主　题：Counter-offer on the Pac Boots
Hi Annie, Thank you for your two samples of Pac Boots on May 14, the samples are in order. However, your offer for the Pac Boots seems to be too high. As you know, our country is still in the economy crisis and the market is depressed, so the price of the Pac Boots is declining. I think USD15.80/pair and USD15.00/pair CFR Oakland, USA for style No. 9078 and 9079 are reasonable for the current market situation. Otherwise, can little customer afford it. Looking forward to your reply soon. Best regard. Nick Smith Tel: 001-503-725-3512　Fax: 001-503-725-3513 E-mail: Nick@nfx.com

4. 接受（Acceptance）

接受是受盘人接到对方的发盘或还盘后，同意对方提出的条件，愿意与对方达成交易、订立合同的一种表示。在法律上，接受称为“承诺”。发盘一经接受，合同即告成立。

（1）构成有效接受，应具备以下四个必要条件：

- 接受必须由受盘人做出；
- 接受的内容必须与发盘完全相符；
- 接受必须在有效期内做出；
- 接受必须是由受盘人采用声明或做出其他行为的方式表示。

（2）逾期接受。

逾期接受是指接受通知超过发盘规定的有效期或合理期限才送达发盘人。逾期接受在一般情况下无效。根据《联合国国际货物销售合同公约》中的规定，在下列两种条件下仍然有效：

- 发盘人毫不延迟地以口头或书面形式将该项逾期接受仍然有效的意见通知受盘人；
- 由于出现传递不正常的情况而造成了延误。

（3）接受的生效和撤回。

接受于送达发盘人时生效。

根据《联合国国际货物销售合同公约》中的规定，接受发出后可以撤回，但必须保证撤回通知在接受送达发盘人之前或同时送达发盘人。

学以致用

2018 年 12 月 1 日，上海 C 公司向德国 G 公司发盘出售某商品：吨价 1800.00 美元 CIF 汉堡，单层麻袋装（in Single Bags），即期信用证付款。G 公司在发盘有效期内回复“WE ACCEPT YOUR OFFER ON DEC. 1,2018，USD1800.00 PER M/T CIF HAMBURG，PACKED IN SINGLE BAGS ,PAYMENT BY L/CAT 60 DAYS AFTER SIGHT.”

试问：

1. 此案中双方是否已经达成交易？
2. 在国际贸易中，买卖双方达成交易必须经过的环节是什么？

1.2.3 签订书面合同

经过交易磋商，一方的发盘或还盘被对方有效接受后，双方之间就确立了合同关系。但在实际业务中，按照惯例，买卖双方还应通过签订书面合同或确认书的形式，将双方的责任、权利、义务及各项交易条件加以明确，从而更有效地约束交易各方。

一、合同有效成立的条件

一份合法有效的合同必须具备下列条件：

- 当事人必须具有订立合同的行为能力；
- 合同必须有对价和合法的约因，即合同当事人之间相互给付、互为补偿；
- 合同的标的和内容必须合法；
- 合同的形式必须符合法律规定的要求。

二、国际货物买卖合同的形式

在国际贸易中，交易双方订立合同有书面形式、口头形式和其他形式。书面形式可以采用正式的合同（Contract）、确认书（Confirmation）、协议（Agreement）、备忘录（Memorandum）和订单（Order）等。

1. 合同

合同是交易中一种正式的货物买卖协议。它的条款较完备，内容较全面，可以分为销售合同（Sales Contract）和购买合同（Purchase Contract）。它适合大宗商品或成交金额较大的交易。合同有正本和副本之分。

2. 确认书

确认书是合同的简化形式。它所包括的条款比合同简单，一般仅就主要交易条件做出规定，但与合同在法律上具有同等效力。它可分为销售确认书（Sales Confirmation）和购买确认书（Purchase Confirmation）。它适合成交金额不大、批数较多的商品，或者已订有代理、包销等长期协议的交易。

3. 协议

在法律上，协议一般与合同同义，对买卖双方具有法律约束力。

小思考

1. 备忘录具有合同的法律效力吗？

参考答案：

备忘录是进行交易磋商时用来记录磋商的内容，以备今后核查的文件。如果双方当事人把磋商的交易条件完整、明确、具体地记入备忘录，并经双方签字，那么这种备忘录的性质和作用就与合同无异。

2. 订单具有合同的法律效力吗？

参考答案：

订单是指进口商或实际买家拟制的货物订购单。在我国的外贸实践中，有的客户往往发出订单，要求对方会签。这种经洽商双方签署后的订单，实际上就是国外客户的购货合同或购买确认书。

三、国际货物买卖合同的内容

拟定合同是一项复杂的工作，它既涉及法律条约和国际惯例，又涉及专业和外语知识。在实际业务中，必须重视货物买卖合同的名称（英文）和合同的基本内容（英文表达）。一份完整的国际货物买卖合同一般由约首、主体和约尾三部分组成。

1. 约首

约首包括合同的名称、合同编号、订约日期、订约地点及订约双方的名称、地址等。

2. 主体

主体包括品名、品质、数量、包装、价格、保险、运输、支付、检验、不可抗力、索赔、仲裁，以及根据不同的交易情况需要加列的其他条款。

3. 约尾

约尾包括合同的份数、使用的文字和效力、合同生效的时间、合同适用的法律，以及双方当事人的签字等。

四、签订合同的注意事项

国际货物买卖合同是买卖双方履约的法律文书，为减少合同执行过程中的差错和纠纷，签订合同时应注意以下几个方面的内容。

1. 合同条款内容要一致

（1）成交条件与保险条款要一致。CIF 条件成交的应当由卖方保险；FOB 或 CFR 条件成交的应当由买方保险。

（2）成交条件与交货港口要一致。CFR 或 CIF 条件要指定目的港；FOB 条件要指定装运港。

（3）单价和总值要保持一致，成交使用的货币也要一致。

（4）包装条件和刷唛标记要一致。散装货不能有唛头的要求。

（5）付款方式与装运期限要一致。

（6）合同总数量与分批装运的数量要一致。

（7）交货期与信用证的开出日期应有合理的时间间隔。

2. 合同条款的内容要明确

（1）交货目的港应列明具体的港口名称，还应列明港口所在国家或地区的名称。

（2）对货物的包装规定要明确，列明包装材料、包装种类、包装规格等内容。

（3）散装货物应订明溢短装幅度。

（4）对包装唛头应争取按国际通常做法制作。

3. 要遵循平等、互惠互利的对外贸易政策

（1）成交对象和交货目的港要贯彻我国的对外政策。政策不允许的货物不能成交，也不能将货物发往政策不允许的地区。

（2）与港澳地区的贸易合同，不能将港澳地区与中国并列。如装运口岸不能写中国上海，必须写具体港口名称，如上海。

4. 签订合同前，要对市场状况、客户资信等进行充分的调查，避免盲目签约。

5. 拟定书面合同时，应使用规范的商业用语，力求措辞准确、严谨、行文简洁、避免疏漏。

【样单Ⅰ-2-4】销售确认书示例

Yunsheng Electronics Co., LTD.

No.11, Tong run road, APEC Industrial Park

Yantai, China Post code: 264002

SALES CONFIRMATION

No.：GM2018

Date：Nov. 20，2018

To：Luis Import and Export Trading B.V.

Teiman Tullaertolein 5，3024AB Barcelona，Spain

We hereby confirm having sold to you the following goods on terms and conditions as specified below：

Shipping mark	Name of Commodity & Specifications	Quantity	Unit Price	Amount
Wheel aligner	Wheel alignment SX-G6	12SETS	CIF Rotterdam USD10 000.00	USD120 000.00
Total Amount in Words：	Say US Dollars one hundred and twenty thousand only.			

Packing: 4 pieces per set with Carton.

Total 48 cartons in 20'FCL.

Shipment： To be effected during December 2018 from Qingdao China to Barcelona, with partial shipments prohibited and transshipment permitted.

Insurance: To be covered by the seller for 110% of invoice value against ALL Risks and War Risks as per the Ocean Marine Cargo Clauses of P.I.C.C dated Jan.1, 1981.

Payment: The Buyer should open through a bank acceptable to the seller an irrevocable letter of credit payable at sight for 100% of the contract value to reach the seller by Nov. 24 2018 and valid for negotiation China until the 15 day after the date of shipment.

Confirmed by:

THE SELLER

Yunsheng Electronics Co., LTD.

(signature)

THE BUYER

Luis Import and Export Trading B.V.

(signature)

1.2.4 出口合同的履行

买卖合同有效订立后，交易双方应根据合同的规定，履行各自的义务。任何一方不得擅自变更或解除合同。合同一方当事人如违反或不履行约定条款，则须承担法律责任。

在不同的贸易条件下，出口合同履行所包括的业务环节和手续是不同的。目前，我国出口贸易中使用较多的是按 CIF（CIP）和凭信用证付款方式达成的合同。履行这类合同时必须切实做好货（备货、报检）、证（催证、审证和改证）、船（租船订舱、办理托运手续等）、款（制单结汇）四个重要环节的工作。

一、备货

备货是指出口单位根据合同或信用证的规定，向生产加工及仓储部门或国内工厂下达联系单或购销合同，并对货物进行清点、加工整理、刷制运输标志，以及办理申报检验和领证等工作。安排好货物是保证卖方按时、按质、按量履行合同的前提条件。

在备货中应注意以下问题：

- 所备货物的品质必须与出口合同的规定一致；
- 掌握货物的标准，要改技术标准为用户标准，改生产标准为贸易标准；
- 货物的数量、包装也必须与出口合同的规定一致；
- 货物备妥时间应与信用证装运期限相适应。

出口公司备好货物后，制单人员应尽早缮制出该票货物的商业发票和装箱单等商业单据，供后续办理托运、报检、报关、保险、申请原产地证等使用。

二、落实信用证

信用证的落实关系到受益人能否按时履约、安全收汇。因此，落实信用证（包括催证、审证和改证）是履行出口合同的一项重要工作。

1. 催证

在出口合同中，按时开证是买方应尽的义务，也是卖方发货的前提。但在实际业务中，当遇到市场变化或资金发生短缺的情况时，国外进口商往往会拖延开证。因此，卖方应催促对方迅速依照合约规定办理开证手续，必要时还可请驻外机构或有关银行协助代为催证。在催证函中应当陈述合同规定的开证时间和备货与装运所需时间，并向其表示如对方不及时开证，将被视为违反合同，卖方有权要求赔偿。

【样单Ⅰ-2-5】催证函示例

发件人：DavidChen@liy.com

收件人：　Sterle@Stu.com

日期：2018 年 5 月 18 日，上午 10：37

主题：Please open L/C for Contract No. ZY02TB08019

Dear Mr. Sterle,

Referring to our Contract No. ZY02TB08019 for CANVAS&NYLON BAGS, we wish to call you attention to the fact that the shipment is approaching, please forward your countersigned contract and establish the covering L/C so that execute the order within the prescribed times.In order to avoid subsequent amendments, please see to it that the L/C stipulations are in exact accordance with the terms of the contract.

We look forward to receiving your favorable response at an early date.

Yours faithfully,

ZHONGYI IMPORT AND EXPORT CO., LTD.

David Chen

Sales Manager

2. 审证

国外买方开来的信用证应与合同一致。但在实践中，因种种原因，如工作的疏忽、电文传递的错误、贸易习惯的不同、市场行情的变化或买方有意利用开证的主动权加列对其有利的条款等，往往会出现信用证条款与合同规定不符的情况。对此卖方应当依据合同并参照《跟单信用证统一惯例》进行核对与审查。

3. 改证

通过审证，如发现有影响合同履行的条款，就必须要求买方改证，并在收到由原开证银行发送的修改通知后，才能发货。

学以致用

我国A公司与某国B公司签约出口某产品，信用证付款。A公司收到B公司开立的信用证后经审核发现与合同规定不符，即向B公司发电要求修改信用证，当天就收到B公司的回电：同意修改，请按修改后的信用证发货。

试问：

1. 该信用证是否修改成功？
2. 如果A公司按修改后的信用证发货制单，能安全收汇吗？为什么？

三、组织装运

在出口贸易中，如按CIF或CFR条件成交，卖方必须按合同的规定做好租船订舱工作，并办理保险、报检、报关及装运手续。

1. 办理托运手续

卖方或货代公司根据货物数量，向船公司或其代理洽商租船或办理订舱事宜。

托运订舱的一般程序如下：

（1）出口商填制订舱委托书，委托货代公司向运输公司办理订舱手续；

（2）船公司在货代公司提供的托运单上填写运单号、运输工具名称、航次号等，表示确认订舱。

2. 办理出口保险

在CIF合同中，卖方需在货物装船前，向保险公司办理货物运输保险事宜。出口商填制一份出口货物投保单向保险公司投保，保险公司向投保人发送承保回执，列明保单号码、保单日期和投保日期，并向其收取保险费。投保人凭保险公司的承保回执缮制保险单，并将其送交保险公司确认签署。经保险公司签署的保险单即成为向银行议付的重要单据之一。

3. 出口报检

对于法检商品或合同规定检验的出口货物，在装运前，出口商或其代理报检单位应登录“中国国际贸易单一窗口”或“互联网+海关”等电子平台填制出境货物报检数据，向海关进行电子报检。

4. 出口报关

报关是指在货物出运之前，卖方如实向海关申报货物情况，并交验规定的单据文件，接受海关监管。

出口报关须在货物进入装货码头仓库（海关监管区）后进行，一般在装货的24小时以前向海关申报。

出口商或其代理报关企业须登录“中国国际贸易单一窗口”或“互联网+海关”等电子平台录入货物的报关数据，并向海关提供发票、装箱单及其他海关要求的特殊监管证件（如出口许可证等）。

目前，我国海关已实现报检与报关的一次申报，避免了货物信息的重复填写，既减轻了报检报关人员的工作量，又提高了工作效率。

5. 安排装运

货物通关后，卖方或货运代理凭海关的放行通知与港方货场和理货人员（代理船方）办妥交接手续，安排装运；货物装船后，由大副签署收货单，交理货员，理货员将其交托运人，用以换取正式提单。

货物装船后应立即向进口方发送装船通知，方便进口方办理运输保险、报检报关和付款赎单接货等后续工作。

四、制单结汇

货物发运后，卖方按照信用证的规定，缮制各种单据，在信用证规定的交单期限内，送交银行办理收结汇手续。

1. 我国出口结汇的方法

结汇是指将出口货物销售获得的某种币制的外汇按收汇之日中国银行外汇牌价的买入价卖给银行。我国出口结汇的方法有收妥结汇、押汇和定期结汇三种。

（1）收妥结汇：议付行收到卖方的出口单据后，经审查无误，将单据寄交国外付款行索取货款，待收到付款行将货款拨入议付行账户的贷记通知书时，即按当日外汇牌价，折合成人民币拨给卖方。

（2）押汇：又称买单结汇，是指议付行在审单无误的情况下，按信用证条款买入单位的汇票和单据，从票面金额中扣除从议付日至估计收到票款之日的利息，将余款按议付日外汇牌价折合成人民币拨给卖方。

（3）定期结汇：议付行根据向国外付款行索偿所需时间，预先确定一个固定的结汇期限，到期后主动将票款金额折合成人民币拨给卖方。

2. 对结汇单据的要求

在信用证业务中，银行只认信用证不管合同，只看单据不管货物。因此，在出口商制作结汇单据时，必须要做到“正确、完整、及时、简明和清晰”，避免出现下列情况：

- 提单上有不清洁批注；
- 运输单据上无货物已装船的证据；
- 保险单的签发日期晚于提单日期且没有保险责任自装船前生效等类似规定；
- 未按信用证规定的装运期装运；
- 未按规定在提单上注明运费的支付情况；
- 汇票上付款人的名称、地址不详或不符，或者缮制有误；
- 未按信用证规定在应该签章的单据上签字盖章；
- 在无其他规定的情况下货物短装；
- 单据不全，份数不足；
- 逾期交单。

知识拓展

逾期交单的情形

1. 受益人未在信用证规定的期限内交单。如信用证规定：提单签发后 15 日内交单（Presentation period: not later than 15 days after issuing date of B/L），但受益人超过了 15 日交单。

2. 受益人超过装运单据签发日期 21 日交单。《UCP600》第十四条（c）款规定：提示若包含一份或多份正本运输单据，则必须由受益人或其代表按照相关条款在不迟于装运日后的 21 个公历日内提交，但无论如何不得迟于信用证的到期日。

3. 受益人超过信用证的有效期交单。

3. 议付行对不符单据的处理

出口商将货物装运出口后，应及时向议付行交单议付，议付行收到单据后先行审核，如果认为“单证一致、单单一致”，议付行即可办理议付，并向开证行寄单索偿。如果单据存在不符点，议付行应结合实际情况，按照以下方法进行处理。

（1）改单后议付。如果信用证尚在有效期内，议付行可将有不符点的单据退回受益人，并指出单证的不符之处，要求受益人在信用证的有效期内修改并再次提交，经审核无误后议付。

（2）凭保议付。若单据存在非实质性不符点，在受益人向议付行出具担保书的条件下，议付行可以在保留追索权的情况下议付单据。

（3）表提。议付行寄出单据，并把单据的不符点列在寄单函上，征求开证行意见，由开证行接洽申请人是否同意付款。接到肯定答复后议付行即行议付。如申请人不予接受，开证行退单，议付行照样退单给受益人。

（4）电提。这是一种比较稳妥的做法，议付行暂不向开证行寄单，而是致电开证行列明单据的不符点，征询可否议付。如果开证行同意付款，议付行议付后并寄单；若不同意，受益人可及早退回单据，设法改正或采取措施处理在途中的货物。

4. 出口商对不符单据的处理

出口商向议付行或开证行交付单据后，如果收到银行的单据不符通知，应高度重视，按照以下方法进行处理。

（1）认真审核单据，判断不符点是否成立。出口商在议付行的协助配合下，以《UCP600》和《ISBP745》为依据，认真审核，若认定不符点不成立，应通过议付行与开证行据理力争，直至开证行付款。

（2）修改后补交单据。若单据的不符点确实成立，应在信用证规定的有效期和交单期内，对有问题的单据及时撤回、修正，并再次交单。

（3）积极与开证申请人沟通。开证行收到不符单据时，通常会征求开证申请人的意见，如果开证申请人同意接受不符点单据，开证行一般会根据开证申请人的意愿做出是否接受该不符点单据的决定。因此，出口商在单据存在不符点且无法补交相符单据时，应分析此笔交易的实际情况，说服开证申请人接受不符点单据并付款。另外，也可采取适当降价的方式说服开证申请人接受单据。

（4）密切关注货物下落。开证行拒付后，受益人应立即查询货物下落，了解银行是否私自放单或开证申请人是否已凭开证行的提货担保提取货物。如果货物已经被提走，不管单据是否存在不符点，不管进口商是否赎单，开证行都应履行付款责任。

（5）另寻买主或退单退货或放弃。在与开证申请人交涉不力、开证行拒绝付款的情况下，出口商还可以在进口国寻找新的买主，降低损失。

在上述开证行提出实质性不符点、拒付行为规范、开证申请人拒绝接受不符单据和寻找新买主而不得的情况下，出口商只能选择退单退货了，但若退运成本高于货物价值，也只有放弃货物，由进口国海关处置。

五、办理国际收支申报及出口退税

根据国务院、国家外汇管理局及国家税务总局的有关规定，我国出口企业在货物装运出口及制单结汇以后，应及时办理出口国际收支网上申报和出口退税手续。

1. 国际收支网上申报

国家外汇管理局对出口货物的收汇情况进行监测。自2012年8月1日起，我国要求出口企业需登录国际收支网上申报系统申报出口收汇数据。因此，出口商应在货物出口后及时办理。

2. 出口退税

出口退税是国家对某些出口商品在商品出口后，按照不同的出口退税率将本国内已征收的增值税和消费税退还给出口商的一种制度。出口退税是世界各国的通行做法，因为商品出口到他国时，通常进口国还要对进口商品再次征税，为避免双重征税，出口国通常制定出口退税政策，将该出口商品在国内已征收的国内税退还给出口商，以降低出口商的经营成本，以公平价格参与国际竞争。

我国出口货物申请退税应满足以下基本条件：

- 必须是报关离境的出口货物；
- 必须是财务上作为出口销售处理的货物；
- 必须是属于增值税、消费税征税范围内的货物。

可以办理出口退税的货物，出口商应及时登录“出口退税申报系统”办理出口退税。

1.2.5　进口合同的履行

在进口业务中，如按FOB价格条件和信用证支付方式成交，进口方履行合同的一般程序是：申请开立信用证，托运及投保，审单及付款，进口报检、进口报关、提货及进口索赔等。

一、申请开立信用证

以信用证为支付方式的进口合同签订后，进口方应按合同规定填写开证申请书向银行办理开证手续。

进口企业向开证行申请开证时，银行会根据开证申请人在银行的信用情况，要求开证人缴纳一定比例的开证保证金，或者提交适当的担保文件后方能正式对外开证。信用证开出后，进口方如果发现内容与开证申请书不符，应立即通知开证行修改。

二、托运及投保

1. 安排运输

按FOB价格条件成交的进口合同，应由进口方安排运输，订立运输合同。进口货物的租船订舱工作可委托货运代理公司办理，也可直接向经营远洋运输的公司或其他运输机构办理。租船订舱时应注意下列事项。

（1）租船订舱应按合同及信用证的规定及时办理，大宗货物一般在交货期前45天向运输机构提出；零星货物在交货期前30天提出。

（2）在办理租船订舱时，要根据商品流向和船期表填写托运单，船公司收到托运单后，根据配载原则安排船只或舱位。

（3）为了防止船货脱节和出现船等货的情况，进口方应随时了解和掌握出口方的备货和装船前的准备工作，及时检查督促卖方按时装运。

（4）买方应及时做好办理保险和接货等工作。

2. 办理保险

FOB 条件下的进口合同，货物运输保险应由买方办理。在我国，进口货物运输保险可分为预约保险和逐笔投保两种形式。

（1）预约保险。为了防止进口货物在国外装运港装运后，因信息传递不及时而发生漏保或迟保等情况，进口方通常与保险公司签订预约保险合同，或称预约保险单（Open Policy）。并在保险合同中规定，凡属于预约保险合同规定范围内的进口货物，一经起运，保险公司即自动按预约保险合同所订立的条件承保。我国进口货物通常都采用预约保险方式。

（2）逐笔投保。进口方在接到出口方的发货通知后，向保险公司办理该批货物的投保手续，否则，货物于投保之前在运输途中发生损失时，保险公司不承担赔偿责任。

保险公司对海运货物的保险责任期限，一般从货物在国外装运港装上海轮起生效，到卸货港载运单据载明的国内目的地收货人仓库为止。

三、审单及付款

出口商发货后，应及时把代表货物的相关单据通过银行转交给进口商。货物单据不仅是进口商付款的依据，也是出口商提供货物是否与合同相符的凭证。对代表货物的单据进行审核，是进口商或银行履行合同的重要环节。

在进口业务中，如果采用托收和汇款方式支付货款，由进口商负责审核单据；如果采用信用证方式支付货款，由开证行负责审核单据。在单据符合规定的条件下，开证行或进口商履行付款责任。

1. 总体审单要点

（1）单据是否齐全，所需单证的份数是否符合信用证的要求。

（2）单据名称和类型是否符合要求。

（3）有关单证是否按规定进行了认证。

（4）单据上的货物描述、金额、数量是否与信用证规定相符。

（5）单据上的装运港、卸货港、目的港、装运日期等是否与信用证规定相符。

（6）单据上的付款方式、日期、运费等是否与信用证规定相符。

（7）单据出具或提交的日期是否符合要求。

2. 开证行对不符单据的处理

根据《UCP600》中的规定，开证行收到议付行寄送的单据后，应在 5 个银行工作日内审核完毕，并确定单据是否相符。如果单据存在不符点，应及时发出拒付通知，并在拒付通知中指出单据的所有不符点，并告知单据的处理方式。

开证行处理不符单据的方式有以下几种：

- 持有单据等候交单人的指示；
- 持有单据，询问开证申请人是否接受不符点单据；
- 径直退单；
- 根据交单人事先的指示处理单据。

知识拓展

关于开证行审单期限的规定

《UCP600》第十四条（b）款规定：按照指定行事的被指定银行、保兑行（如有）以及开证行，自其收到提示单据的翌日起算，应各自拥有最多不超过5个银行工作日的时间以决定提示是否相符。该期限不因单据提示日适逢信用证有效期或最迟提示期或在其之后而被缩减或受其他因素影响。

《UCP600》第十六条（d）款规定：（拒付）通知必须以电讯方式发出，或者，如果不可能以电讯方式通知时，则以其他快捷方式通知，但不得迟于提示单据日期翌日起第5个银行工作日终了。

即如果开证行发现单据存在不符点并决定拒付时，必须在收到单据的次日起5个银行工作日以内，以电讯方式或其他快捷方式，通知寄单银行或受益人，并指出其拒收单据的所有不符点及单据是否保留，以待交单人处理，或退回交单人。

四、进口报检、进口报关、提货及进口索赔

进口商向开证行付款赎单后，凭其中的海运提单到运输公司换取提货单（Delivery Order，简称 D/O），为办理后续的报关、提货手续做准备。

货物抵达进口港后，进口商或其代理人办理进口报检、报关等手续。货物经海关查验、征税、放行后，进口方凭加盖海关放行章的进口提货单或电子放行回执到港区存货地点办理提货及后续索赔工作。

知识拓展

什么是提货单（Delivery Order）

提货单又称小提单，是收货人凭正本提单或副本提单随同有效的担保向承运人或其代理人换取的凭证，也是收货人向海关申报进口及向港口装卸部门提取货物的凭证。

任务实训

实训 1.2.1 知识巩固

一、不定项选择题

1. 英国某进口商向我国某轻工业品进出口公司来电“拟购美加净牙膏大号 1000 罗，请电告最低价格，最快交货期”。此电属交易磋商的（　　）环节。

A. 发盘　　B. 询盘　　C. 还盘　　D. 接受

2. 一般来说，交易磋商有四个环节，其中达成交易不可缺少的两个基本环节和必经的法律步骤是（　　）。

A. 询盘　　B. 发盘　　C. 还盘　　D. 接受

3. 某信用证项下受益人交单后，若议付行经审核发现单据存在不符点，可以采取的补救措施有（　　）。

A. 凭保议付　　B. 表提　　C. 电提　　D. 改单后议付

4. 我国出口结汇的主要方式有三种：定期结汇、收妥结汇、押汇，其中押汇等同于信用

证项下的（　　）。

A. 即期付款　　B. 承兑　　C. 延期付款　　D. 议付

5. 进口商按合同规定开出信用证，应视为（　　）。

A. 已履行了付款义务　　B. 尚须开证行付款后才能被认为履行付款义务

C. 未履行合同义务　　D. 部分履行合同义务

二、案例分析题

2018 年 3 月 10 日，我国甲公司用电子邮件向美国乙公司发盘，报价男式西装每件 70 美元，CIF NEW YORK，10000 件，支付方式为“L/C at sight”，2018 年 3 月 15 日复到有效。2018 年 3 月 14 日收到乙公司的回复“接受你方 3 月 10 日发盘，支付方式改为 L/C at 30 days after sight”。请问，该接受是否有效？说明理由。

三、简答题

1. 交易磋商一般要经过哪些环节？构成有效发盘的条件是什么？

2. 简述国际货物买卖合同内容（英文表示）。

3. 按 CIF+L/C 成交的合同，进出口商的履约程序是怎样的？

4. 按 FOB+L/C 成交的合同，进出口商的履约程序是怎样的？

5. 出口商、议付行、开证行对不符单据的处理方式有哪些？

实训 1.2.2　能力实训

一、实训要求：根据下列实训材料拟定一份售货确认书。

二、实训材料

【Mail 1】

日　期：Mar. 3, 2019
Zhihui Chemicals Co., Ltd. Dear Mr. Yang, Thank you very much for your hospitality in your booth at the Ampiente Fair 2018 in Frankfurt. I am interested in candles Art. No.501 in the packing of 25-pc papers boxes. The quantity will be one 20-foot container for the start. Therefore you are kindly requested to give me your best price rather than USD0.72 per box quoted at the Fair so that I can send you my order for prompt shipment. Awaiting your reply with best regards. Edwin Boston Trading Co., Ltd., USA

【Mail 2】

日　期：Mar. 5, 2019
Boston Trading Co., Ltd., USA Dear Mr. Edwin, It was a great pleasure to meet you at the Ampiente Fair 2018 and to receive your enquiry for our candles. In fact, the price I quoted at the Fair is already the most favorable one. However, in order to save time and to start business, I'll further lower my price as follows: CANDLES ART. No.501 USD0.70/BOX FOB QINGDAO. I'm sure this will be acceptable to you. Let us start our business and we'll offer you our best service. Looking forward to your early acceptance. Thanks and best regards. Yang yang Zhihui Chemicals Co., Ltd.

【Mail 3】

日　期：Mar. 6, 2019
Dear Mr. Yang, Thank you for your e-mail and new price, which I expected to be lower but accept, noting that this is the first deal between us. I would also like to order candles Art. No.502 in 10-pc boxes at the price of USD0.14/box. Please confirm. Therefore our order is as follows: One 20-foot container of CANDLES ART. No.501 50%, CANDLES ART. No.502 50%. Packed in paper boxes of 25 pcs and 10 pcs respectively, and 50 boxes to a carton respectively. Please inform us roughly how many cartons a 1×20' container can hold. Please also inform us of your payment terms and earliest shipment date. I'm awaiting your good service, high quality and fine packing as you promised at the Fair, to enable both of us to build good cooperation to our mutual benefit. Yours sincerely, Edwin

【Mail 4】

日　期：Mar.7, 2019
Dear Mr. Edwin, Thank you for your new order, but we find your price for 10 pcs/box candles of USD0.14 per box is too low. Our calculation points to USD0.155 per box. But in order to start, we think we can accept USD0.15/box if you agree, I will fax you our Sales Contract for your signature. Payment: by irrevocable Letter of Credit payable by draft at sight. Delivery: within 45 days after the covering L/C is received. For your information, according to our calculation, a 20-foot container, can hold 600 cartons of 10-pc boxes and 300 cartons of 25-pc boxes. By the way, can you tell us the name of the port of destination for our reference? Best wishes, Yang yang

【Mail 5】

日　期：Mar. 8, 2019
Dear Mr.Yang, Hello my friend, I'm afraid I don't agree to USD0.15 for 10-pc boxes. The best I can do is USD0.145/box, for the start of our cooperation. As I explained earlier, you should accept the above price, taking into consideration the higher cost of freight at my expense. Payment and date of shipment are fine. Please accept our bid, so that we can proceed with the opening of the relative L/C. By the way, we would want the goods to be shipped to Boston. Best regards. Edwin

【Mail 6】

日　期：Mar. 10, 2019
Dear Mr. Edwin, As the cost of raw material is increasing sharply these days, we are facing big problems. I hope you can understand us. However, in order to make the ball start rolling, we accept your price for candles in 10-pc boxes at USD0.145/box. Please find the attached S/C No.D2017PA100, and sign and return one copy for our file. Also enclosed is our banking information. Please open the covering L/C as soon as possible and fax us a copy of it for our reference. We are glad to have concluded this initial transaction with you. We hope this would mark the beginning of a long-standing and steady business relationship between us. Yangyang

【样单Ⅰ-2-6】空白合同

ZHIHUI CHEMICALS CO., LTD.

SALES CONFIRMATION

TO: Boston Trading Co., Ltd., USA

No.:

DATE: MAR.10, 2019

Dear Sirs,

We hereby confirm having sold to you the following goods on terms and conditions as specified bellows:

(1) Name of Commodity & Specification	(2) Quantity	(3) Unit Price	(4)Total Amount
Total:			
Total Amount (In Words):			

(5) Packing:

(6) Shipping mark:

(7) Time of Shipment:

(8) Port of Shipment:

(9)Port of Destination:

(10) Insurance:

(11) Terms of Payment:

The Seller:
(SIGNATURE)

The Buyer:
(SIGNATURE)

任务 1.3　熟悉国际贸易结算方式

学习目标

通过学习，要求完成以下任务：

1．了解国际贸易中各种结算方式的业务流程；

2．熟悉国际结算的国际惯例，尤其是《UCP600》中的规定；

3．掌握外贸单证在各种结算方式中的应用。

任务情境1.3.1

某年 3 月，我国 A 公司与美国一家公司签订了一笔八万美元的服装出口合同，价格条件为 FOB 上海，支付条件为 D/P at sight，出口货运代理为买方指定的德美公司。由于在此之前 A 公司与该客户采用 L/C 支付方式通过该货代公司曾做过两票单子，所以 A 公司没有对该货代公司的信用产生疑问。A 公司将货物发出后，将包括三份正本货代提单在内的全套货运单据通过中国银行交到对方指定的代收行收款，但在规定的时间内没有收到货款。

在此后的一个多月内，对方一会儿说没见到单据，一会儿说正在和银行商量赎单，一会儿又传来一份真假难辨的银行付款底单。在忍无可忍的情况下，A 公司只好指示代收行将全套单据转让给公司在美国的分公司，让其先代收货物，然后再与买方交涉，以避免港口滞港费的损失。当美国的分公司拿着正本提单去提货时，发现货已被买方提走。公司一边和买方交涉，但对方既不回传真，也不接电话；一边派法律顾问带人赶往上海，准备对货代公司采取行动。

法律顾问赶到上海时，德美公司已人去楼空，再到工商部门一调查，才发现该公司根本没有货代资质，仅为一家运输咨询公司。在万般无奈的情况下，公司只好采取委托授权的方式，通过美国的分公司请美国律师起诉进口方。但得知该客户已申请破产保护。按美国的法律，该公司只能参加破产清理，经计算如参加破产清理，其所得可能还不够支付律师费用，公司只好撤诉。此案历时半年之久，不仅全部货款血本无归，而且浪费了大量人力和其他额外费用，损失巨大，其教训也十分深刻！

事后该公司经过总结，得出以下经验。

如果可能的话，争取按先结后出的 T/T 方式或 L/C 方式进行交易。安全主动的支付方式可以在一定程度上消除或降低 FOB 价格条款所带来的风险。先收钱后给货的付款方式应该无风险可言，但仍要记住落袋为安，不要仅凭所谓的银行付款单的传真件就将货物交付，最起码也要通过银行核实货款确实是在你的账户上；L/C 支付条件下要严把单据质量关，杜绝单据不符点。

上述案例中采用的结算方式为 D/P at sight，除此之外，文中还提到 T/T、L/C 等，这些都是国际贸易中常用的付款方式，本单元将学习国际贸易结算的主要方式。

思考：

1．国际贸易中常用的支付方式有哪些？

2．在实际应用中应注意哪些事项？

支撑知识

1.3.1 汇付

一、汇付的含义

汇付（Remittance）又称汇款，是指付款人委托所在国银行，将款项以某种方式付给收款人的结算方式。在汇付方式下，结算工具（委托通知或汇票）的传送方向与资金的流动方向相同，因此也称为顺汇。

二、汇付的当事人

汇付涉及四个当事人：汇款人、汇出行、汇入行及收款人。

汇款人（Remitter）即付款人，通常是买卖合同中的买方或其他经贸往来中的债务人。

汇出行（Remitting Bank）即汇出款项的银行，通常是买方所在地银行。

汇入行（Receiving Bank）即解付汇款的银行，汇出行的代理行，通常是卖方所在地银行。

收款人（Payee）即收款方，又称受益人，通常是买卖合同中的卖方或其他经贸往来中的债权人。

三、汇付的种类

汇付有电汇、信汇和票汇三种类型。

1. 电汇（Telegraphic Transfer，T/T）

电汇是汇出行以电报、电传或 SWIFT（全球银行金融电信协会）等电信手段向汇入行发出付款委托的一种汇款方式。电汇费用较高，但交款迅速，在对外贸易业务中广泛使用。

（1）汇款人将应汇出款项交汇出行，并填写汇款申请书。

（2）汇出行根据汇款申请，拍发加押电报、电传或 SWIFT 给另一国的代理行或分行（汇入行），通知汇入行付款。

（3）汇入行核对密押以证实该电文确为汇出行所发，并缮制电汇通知书，通知收款人取款，收款人在收取款项后出具收据作为收妥汇款的凭证。

（4）汇入行解付汇款后，将付讫借记通知书寄给汇出行进行转账，一笔汇款业务得以完成。

2. 信汇（Mail Transfer，M/T）

信汇是以航空信函向汇入行发出付款委托的一种汇款方式。信汇具有费用低廉的优点，但收款时间长，因而业务中较少使用。随着 SWIFT 的广泛应用，信汇、电传（电报）汇款方式将逐渐被取代。

（1）汇款人向汇出行提出申请，并交款付费给汇出行，取得信汇回执。

（2）汇出行把信汇委托书邮寄汇入行，委托汇入行解付汇款，汇入行凭以通知收款人取款。

（3）收款人取款时须在“收款人收据”上签字或盖章，交给汇入行，汇入行凭以解付汇款，同时将付讫借记通知书寄给汇出行，从而使双方的债权债务得到清算。

电汇和信汇业务流程如图 1.1 所示。

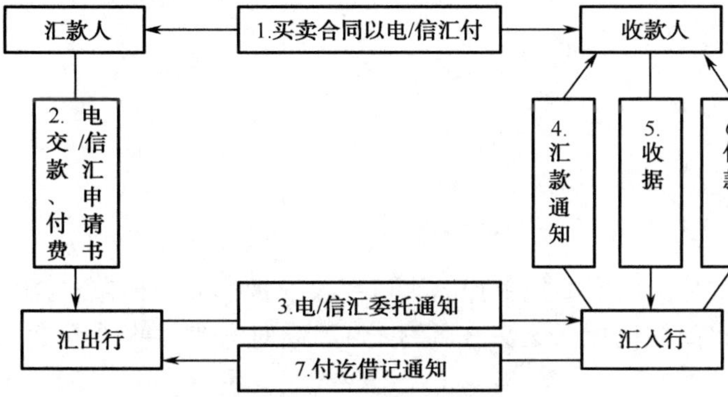

图 1.1 电汇和信汇业务流程

3. 票汇（Remittance by Banker's Demand Draft，D/D）

票汇是以银行即期汇票为支付工具的汇款方式。与信汇、电汇的不同之处在于，票汇的汇入行无须通知收款人前来取款，而是收款人到汇入行取款；汇票经收款人背书在市场上流通转让，而信汇委托书则不能转让。

票汇业务流程如图 1.2 所示。

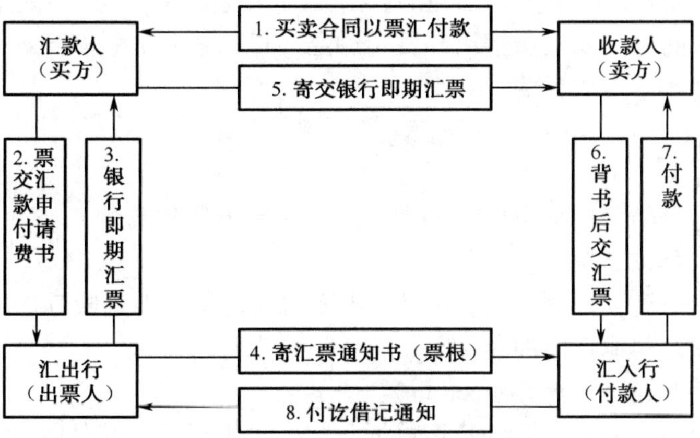

图 1.2 票汇业务流程

四、外贸单证在汇付方式中的应用

利用汇付方式结算货款，银行只提供服务，不提供信用，货款能否结清完全取决于买方的信用。在实际业务中，汇付主要应用于信用可靠的老客户的货款收付，也可用于新客户的预付货款、货到付款及货款尾数、佣金、运费等金额较少的款项结算，另外，在采用分期付款和延期付款的交易中也较多采用汇付方式。

采用汇付方式结算货款时，无论是预付货款还是货到付款，出口商的有关货运单据都要通过快递或其他方式寄送给进口商，而进口商则通过银行将货款汇付给出口商。对银行而言，只涉及一笔汇款业务，并不处理单据。

尽管在汇付方式下，外贸单据与进口商是否付款的关联性不大，但出口商仍然要以合同为依据，认真缮制单据，保证单据的正确、完整、及时、简明、清晰，方便进口商提货、核对货物及办理进口手续。

1.3.2 托收

一、托收的含义

托收（Collection）是出口商委托银行向进口商收取货款的一种方式。出口商发货后，将货运单据和汇票通过出口商的代理行送交进口商，进口商对汇票付款或承兑，银行把货运单据交给进口商。

托收方式主要有四个基本当事人，即委托人（Principal, Consignor，通常是出口商）、托收行（Remitting Bank，通常是出口国的银行）、代收行（Collecting Bank，通常是进口国的银行）、付款人（Payer，通常指进口商，也是汇票的受票人，Drawee）。

二、托收的性质和作用

银行在托收业务中只提供服务，不提供信用，货款能否收回取决于进口商的信誉。因此，托收属于商业信用。而且，由于货物已先期运出，一旦遭拒付，对出口人来说，存在极大的风险。托收项下出口人向进口人提供信用和资金融通，可以达到吸引客户、调动其经营积极性、扩大出口及提高产品竞争力的目的。

三、托收的方式

按照托收方式是否随附单据可以分为光票托收和跟单托收两种。

1. 光票托收（Clean Collection）

光票托收是指出口商委托银行仅凭汇票，不随附货运单据办理收款的托收，主要用于小额样品货款、尾数货款及其他费用的收付。

2. 跟单托收（Documentary Collection）

跟单托收是指出口商将汇票连同货运单据一起交给银行委托其代收货款。根据付款的条件不同，可分为付款交单和承兑交单。

（1）付款交单（Documents against Payment，D/P）：出口人的交单以进口人的付款为条件。付款交单按照支付时间不同可分为即期付款交单和远期付款交单两种。

- 即期付款交单（D/P at sight）：进口人见票时立即付款，换取货运单据并凭以提货。
- 远期付款交单（D/P after sight）：进口人见票时在远期汇票上承兑，待汇票到期时，买方付款换取货运单据。

（2）承兑交单（Documents against Acceptance，D/A）：出口人的交单以进口人的承兑为条件，即进口人承兑汇票后可换取货运单据，待汇票到期时再付款。

四、跟单托收的程序

1．出口人发货后填写托收申请书，连同汇票、货运单证一并交给托收行，委托其代收货款。

2．托收行收到托收申请和货运单证后，审核单证与托收指令是否相符，确保单证无误后，将托收委托书连同汇票、单据寄交代收行，委托其代为收款。

3．代收行收到汇票和单据后，及时向进口人提示，如果是即期汇票，进口人立即付款，取得单据；如果是远期汇票，进口人立即承兑。

4．代收行收到货款后，拨付托收行。

5．托收行收到货款后，转交出口人。

跟单托收程序如图 1.3 所示。

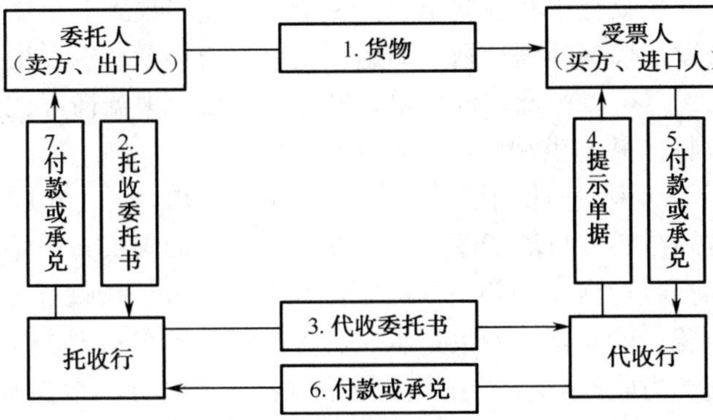

图 1.3　跟单托收程序

五、使用托收时应注意的问题

1．调查了解进口人的资信情况、经营能力和经营作风

根据具体情况确定授信额度、成交金额与交货进度，避免买方借资金紧张延期付款。国外代收行的选择要经过托收行的同意才能确定。尽量不使用承兑交单。

2．争取采用 CIF 或 CIP 价格成交

托收采用 CIF 或 CIP 价格术语，提货前货物如果受损，买方借故拒付，则卖方可凭保险单向保险公司索赔；如果限于进口国的规定必须由买方办理保险，则出口商除应在货物装运后及时通知对方投保外，还可以投保“卖方利益险”，以防万一货物遇险，买方未投保又不付款赎单时，可由卖方向保险公司索赔。

3．明确付款到期日

北欧和拉美许多国家习惯把“单到”付款或承兑，视为“货到”付款或承兑，这样可以拖延付款时间，对我方不利，因此，必须明确做出规定。

4．了解进口国有关的规定

欧洲一些国家不做远期 D/P，拉美国家则把远期 D/P 当成 D/A 处理。另外，有时货到而单据未到，需要存仓、保险。一些国家的海关规定货进仓 60 天内无人提货即公开拍卖。因此，应了解代收行是否做远期 D/P 业务，以及货物存仓管理办法等。

5．明确责任

要注意了解国际商会《托收统一规则》的主要内容，以便掌握托收当事人的权利、义务和责任。

6. 拒付前后的措施

及时了解拒付的原因及货物状况，尽快联系客户或新的买家；在 D/P 条件下，货物被提走，应追究代收行责任；如果货物到港拒不赎单，出口人应及时处理货物或组织回运，以减少损失。

六、外贸单证在托收方式中的应用

采用托收方式结算货款时，出口商装运货物后，应根据贸易合同和《URC522》的规定及时制单，将全套单据备齐，并开出汇票，连同明确的托收指示书向出口地银行办理托收。

出口商交付单据后，托收行没有检验单据的义务，仅核实收到的单据在表面上是否与托收指示书所列一致，如果发现任何遗漏，则立即通知交单的出口商。然后根据托收指示书制作寄单面函寄交代收行，代收行可以由出口商提供，也可以由银行根据情况代为选择异地的有一定权威的代理行作为代收行，并提供相应的收款路线。

代收行收到单据后，向进口商提示汇票，如果是付款交单，无论是即期付款交单还是远期付款交单，代收行都必须在买方付清货款后方能交出单据。如果买方拒绝付款或拒绝承兑，代收行必须毫不迟延地向托收行送交拒绝付款或拒绝承兑的通知。托收行在收到此项通知时，必须对单据如何处理给予相应的指示。如果是承兑交单，代收行在买方承兑汇票后交出单据。待付款规定时间到期时向买方收款。若买方到期拒绝付款，代收行不承担责任。

托收方式下，卖方通过银行向买方交付的单据通常包括发票、装箱单、运输单据（如提单等）、保险单据（CIF 或 CIP 条件下）、汇票及买方要求的其他单据等。卖方要以合同为依据，认真缮制单据，保证单据的正确、完整、及时、简明、清晰，方便进口商提货、核对货物及办理进口手续。

1.3.3 信用证

一、信用证的含义及当事人

根据《UCP600》中的规定，信用证（Letter of Credit，L/C）是指一项安排，无论其如何命名或描述，该约定不可撤销并因此构成开证行对相符提示予以兑付的确定承诺（Credit means an arrangement, however named or described, that is irrevocable and thereby constitutes a definite undertaking of the issuing bank to honor a complying presentation.）。其实质是银行代表其客户（进口商）向受益人（出口商）开立的有条件地承担付款责任的凭证。

> **知识拓展**
>
> **什么是相符提示**
>
> 《UCP600》第二条规定: Complying presentation means a presentation that is in accordance with the terms and conditions of the credit, the applicable provisions of these rules and international standard banking practice.（相符提示是指与信用证中的条款及条件、本惯例中所适用的规定及国际标准银行实务相一致的提示。）

信用证的基本当事人有三个：开证申请人、开证行、受益人。此外还有其他关系人，例如通知行、议付行、付款行、偿付行、保兑行和转让行等。

1．开证申请人（Applicant）：又称开证人（Opener），是指申请开证的人，一般指贸易合同的进口商。它要在规定的时间内开证，缴纳开证押金并及时付款赎单。

2．开证行（Opening Bank/Issuing Bank）：是指接受开证申请人的委托或根据其自身的需要开立信用证的银行，一般是进口地银行。它应开证申请人的要求开立信用证，有权收取开证手续费，向受益人承担第一付款责任。一般无追索权，但也有例外，比如在凭索汇电报和偿付行仅凭汇票对外付款时，开证行有追索权。

3．受益人（Beneficiary）：是指信用证上指定的有权使用信用证的人，一般为贸易合同的出口商或实际供货人。它拥有按时交货、提交符合信用证要求的单据、索取货款的权利和义务，又有对其后的持票人保证汇票被承兑和付款的责任。

4．通知行（Advising Bank/Notifying Bank）：受开证行委托，将信用证传递（通知）给受益人的银行，一般是出口地银行。它通常是开证行的代理行（Correspondent Bank）。买方通常指定自己的开户行作为通知行，通知行应合理审慎地鉴别信用证的表面真实性，如果无法鉴别又想通知受益人，则应告诉受益人它未能鉴别该证的表面真实性。

5．议付行（Negotiating Bank）：根据开证行的授权买入或贴现受益人开立和提交的符合信用证规定的汇票或单据的银行。议付行议付货款后，如事后遭到开证行的拒付，对受益人的付款有追索权。议付行一般是出口商所在地的银行或通知行。在实务中，虽然议付行议付款项后如遭到开证行的拒付，可以向受益人追索，但议付行仍然存在追索不回的风险，因此，在我国，极少有银行同意议付信用证款项。

6．付款行（Paying Bank/Drawee Bank）：是指开证行授权进行信用证项下付款并支付受益人出具的汇票的银行，它多数是开证行本身，也可以是它指定的另一家银行（代付行）。付款行一经付款，不能对受益人追索。

7．偿付行（Reimbursing Bank）：是指信用证上指定的，且在议付行或付款行等索偿行和开证行之间没有开立存款账户时，被开证行指定向索偿行付款的第三家银行。一般是开证行指定的账户行，多为开证行的分行或存款行。偿付行不收单和审单。

8．保兑行（Confirming Bank）：应开证行请求在信用证上加具保兑的银行，具有与开证行相同的责任和地位。它对受益人独立负责，在付款或议付后，不论开证行发生什么变化，都不能向受益人追索。在实际业务中通常由通知行兼任，也可由其他银行加具保兑。

9．转让行（Transferring Bank）：应受益人的委托，将信用证转让给信用证的受让人即第二受益人的银行，一般为通知行、议付行、付款行或保兑行。

二、信用证的性质与种类

1．信用证的性质和特点

根据信用证的定义和《UCP600》第五条：Banks deal with documents and not with goods, services or performance to which the documents may relate .（银行处理的是单据，而不是单据所涉及的货物、服务或其他行为。）信用证的性质和特点可归纳为以下三点：

（1）开证行承担第一付款责任。信用证是银行开立的有条件承诺付款的书面文件。只要出口商在信用证规定的期限内提交符合规定的单据，不论进口商是否拒付还是破产，开证行都必须履行付款责任。因此，开证行付款承诺是一项独立的责任。

（2）信用证是独立于合同以外的文件。信用证是根据买卖双方签订的合同开立的，但一经开出，信用证就成为一份独立的文件，开证行在处理信用证业务时，不管合同，仅根据信用证的规定履行责任即可。

（3）信用证是纯单据业务。在信用证业务中，各方处理的是单据，而不是与单据有关的货物或服务，因此，受益人向银行提示单据时要做到相符提示（Complying Presentation）。

2. 信用证的种类

（1）跟单信用证和光票信用证。

- 跟单信用证（Documentary Credit）：开证行凭跟单汇票或仅凭单据付款的信用证。在实际业务中，绝大多数情况下使用跟单信用证。
- 光票信用证（Clean Credit）：开证行仅凭汇票（没有随附单据，简称光票）付款的信用证，常用于预付货款。

（2）保兑信用证和不保兑信用证。

- 保兑信用证（Confirmed Credit）：开出的信用证由另一家银行保证对符合信用证条款规定的单据履行付款义务。保兑行是指除开证行以外的银行保证对信用证承担付款责任的银行。
- 不保兑信用证（Unconfirmed Credit）：开证行开出的信用证没有经另一家银行保兑。

（3）即期付款信用证、延期付款信用证、承兑信用证、议付信用证。《UCP600》第六条（b）款规定：信用证必须规定是否适用于即期付款、延期付款、承兑或议付。

- 即期付款信用证（Sight Credit）：开证行、保兑行或被指定付款行在收到符合信用证条款的汇票和/或单据时，立即履行付款义务的信用证。
- 延期付款信用证（Deferred Payment Credit）：远期付款但不需汇票的信用证。如信用证中规定："This credit is available with issuing bank by deferred payment."这种信用证通常不需要开立汇票，但对受益人来说风险较大，受益人应要求自己所在地的付款行对信用证加具保兑，以保证日后安全收汇。
- 承兑信用证（Acceptance L/C）：开证行或付款行在收到符合信用证条款的单据及远期汇票时予以承兑，凭汇票到期时再行付款的信用证。承兑信用证中一般规定："Credit is available with×××bank by acceptance."

小思考

某信用证中规定："This credit is available with issuing bank by sight payment against presentation of beneficiary's drafts at sight drawn on issuing bank and of the documents detailed herein."

试问：

该信用证是什么种类的信用证？

承兑信用证又分为卖方远期信用证和买方远期信用证。

卖方远期信用证又称真远期信用证，此信用证要求卖方开立远期汇票，开证行于见票时先予以承兑，到期付款。

买方远期信用证又称假远期信用证，通常在信用证中规定："The usance drafts are payable on a sight-basis, discount charges and acceptance commission are for buyer's account."（远期汇票即期支付，贴现利息和承兑费用由买方支付。）

小思考

国际贸易业务使用假远期信用证支付时，出口商提供的汇票是即期的还是远期的？

- 议付信用证（Negotiation Credit）：如果开证行在信用证中邀请第三方银行以议付行的身份买入受益人的汇票和单据，则该信用证即为议付信用证。通常在信用证中规定："Credit is available by negotiation."（议付行有向受益人追索的权利，但如果由保兑行议付，则无追索权。）

学以致用

某贸易公司与国外某客户签约出口一批货物，合同约定信用证付款。客户及时开来信用证，该信用证由国内一家外资银行 A 通知并加保兑，贸易公司审证无误后，按信用证规定发货，并在信用证规定的交单期内，持单向 A 银行办理了议付手续。事后，A 银行因为得不到开证行的偿付，反向该贸易公司追索货款。

试问：

该公司应将货款返还给 A 银行吗？为什么？

（4）可转让信用证和不可转让信用证。

- 可转让信用证（Transferable Credit）：开证行授权有关银行在受益人的要求下，可将信用证的全部或一部分金额转让给第三方使用的信用证。可转让信用证只能转让一次。如信用证允许分批装运，在总和不超过信用证金额的前提下，可分别转让给几个第二受益人；如信用证不准分批，则限转让给一个受益人。可转让信用证主要用于中间贸易。
- 不可转让信用证（Non-transferable Credit）：受益人无权转让给其他人使用的信用证。

（5）循环信用证（Revolving Credit）：信用证被全部或部分使用后，其金额又恢复到原金额，可再次使用，直至规定的次数或规定的总金额用完为止的信用证。循环信用证的使用可免去买方多次开证的麻烦，节省开证费用，同时简化了卖方审证、改证等手续，有利于合同的履行。这种信用证通常在分批均匀交货的情况下采用。

循环信用证可分为按时间循环信用证和按金额循环信用证两种。

（6）其他信用证。除上述信用证外，还有一些其他种类的信用证。

- 对开信用证（Reciprocal Credit）：交易的双方都对其进口部分以对方为受益人所开立的信用证，常应用于加工贸易等贸易方式。
- 对背信用证（Back to Back Credit）：信用证的受益人要求通知行或其他银行以原证为基础另开一张内容近似的新证给实际供货人，这张另开的新证称为对背信用证。
- 预支信用证（Anticipatory Credit）：开证行授权代付行（通常是通知行）向受益人预支信用证金额的全部或一部分，由开证行偿还并负担利息。

一般信用证是卖方先发货交单，开证行收单后付款的，而预支信用证是银行先代买方付款，卖方预支货款后交单的，等日后受益人交单时扣除预支的货款及利息，适用于货源紧缺的商品。

三、跟单信用证的一般业务流程

跟单信用证的业务流程如图 1.4 所示。

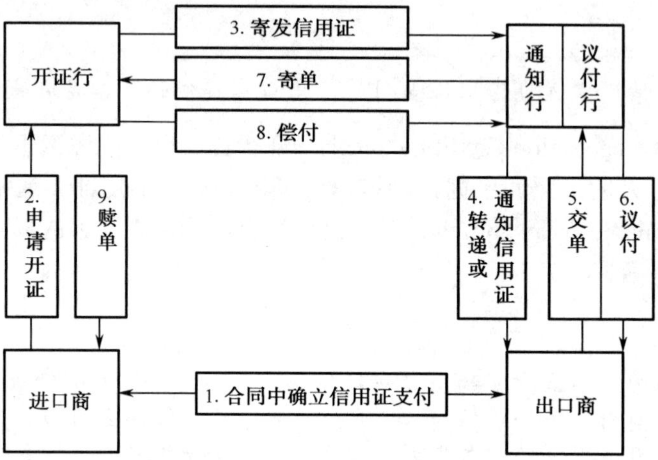

图 1.4　跟单信用证的业务流程

四、信用证的开证方式

通常信用证有信开和电开两种开证方式。

（1）信开信用证（Mail Credit）：开证行以书信格式缮制信用证并通过邮寄的方式送达通知行。目前，这种开证方式已很少使用。

（2）电开信用证（Teletransmission Credit）：将信用证内容以电子报文的形式通过电信方式传递给通知行。电开信用证又分为全电本和简电本两类。全电本是以电文形式开出的完整信用证，它是有效的信用证文件，可凭以交单议付。简电本是将信用证金额、有效期等主要内容用电文预先通知受益人，使受益人早日备货。但由于简电本内容不完整，因此在简电本后常会注明“随寄证实书（Mail Confirmation to Follow）”。证实书是信开本形式的信用证。

目前，大多数银行采用安全、便捷、价廉的 SWIFT 电开方式。

SWIFT 是全球银行金融电信协会（Society for Worldwide Interbank Financial Telecommunication）的简称。该组织设有自动化的国际金融电信网，协会成员银行可以通过电信网办理开立信用证及外汇买卖、证券交易、托收等业务。目前，通过 SWIFT 方式开证的格式代码为 MT700 和 MT701，修改信用证的格式代码为 MT707。

SWIFT 的特点：

- SWIFT 需要会员资格。我国的大多数专业银行都是其成员。
- SWIFT 的费用较低。同样多的内容，SWIFT 的费用只有 Telex（电传）的 18%左右，只有 Cable（电报）的 2.5%左右。
- SWIFT 的安全性较高。SWIFT 的密押比电传的密押可靠性强、保密性高，且具有较高的自动化。
- SWIFT 的格式标准化。对于 SWIFT 电文，SWIFT 组织有统一的要求和格式。

五、外贸单证在信用证方式中的应用

国际贸易采用信用证方式支付时，对外贸制单的要求尤其严格。信用证方式下，付款行处理的是单据，而不是单据涉及的货物、服务或其他履约行为。出口商在货物运出后，必须按照

信用证条款制单，做到“单证相符、单单相符”才能收回货款，否则开证行或其指定的银行有权拒付货款。

出口商在货物运出后，除要按照信用证的要求缮制单据外，还应在信用证规定的交单期（Presentation Period）内，将单据交到信用证指定的银行（通常是议付行），议付行收到单据后，应在《UCP600》规定的 5 个银行工作日内完成单据的审核。审核无误后，议付行将货款付给出口商，随后议付行会附上自有格式的寄单面函，即 BP 通知书（Bill of Purchase），按照信用证规定的寄单路线，向开证行寄单索偿。

开证行收到议付行寄来的单据后，在五个银行工作日内审核完毕，同时按照议付行 BP 面函的付款指示办理付款或开出拒付通知。开证行付款之后，立即开出赎单通知，即 AB 单（Accepted Bill），向开证申请人要求付款赎单。

知识拓展

《UCP600》要点简介

“UCP”即《跟单信用证统一惯例》的简称，是信用证的国际贸易惯例，其最新的版本为《UCP600》。因其前一版本《UCP500》在条款设置及措辞方面存在一定不足，国际商会于 2006 年 10 月在 ICC 巴黎年会上顺利通过《UCP600》(2007 年修订版)。新版本于 2007 年 7 月 1 日起实施。

《UCP600》将《UCP500》的 49 个条款删减为 39 条，在内容上的主要变动如下。

(1) 引入了 Honor (兑付) 这个概念，《UCP600》规定 Honor means:

a. to pay at sight if the credit is available by sight payment.(对于即期付款信用证即期付款。)

b. to incur a deferred payment undertaking and pay at maturity if the credit is available by deferred payment. (对于延期付款信用证发出延期付款承诺并到期付款。)

c. to accept a bill of exchange (“draft”) drawn by the beneficiary and pay at maturity if the credit is available by acceptance.(对于承兑信用证承兑由受益人出具的汇票并到期付款。)

(2)改进了 negotiation(议付)的定义: “Negotiation means the purchase by the nominated bank of drafts (drawn on a bank other than the nominated bank) and/or documents under a complying presentation, by advancing or agreeing to advance funds to the beneficiary on or before the banking day on which reimbursement is due to(to be paid the nominated bank) .” 议付是指被指定银行在其应获得偿付的银行日或在此之前，通过向受益人预付或者同意向受益人预付款项的方式购买相符提示项下的汇票(汇票付款人为被指定银行以外的银行)及/或单据。

(3) 取消了可撤销信用证，规定信用证是一种不可撤销的约定。

(4) 规范了第二通知行的做法: 通知行可以利用另一家银行的服务(第二通知行)向受益人通知信用证及其修改。通过通知信用证或修改，第二通知行即表明其认为所收到的通知的表面真实性得到满足，且通知可准确地反映所收到的信用证或修改的条款及条件。

(5) 将银行处理单据的时间由“不超过 7 个银行工作日的合理时间”改为“最多不超过 5 个银行工作日”。

(6) 进一步明确了银行审单的标准: 审单时，单据的内容不必与信用证对该项单据的描述及国际标准银行实务完全一致，但不得与该项单据中的内容、其他规定的单据或信用证相冲突。

(7) 将银行处理不符单据的方式增加到四种: 持单听候交单人的处理，持单直到开证申请人接受不符单据，径直退单，依据交单人事先的指示行事。

任务实训

实训 1.3.1　知识巩固

一、单项选择题

1．D/P at sight 指的是（　　）。

A．远期付款交单　　B．即期付款交单　　C．即期承兑交单　　D．跟单托收

2．不可撤销信用证开出后，对其中条款的修改，下列说法正确的是（　　）。

A．不允许任何形式的修改

B．只能在一定范围内修改

C．在信用证有效期内，任何一方的任何修改，都必须经买卖双方协商一致同意后，由申请人通过开证行办理修改

D．买卖双方都可直接要求开证行修改

3．在信用证支付方式下，只要单据表面与信用证条款相符合，开证行就必须按规定付款，所以，进口人应尽量做到（　　）。

A．在申请开证时，应按合同有关规定转化成有关单据，具体规定在信用证中

B．只要在信用证申请书详细阐明即可，不用列明应提交与之相应的单据

C．与出口人建立深厚的友谊

D．委托一个机构全权监督出口方的行为

4．下列（　　）信用证，通常不需要开立汇票。

A．承兑信用证　　B．延期付款信用证　　C．议付信用证

5．根据《UCP600》中的规定，银行处理单据的期限为不超过（　　）。

A．7 个银行工作日　　B．5 个银行工作日　　C．7 日　　D．5 日

6．按照《UCP600》中的规定，受益人最后向银行交单议付的期限是不迟于正本运输单据签发日的（　　）。

A．10 天　　B．15 天　　C．21 天　　D．25 天

7．某国外商通过银行开来的不可撤销即期付款信用证，货物装船完毕，尚未起航，开证行获悉开证人已破产倒闭，则（　　）。

A．由于付款人破产，受益人货款将落空

B．开证行获悉申请人破产后，即使货已装船仍可撤回信用证，受益人不能取得货款

C．即使开证人已破产倒闭，但只要单据相符，受益人仍可从开证行取得货款

D．待付款人财产清算后，根据债权人的债权先后可收回货款

8．信用证上未注明汇票的付款人，根据《UCP600》中的规定，汇票的付款人应是（　　）。

A．开证申请人　　B．开证行　　C．出票人　　D．议付行

9．在国际贸易中，用以解释和协调信用证各有关当事人矛盾的国际惯例是（　　）。

A．《URC522》　　B．《UCP600》　　C．《INCOTERMS2000》　　D．《DOCDEX》

10．信用证中无以下（　　），则为无效信用证。

A．装运期　　B．交单期　　C．议付期　　D．有效期

11．假远期信用证中开立的汇票属于（ ）。

A．远期汇票 B．即期汇票 C．银行汇票

12．在假远期信用证中，受益人提交的远期汇票被贴现时，贴现利息由（ ）承担。

A．进口商 B．出口商 C．开证行 D．通知行

13．在承兑信用证中，受益人提交的远期汇票被贴现时，贴现利息由（ ）承担。

A．进口商 B．出口商 C．开证行 D．通知行

14．信用证业务的下列银行中，（ ）有追索权。

A．开证行 B．保兑行 C．议付行

15．票汇业务中的汇票是（ ）开立的；托收业务中的汇票是（ ）开立的；信用证业务中的汇票是（ ）开立的。

A．出口商 B．银行 C．进口商

二、多项选择题

1．在国际贸易中，常用的支付方式有（ ）。

A．预付 B．汇付 C．托收 D．信用证

2．假远期信用证与真远期信用证的区别是（ ）。

A．开证基础不同 B．信用证条款不同

C．贴现利息的负担者不同 D．收汇的时间不同

3．信用证和合同的关系表现为（ ）。

A．信用证依据合同开立

B．信用证的履行不受买卖合同的约束

C．银行只根据信用证的规定办理业务，不管合同

D．合同是审核信用证的依据

4．根据《UCP600》中的规定，银行在处理信用证业务时应做到（ ）。

A．只看单据，不看货物 B．只看单据，不管合同

C．只看货物，不看合同 D．又看单据，又看货物

5．对受益人有较大保证的信用证是（ ）。

A．可撤销信用证 B．保兑信用证 C．不可撤销信用证 D．预支信用证

6．采用托收结算时，出口商应注意（ ）。

A．对进口商的授信额度不宜过大 B．了解进口国的贸易管制

C．了解代收行的资信 D．出口合同争取采用 CIF 条件成交

7．汇付的方式可分为（ ）。

A．汇款 B．信汇 C．票汇 D．电汇

8．在跟单托收业务中，根据交单条件和付款时间的不同可以分为（ ）。

A．远期付款交单 B．见票交单 C．即期付款交单 D．承兑交单

9．在保兑信用证中，承担第一付款责任的银行是（ ）。

A．付款行 B．议付行 C．开证行 D．保兑行

10．信用证的当事人有（ ）。

A．开证申请人 B．开证行 C．受益人 D．托收行

11．根据《UCP600》中的规定，银行审核单据认为不符时，可以使用的处理方式有（ ）。

A．持单听候交单人的处理　　B．持单直到开证申请人接受不符单据

C．径直退单　　D．依据交单人事先的指示行事

12．在信用证业务中，银行付款的条件是相符提示。相符提示是指提交的单据与（　　）相符。

A．信用证　　B．《UCP600》　　C．《ISBP745》　　D．货物

13．《UCP600》引入了“Honour”概念，在不同的信用证中，“Honour”的含义包括以下（　　）。

A．即期付款　　B．延期付款　　C．承兑　　D．议付

14．根据《UCP600》中对信用证的承付方式的规定，信用证可分为（　　）。

A．即期付款信用证　　B．延期付款信用证

C．承兑信用证　　D．议付信用证

15．出口商审核信用证的依据有（　　）。

A．合同　　B．全套单据　　C．《UCP600》　　D．实际业务情况

三、简答题

1．简述托收业务的主要程序。

2．托收的特点及应注意的问题是什么？

3．信用证结算方式有何特点？

4．简述信用证结算的业务程序。

5．信用证的开证方式有哪几种？

实训 1.3.2　模拟演练

将学生分成若干学习小组，分别完成以下几笔业务的模拟演练。

1．小组成员分别扮演合同及其所属信用证中的当事人，模拟演示完成一笔信用证业务的全过程。

2．小组成员分别扮演合同及其所属即期付款交单（D/P at sight）中的当事人，模拟演示完成一笔即期托收业务的全过程。

3．小组成员分别扮演合同及其所属远期付款交单（D/P after sight）中的当事人，模拟演示完成一笔远期托收业务的全过程。

4．小组成员分别扮演合同及其所属票汇中的当事人，模拟演示完成一笔票汇业务的全过程。

项目 2　信用证释读与操作

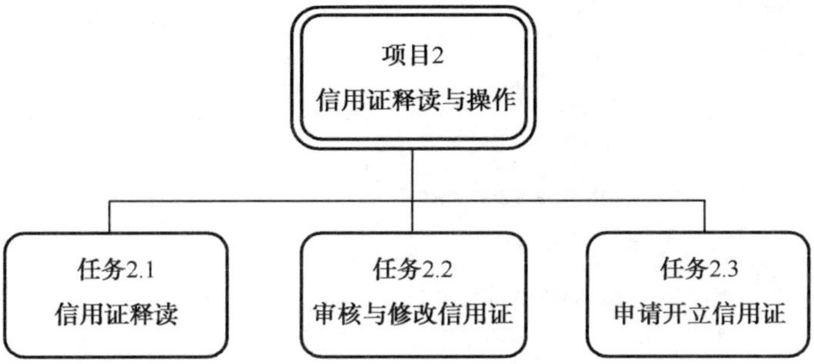

任务 2.1　信用证释读

学习目标

通过学习，要求完成以下任务：

1．掌握信用证的格式和内容，准确翻译信用证条款；

2．熟练读懂各种类型的信用证。

任务情境2.1.1

运盛电子有限公司与 LUIS IMPORT AND EXPORT TRADING B.V.公司经过磋商，于 2018 年 11 月签订了一份轮胎定位仪（Wheel Alignment）的出口合同。2018 年 11 月 22 日，该公司收到了 F.VAN LANSCHOT BANKIERE N.V.开立的信用证，单证员肖红根据合同和《UCP600》中的有关规定，认真地阅读并审核该信用证，查看是否有不能接受而需要提出修改的条款。

【样单Ⅱ-1-1】信用证

NOV. 22, 2018 07:29:18				LOGICAL TERMINAL1345	
MT 700	ISSUE OF A DOCUMENTARY CREDIT			PACE	
				FUNC	
				UMR	
MSGAC DWS7651 AUTH OK.KEY B6852DTSE 5896841, BK CHCNBJ BK CHCNBJ BKCHSGSG RECORD					
BASIC HEADER	F	01	BKCHCNBJA300	2576	87612

续表

APPLICATION HEADER	O 700 7992 080418 FVLBNL2RXXX 6385 938271 080418 379 N F.VAN LANSCHOT BANKIERSN.V. *BARCELONA *SPAIN
USER HEADER SERVICE CODE	103:
BANK.PRIORITY	113:
MSG USR REF	108:
INFO. FROMCI	115:
SEQUENCE OF TOTAL	* 27: 1/1
FORM OF DOC. CREDIT	* 40A: IRREVOCABLE
APPLICABLE RULES	* 40E: UCP600
DOC. CREDIT NUMBER	* 20: AM/VA11272ISLC
DATE OF ISSUE	* 31C: 2018.11.22
DATE AND PLACE OF EXPIRY	* 31D: DATE 2019.01.25 PLACE SPAIN
APPLICANT	* 50: LUIS IMPORT AND EXPORT TRADING B.V. TEIMAN TULLAERTOLEIN 5，3024AB BARCELONA，SPAIN
BENEFICIARY	* 59: SHANDONG YUNSHENG ELECTRONICS CO., LTD. NO.21, TONGRUN ROAD, APEC INDUSTRIAL YANTAI CITY, CHINA POST CODE: 264002
CURRENCY CODE , AMOUNT	* 32B: CURRENCY USD AMOUNT 120 000.00
AVAILABLE WITH/BY	* 41D: ANY BANK BY NEGOTIATION
DRAFT AT…	42C: AT 30 DAYS AFTER SIGHT FOR FULL INVOICE VALUE
DRAWEE	42A: VAN LANSCHOT BANKIERS N.V. BARCELONA, SPAIN.
PARTIAL SHIPMENTS	43P: ALLOWED
TRANSSHIPMENT	43T: PROHIBITED
LOADING ON BOARD/DISPATCH/TAKING CHARGE AT/FROM	44A: QINGDAO
FOR TRANSPORT TO	44B: BARCELONA
LATEST DATE OF SHIP	44C: 2018.12.30
DESCRIPT.OF GOODS AND/OR SERVICES	45A： WHEEL ALIGNMENT SX-G6 12SETS TERMS OF DELIVERY: CIF BARCELONA (INCOTERMS 2010) PACKING IN CARTON DISTANCE OCEAN TRANSPORTATION SHIPPING MARKS: WHEEL ALIGNER CARTON No. 1AND UP FOLLOWED BY：ARTICLE NUMBER ALL OF THE ABOVE MUST BE STATED ON THE INVOICE AND PACKING LIST.

续表

DOCUMENTS REQUIRED 46A:

+ SIGNED COMMERCIAL INVOICE IN QUINTUPLICATE MADE OUT IN THE NAME OF APPLICANT INDICATING FOB VALUE AND THE ORIGIN OF THE GOODS SHIPPED.

+ PACKING LIST/WEIGHT MEMO IN TRIPLICATE MENTIONING TOTAL NUMBER OF CARTONS AND GROSS WEIGHT AND MEASUREMENTS PER EXPORT CARTON.

+ 3/3 OF ORIGINAL CLEAN ON-BOARD MARINE BILLS OF LADING, PLUS 3 N/N COPIES MADE OUT “TO ORDER ”, AND BLANK ENDORSED MARKED:“FREIGHT PREPAID”SHOWING AS NOTIFY THE APPLICANT (GIVING FULL NAME , ADDRESS AND PHONE NUMBERS) AND INDICATING THE NAME AND ADDRESS OF THE CARRIER’S AGENT AT THE PORT OF DISCHARGE.

+ FULL SET 3/3 OF MARINE INSURANCE POLICY OR CERTIFICATE, ENDORSED IN BLANK FOR 120 PERCENT OF FULL CIF VALUE, COVERING INSTITUTE CARGO CLAUSES(A)AND INSTITUTE WAR CLAUSES-CARGO.

CHARGES 71B:

ALL BANKING CHARGES INCLUDING OPENING FEE ARE FOR BENEFICIARY’S ACCOUNT

PERIOD OF PRESENTATION 48:

DOCUMENTS TO BE PRESENTED WITHIN 15DAYS AFTER THE DATE OF ISSUANCE OF TRANSPORT DOCUMENT(S) BUT WITHIN THE VALIDITY OF THIS CREDIT.

CONFIRMATION INSTRUCTIONS *49: WITHOUT

ADDITIONAL CONDITIONS 47A:

+ALL DOCUMENTS MUST INDICATE THIS CREDIT NUMBER.

INSTRUCTION TO THE PAYING/ACCEPTING/NEGOTIATING BANK 78:

+T/T REIMBURSEMENT IS NOT ACCEPTABLE.

+A DISCREPANCY FEE OF USD50.00 WILL BE DEDUCTED FROM THE PROCEEDS IF DOCUMENTS ARE PRESENTED WITH DISCREPANCY (IES) AND ACCEPTANCE OF SUCH DISCREPANT DOCUMENTS WILL NOT IN ANY WAY ALTER THE TERMS AND CONDITIONS OF THIS CREDIT.

+UPON RECEIPT OF CORRECT DOCUMENTS BY US, WE SHALL COVER THE NEGOTIATING BANK AS PER THEIR INSTRUCTIONS, IN THE CURRENCY OF THIS CREDIT ONLY.

SENDER TO RECRIVER INFORMATION 72: /PHONBEN/

TRAILER <MAC: 9K E93827><CHK: 975CIE072287>

任务要求

正确翻译并理解上述信用证。

支撑知识

2.1.1 信用证的基本内容

信用证的内容主要包括以下六个方面。

1. 关于信用证本身的规定

（1）信用证的类型（Form of Credit）。信用证的类型一般规定为是否可撤销或是否可转让。根据《UCP600》中的规定，信用证一经开立，即构成开证行的不可撤销（Irrevocable）的兑付承诺。《UCP600》还规定，如果信用证中未规定是否可转让，应视为不可转让信用证。

（2）信用证的号码（Credit Number）。

（3）开证日期（Date of Issue）。进口商一般应根据合同中规定的开证日期申请开立信用证。如果合同中未规定，进口商应该结合货物的装运期，及时将信用证开给出口商。

（4）信用证的金额和货币（Currency and Amount）。信用证的金额和货币应与合同规定的一致。如果合同中规定货物数量允许有一定幅度的溢短装，信用证的金额也应规定有相应幅度的增减。信用证中规定的金额是开证行能够支付的最高金额，出口商发运货物的总金额不能超过信用证规定的金额。

（5）有效到期日和到期地点（Expiry Date and Place）。信用证必须规定有效期或到期日，没有规定有效期的信用证应视为无效信用证。信用证的有效期应在装运期后的合理时间内。另外，信用证中还应规定一个在有效截止日前交单的有效地点，通常规定在受益人所在国家交单，这样更有利于受益人。

（6）开证行（Opening/Issuing Bank）。开证行是接受开证人的申请而开立信用证的银行。

（7）通知行（Advising/Notifying Bank）。通知行通常是接受开证行的委托，将信用证通知给受益人的银行。《UCP600》规定：通知行在通知信用证时，除非已对信用证加具保兑，通知行通知信用证不构成兑付或议付的承诺。通过通知信用证，通知行即表明其认为信用证的表面真实性得到满足，且通知准确地反映了所收到的信用证的条款及条件。如开证行利用一家通知行的服务将信用证通知给受益人，它也必须利用同一家银行的服务通知修改书。

（8）开证申请人（Applicant/Opener）。通常是国际货物买卖合同的进口商。

（9）受益人（Beneficiary）。通常是货物买卖合同的出口商。

（10）单据提交期限（Presentation Period）。信用证中通常会规定一个受益人交单的最迟期限，该交单期应规定为装运期后的一段合理时间，便于受益人有充足的时间制作、准备单据，一般规定在装运日后 15 日内交单比较合理。如果时间过短，则可能影响受益人及时交单。单据提交期限并不是信用证的必要项目，如果未规定，受益人应在运输单据的签发日期之日起 21 日内交单，并不得超过信用证的有效期。

2. 关于汇票的规定

信用证中是否规定汇票条款，须根据信用证的类型确定。例如议付信用证、承兑信用证通常会规定汇票条款；延期付款信用证通常不需要汇票；即期付款信用证无强制规定，是否需要汇票取决于信用证当事人的规定。有些混合付款（Mixed Payment）的信用证，还会规定出具两份汇票，例如 30%的金额即期付款，70%的金额远期付款，这样的信用证中通常会规定受益人出具两份汇票，每份汇票的付款时间和金额均不相同。

信用证中关于汇票的规定通常包括以下内容：

（1）出票人（Drawer）。信用证项下汇票的出票人应是出口商，它属于商业汇票，而非银行汇票。

（2）受票人（Drawee）或付款人（Payer）。信用证中银行承担第一付款责任，因此，信用证项下汇票的受票人应是信用证的开证行或其指定的付款行，而非进口商。

（3）付款期限（Tenor）。根据货物买卖合同规定的付款期限设定。

3. 关于单据的规定

《UCP600》规定，信用证业务中，银行处理的是单据，而不是单据所涉及的货物、服务或其他行为，因此，信用证是单据的买卖。通常信用证中会规定受益人需提交的单据种类、内容和份数等。需提交的单据有以下几种。

（1）商业发票。商业发票是出口商应提供的基本单据，是发运货物名称、规格、数量、价格的总说明。

（2）装箱单、重量单或磅码单。有外包装的货物，出口商通常还应提供装箱单。散装或裸装货，出口商通常应提供重量单或磅码单等单据。

（3）提单或运单。出口商应提供由运输公司签发的有效的提单或运单等运输单据。

（4）保险单或保险凭证。是否需要提供保险单或保险凭证，应根据合同中的贸易术语确定。当使用 CIF 和 CIP 时，受益人需提供保险单；其他情况下，出口商不必提供此单据。

（5）产地证明书（Certificate of Origin）。

（6）其他单据（Other Documents）。例如海关发票、装运通知、受益人证明等。

4. 关于货物的规定

信用证中关于货物的规定通常包括以下内容。

（1）品名、货号和规格。

（2）数量、包装及单价。当信用证金额、数量或单价前有“约”或“大约”等字样时，应解释为允许有关金额、数量或单价有不超过10%的增减幅度。当信用证未以包装单位、件数或货物自身件数的方式规定货物数量时，只要总支取金额不超过信用证金额，货物数量允许有5%的增减幅度。

5. 关于运输的规定

（1）装货港（Port of Shipment or Port of Loading ）。

（2）卸货港或目的地（Port of Discharge or Port of Destination）。

（3）装运期限（Latest Date of Shipment）。

（4）可否分批装运（Partial Shipment Allowed/Not Allowed）。

（5）可否转船运输（Transshipment Allowed/Not Allowed）。

6. 其他规定

（1）特别条款（Special Conditions）。

（2）开证行对议付行的指示（Instructions to Negotiating Bank）。

（3）背书/签注条款（Endorsement Clause）。

（4）偿付方式和寄单方式（Method of Reimbursement and Method of Dispatching Documents）。

（5）开证行付款保证（Engagement Clause）。

（6）惯例适用条款（Subject to UCP Clause）。

（7）开证行签字（Signature）。

2.1.2 信用证内容的常见英文表述

一、信用证当事人的表述

（1）开证申请人的表达用语有 Applicant、Principal、Accountee、Accreditor、Opener 等，有时在信用证中也用短语表示开证人的身份，如 At the request of ×××（应×××的请求）、By order of ×××（按×××的指示）、For account of ×××（由×××付款）或 At the request of and for Account of ×××（应×××的请求并由×××付款）等。

（2）信用证中受益人的表达常用 Beneficiary: ×××表示，或者以短语 In favor of ×××、In one's favor（以×××为受益人）表示。

（3）开证行的表达方式有 Opening Bank、Issuing Bank 或 Establishing Bank。

（4）议付行常用 Negotiating Bank 或 Negotiation Bank 表示。

（5）付款行常用 Paying Bank 或 Drawee Bank 表示。

二、信用证到期日和到期地点的表述

有效的信用证都会注明到期日和到期地点，常见的表述方式有以下几种。

（1）直接写明到期日和到期地点名称。例如：

- Expiry date: Mar.07,2018 in the country of the beneficiary for negotiation.（有效期：2018 年 3 月 7 日前，在受益人国家议付有效。）
- Expiry date：Jul.17,2018 in the country of the beneficiary unless otherwise stated.（除非信用证另有规定，本证于 2018 年 7 月 17 日前在受益人所在国议付有效。）

（2）以“交单日期”“汇票日期”等来表达信用证的有效期限。例如：

- Drafts drawn under this credit must be negotiated in China on or before Sep.03,2018 after which date this credit expires.（凭本证项下开具的汇票要在 2018 年 9 月 3 日或该日以前在中国议付，该日以后本证失效。）
- Bill of exchange must be negotiated within 15 days from the date of bill of lading but not later than May.05, 2018.（汇票须自提单日期起 15 天内议付，但不得迟于 2018 年 5 月 5 日。）

三、金额和币制的表述

金额和币制（Amount and Currency of Credit）是信用证的核心内容，在信用证中的表达方式大致相似。例如：

- Amount Currency: USD2000.00（金额 2000.00 美元）。
- A sum not exceeding total of USD10 000.00（总金额不超过 10 000.00 美元）。

四、汇票条款的表述

信用证对汇票的表述通常有以下几种。

（1）直接规定汇票的付款期限和付款人。例如：

DRAFTS AT 42C:AT 90 DAYS AFTER SIGHT

DRAWEE 42D: INDUSTRIAL BANK OF KOREA

这种表述通常出现在SWIFT信用证中，简洁明了，是目前外贸实践中最常用的一种表达方式。

（2）其他表述。例如：

- This credit is available with any bank in China by negotiation drafts at sight drawee Hong Kong and Shanghai Banking Corporation Ltd, London.（此信用证在中国境内凭以香港和上海汇丰银行伦敦分行作为付款人的即期汇票在任何一家银行议付有效。）
- Drafts are to be drawn in duplicate to our order bearing the clause “Drawn under Bank of China, Singapore Irrevocable Letter of Credit No.194956 dated Jul.17, 2017”.（汇票一式两份，以我行为抬头，并注明“根据中国银行新加坡分行2017年7月17日第194956号不可撤销信用证项下开立”。）

需要注意的是，并非所有的信用证都有汇票的规定，比如延期付款信用证通常就不要求提供汇票。

五、单据条款的表述

一份信用证必然规定受益人需要提交的单据，常见的表达如下。

（1）Documents required as following.（须提交以下单据。）

（2）Drafts must be accompanied by the following documents marked “×”.（汇票须随附下列注有“×”标志的单据。）

（3）...Available against surrender of the following documents bearing the credit number.（提交下列单据须注明信用证号。）

（4）Full set of clean on board ocean bills of lading made out to order and blank endorsed,notify:applicant(full address) marked freight prepaid.（全套清洁已装船海运提单，做成“凭指示”抬头，空白背书，通知：（所有地址）开证申请人，注明运费预付。）

（5）Hand signed insurance policy/certificate in duplicate covering all risks as per CIC for 110PCT of the invoice amount.（手签的保险单或凭证一式两份，根据中国保险条款按照发票金额的110%投保所有险种。）

六、单据份数的表述

要求提交单据的份数有以下几种表示方式：in Two Copies（一式两份）、in Three Fold（一式三份）等；in Duplicate（一式两份）、in Triplicate（一式三份）、in Quadruplicate（一式四份）、in Quintuplicate（一式五份）、in Sextuplicate（一式六份）、in Septuplicate（一式七份）、in Octuplicate（一式八份）、in Nonuplicate（一式九份）、in Decuplicate（一式十份）。例如：

- Signed commercial invoices in duplicate.（签字商业发票一式两份。）

七、装运条款的表述

（1）装运期（Date of Shipment）。例如：

- Shipment from Chinese port to New York not later than Mar.08,2018.（自中国口岸装运货

物驶往纽约，不得迟于 2018 年 3 月 8 日。）

- Bill of lading must be dated not before the date of this credit and not later than Jul.17,2018.（提单日期不得早于本信用证开具日期，并且不得迟于 2018 年 7 月 17 日。）

（2）装运地、目的地（Shipment/Destination）。例如：

- Shipment from Chinese main port for transshipment to Osaka, Japan. （自中国主要港口运往日本大阪。）
- Shanghai China for transport to Dublin, Ireland ,latest date of shipment Sep.03,2018.（由中国上海装运至爱尔兰都柏林，最迟装运日期为 2018 年 9 月 3 日。）

（3）分批/转运条款（Partial Shipments/Transshipment）。例如：

- Partial shipment is allowed and transshipment is allowed. （允许分批装运和转运。）
- Partial shipment is allowed and transshipment is authorized at Hong Kong only. （允许分批装运，仅允许在香港转运。）
- Transshipment is allowed provided “Through Bill of Lading” are presented.（如提交联运提单，转运允许。）

八、特别条款的表述

信用证中的特别条款（Special Clauses/Conditions）主要是依据银行和买卖双方交易的具体需要，以及进口国的政治经济和贸易政策等的变化而确定的。

（1）议付和偿付条款（Negotiation and Reimbursement）。议付和偿付条款一般是开证银行对于议付行的指示，但是也涉及各方的利益，常见的条款如下。

- Upon presentation of the documents strictly complied with all credit terms, we authorize you to draw on our H/O reimbursement A/C value five working days later under authenticated SWIFT advice to us without any charges on our part.（收到单证严格相符的单据后，我们（开证行）授权贵行向我总行索偿，5 个工作日起息，SWIFT 通知我行，费用由贵方承担。）
- At maturity, we shall pay to the negotiating bank as instructed by T/T for documents which are in compliance with credit terms and conditions. Telex charges are for account of beneficiary. （如单证严格相符，到期日我行将用电汇方式偿付贵行，此电报费由受益人承担。）
- In reimbursement, please drawn on our head office account with your London office. （偿付办法：请从我总行在贵行伦敦分行的账户内支取。）
- Negotiating bank may claim reimbursement by T/T on the Bank of China New York branch certifying that the credit terms have been complied with.（议付行证明本信用证条款已履行，可按电汇索偿条款向中国银行纽约分行索回货款。）

（2）佣金/折扣条款（Commission and Discount）。信用证中常常有佣金和折扣条款，其表现形式各不一样，有的称为明佣，有的称为暗佣，在信用证中的表示举例如下。

- Signed commercial invoice must show 5% commission. （经签署的商业发票须显示 5%的佣金。）
- Beneficiary’s drafts are to be made out for 95% of invoice value. Being 5% commission payable to credit opener.（受益人的汇票按发票金额的 95%开具。5%作为佣金付给开证

申请人。）

- At the time of negotiation, you will be paid less 5%, being commission payable to M/S…, and this should be incorporated on the bank's covering schedule.（在银行议付时，须扣除5%的金额作为付给某先生的佣金，此佣金应填入议付银行的面函。）
- The price quoted include a discount of 5% which must be shown on your final invoice, but is to be the subject of a separate credit note, the amount of which is to be deducted from your drafts.（信用证所列价格包括 5%折扣在内，最后发票应开列未扣除 5%折扣的价格，但须另出一份扣佣通知书，汇票金额则扣除此项折扣金额。）

（3）费用条款（Charges）。信用证业务产生的银行费用由谁支付，通常会在信用证上明确规定。多数信用证规定，开证行的费用由开证人负担，开证国（地区）以外的银行费用由受益人承担。例如：

- All banking charges outside Korea and reimbursing charges are for account of beneficiary.（所有韩国以外的银行费用及偿付费用由受益人承担。）
- All your commission and charges are for beneficiary's account including reimbursement bank payment commission and charges.（所有你方的费用及佣金由受益人承担，包括偿付行的费用在内。）
- Port congestion surcharges, if any, at the time of shipment is for opener's account.（装运时如产生港口拥挤费，须由开证人承担。）

（4）其他条款。

- If the documents presented with any discrepancies we shall claim USD80.00 for each discrepancy.（如果提示的单据有不符点，每一不符点，我们将扣除 80 美元。）
- If the terms and conditions of this credit are not acceptable to you, please contact the openers for necessary amendments.（如你方不接受本信用证条款，请与开证人联系以做出必要修改。）
- Negotiation of this credit is restricted to yourselves.（本信用证限由你行议付。）
- This Letter of Credit is transferable in China only, in the event of a transfer, a letter from the first beneficiary must accompany the documents for negotiation.（本信用证仅允许在中国转让，如有转让，第一受益人须有书面转让文书连同单据一起议付。）

九、开证行“保证条款”（Warranties of Issuing Bank）的表述

在信用证中通常会有开证行或付款行保证付款的承诺语句，表示如下：

- We hereby undertake all drafts drawn under and in compliance with the terms and conditions of this letter of credit will be duly honored on presentation at this office.（凡按本信用证所列条款开具并提示的汇票，我行保证到期兑付。）

当前常用的 SWIFT 信用证已省略此条款，但这并不意味着开证行无承诺保证付款，只要受益人提交的单据符合信用证的规定，开证行就有付款的义务。

十、适用的国际惯例的表述

Except as otherwise expressly stated herein, this credit is subject to the Uniform Customs and

Practice for Documentary Credits UCP (2007 Revision) International Chamber of Commerce Publication No. 600.（除非另有规定，本信用证根据国际商会 2007 年修订本第 600 号出版物《跟单信用证统一惯例》办理。）

任务操作

根据任务情境 2.1.1，“样单Ⅱ-1-1 信用证”的翻译要点有以下几个方面：

（1）该信用证来自西班牙，是一份不可撤销的远期付款信用证。

（2）要求提供发票，须签署，一式五份，以开证申请人为抬头，显示 FOB 价和货物的原产地。（“SIGNED COMMERCLAL INVOICE IN QUINTUPLICATE MADE OUT IN THE NAME OF APPLICANT INDLCATING FOB VALVE AND THE ORIGIN OF THE GOODS SHIPPED.”）

（3）提供装箱单/重量单一式三份，显示总箱数和每箱的毛重和体积。（“PACKING LIST/WEIGHT MEMO IN TRIPLICATE MENTIONING TOTAL NUMBER OF CARTONS AND GROSS WEIGHT AND MEASUREMENTS PER EXPORT CARTON.”）

（4）提供三份清洁已装船正本提单和三份不可转让的副本，做成“凭指示”抬头，空白背书，注明“运费预付”，显示通知开证申请人（详细名称、地址和电话），注明目的港承运人代理的名称及地址。（“3/3 OF ORIGINAL CLEAN ON-BOARD MARINE BILLS OF LADING, PLUS 3 N/N COPIES MADE OUT‘TO ORDER’, AND BLANK ENDORSED MARKED:“FREIGHT PREPAID”SHOWING AS NOTIFY THE APPLICANT (GIVING FULL NAME , ADDRESS AND PHONE NUMBERS) AND INDICATING THE NAME AND ADDRESS OF THE CARRIER’S AGENT AT THE PORT OF DISCHARGE.”）

（5）提供全套三份保险单/保险凭证，空白背书，按照 CIF 金额的 120%投保协会货物 A 险和协会货物战争险。（“FULL SET 3/3 OF MARINE INSURANCE POLICY OR CERTIFICATE, ENDORSED IN BLANK FOR 120 PERCENT OF FULL CIF VALUE, COVERING INSTITUTE CARGO CLAUSES (A) AND INSTITUTE WAR CLAUSES-CARGO.”）

（6）（本信用证）不接受电汇偿付。（“T/T REIMBURSEMENT IS NOT ACCEPTABLE.”）

（7）提示的单据出现不符点，将会从货款中扣除 50 美元的不符点费用，对不符点单据的接受将不会改变本信用证的条款。（“A DISCREPANCY FEE OF USD50.00 WILL BE DEDUCTED FROM THE PROCEEDS IF DOCUMENTS ARE PRESENTED WITH DISCREPANCY(IES) AND ACCEPTANCE OF SUCH DISCREPANT DOCUMENTS WILL NOT IN ANY WAY ALTER THE TERMS AND CONDITIONS OF THIS CREDIT.”）

任务实训

实训 2.1.1 知识巩固

一、单项选择题

1. 某公司收到国外两份信用证，（1）棉布 10 万米，每米 0.40 美元，信用证总金额 42 000 美元；（2）服装 1000 套，每套 20 美元，总金额 21 000 美元。据此，两证出运的最高数量和金额可分别掌握为（　　）。

A．棉布 10 万米，40 000 美元；服装 1000 套，20 000 美元

B．棉布 10.5 万米，42 000 美元；服装 1050 套，21 000 美元

C．棉布 10.5 万米，42 000 美元；服装 1000 套，20 000 美元

D．棉布 10 万米，40 000 美元；服装 1050 套，21 000 美元

2．根据《UCP600》中的规定，信用证中货物的数量有“大约”或“类似”字眼，应理解为有关数量增减幅度不超过（　　）。

A．3%　　B．5%　　C．10%　　D．15%

3．《UCP600》正式实施的日期是（　　）。

A．2006 年 10 月 25 日　　B．2007 年 1 月 1 日

C．2007 年 7 月 1 日　　D．2007 年 10 月 1 日

4．信用证要求提交由主管当局（Issued by the Competent Authority）签发的检验证书，下列单据中不符合要求的是（　　）。

A．由我国海关签发的检验证书　　B．由出口国商检局签发的检验证书

C．由 SGS 签发的检验证书　　D．由受益人签发的检验证书

5．《UCP600》规定，信用证的开证行、按指定行事的指定行、保兑行（如果有的话）至多有（　　），用以判断交单是否相符。

A．5 日　　B．5 个银行工作日

C．7 日　　D．7 个银行工作日

6．根据《UCP600》中的规定，对于除运输单据、保险单据和商业发票以外的单据，信用证中如未规定单据出具人及措辞或内容，此类单据满足（　　）即可被银行接受。

A．与单据本身数据等同一致

B．与其他单据或信用证中的数据等同一致

C．看似满足所要求单据的功能，且与该单据本身中的数据、其他规定单据或信用证中数据不矛盾

D．内容与提交的其他单据不矛盾

7．如果信用证要求提单抬头为“凭开证行指示”，则下列所提交的提单可接受的是（　　）。

A．提单做成以开证行为收货人的记名形式

B．提单抬头为“凭××银行（开证行名）指示”

C．提单抬头为“凭指示”并由托运人作空白背书

D．提单抬头为“凭议付行指示”并由议付行作空白背书

8．在同一次交单下，下述（　　）情况不被视为分批装运。

A．提交两套提单，显示港至港运输：（1）从上海至鹿特丹，船只为 B；（2）从天津至不莱梅，船只为 C

B．提交两套提单，显示港至港运输：（1）从上海至鹿特丹，船只为 B；（2）从上海至不莱梅，船只为 B

C．提交两套提单，显示港至港运输：（1）从上海至鹿特丹，船只为 B；（2）从天津至鹿特丹，船只为 B

D．提交两套提单，显示港至港运输：（1）从上海至鹿特丹，船只为B；（2）从上海至鹿特丹，船只为C

9．信用证要求：第一批货3月1日前发运；第二批货4月1日前发运。实际发运日：第一批货3月2日发运；第二批货3月3日发运。下列哪一结论正确？（　　）

A．信用证对第一批货无效，对第二批有效

B．信用证对第一批货有效，对第二批无效

C．信用证对第一批货和第二批货都有效

D．信用证对第一批货和第二批货都无效

10．信用证业务中，商品不是以包装单位、件数或货物自身件数的方式规定数量时，只要总支取金额不超过信用证金额，货物数量允许有（　　）的增减幅度。

A．5%　　B．10%　　C．15%　　D．25%

二、案例分析题

我国某公司与外商按CIF条件签订一笔大宗商品出口合同，合同规定装运期为3月，但未规定具体开证日期，外商拖延开证，我方见装运期临近，连续多次电催外商开证。2月25日，该公司收到一份开证行的简电通知，因怕耽误船期，该公司即按简电要求将货物装运。装运后，开证行开来信用证详电，其中对有关单据的规定与原合同不符，该公司并未发现，还按照原合同制单提示，结果遭到银行拒付。你认为，该公司应从此事中吸取哪些教训？

实训2.1.2　能力实训

一、实训要求：翻译并理解下列英文信用证。

二、实训材料

【样单Ⅱ-1-2】信用证

RCVD 2018/08/01-13:35:23 Original received from SWIFT　　QDO4588/257762

---------------------------Message Header---------------------------------

Swift output: FIN 700 Issue of a Documentary Credit

-------------------------Message Text-------------------------------------

27:　Sequence of Total

1/1

40A:　Form of Documentary Credit

IRREVOCABLE TRANSFERABLE

20:　Documentary Credit Number

00021011030296

31C:　Date of Issue

2018.07.31

续表

40E: Applicable Rules

UCP LATEST VERSION

31D: Date and Place of Expiry

2018.12.21 CHINA

50: Applicant

SARL CENTRAL VET

69 RUE DU PROGES 44 840 LES SORINIERES

59: Beneficiary-Name & Address

RUITAI FOREIGN TRADE CORP. LTD.

58 XIZANG ROAD QINGDAO CHINA

32B: Currency Code, Amount:

USD [US DOLLAR]

17 570.00 #17 570.00#

39B: Maximum Credit Amount

NOT EXCEEDING

41D: Available With... By... –Name& Add.

ANY BANK
BY NEGOTIATION

42C: Draft at … AT SIGHT

42A: Drawee-BIC

CMCIFRPADOC

43P: Partial Shipments

ALLOWED

43T: Transhipment

ALLOWED

44E: Port of Loading/Airport of Departure

ANY PORT IN CHINA

44F: Port of Discharge/Airport OF Dest.

LE HAVRE OR MONTOIR PORT FRANCE

44D: Shipment Period

SEE FIELD 45A

45A: Description of Goods or Services

CLOTHES AS FOLLOWS

ORDER No.	REFERENCE No.	DESCRIPTION	QUANTITY	UNIT PRICE
17109	027768	BABY BOY TROUSERS	5000 PCS	USD 1.57/PC
17207	027870	BABY GIRL TROUSERS	2500 PCS	USD 1.60/PC

续表

17238	027901	BABY GIRL DRESS	4000 PCS	USD 1.43/PC

FOR A TOTAL AMOUNT OF USD 17 570. 00

AS PER PROFORMA INVOICE No. 12RF51626 DATED 2018.07.27

SHIPMENT SCHEDULE

ORDER 17207 AT THE LATEST ON 2018.10.30

ORDER 17109 AT THE LATEST ON 2018.11.15

ORDER 17238 AT THE LATEST ON 2018.11.30

FOB ANY PORT IN CHINA

AS PER INCOTERMS 2010 OF ICC PARIS

46A: Documents Required

+SIGNED COMMERCIAL INVOICE IN 6 FOLDS WITH TEXTILE COMPOSITION.

+PACKING LIST AND WEIGHT NOTE IN 5 FOLDS.

+FULL SET OF CLEAN ON BOARD OCEAN BILLS OF LADING ISSUED BY DACHSER OR SCHENKER OR HERPORT MADE OUT TO ORDER OF NEGOTIATION BANK, ENDORSED TO ORDER OF ISSUING BANK NOTIFY APPLICANT SHOWING FREIGHT COLLECT.

+ATTESTATION OF CONFORMITY ISSUED SIGNED AND STAMPED BY CENTRAL VET AND SENT BY FAX TO THE BENEFICIARY BEFORE THE SHIPMENT DATE FOR APPROVAL OF SAMPLES AND PACKAGING TAKEN ON PRODUCTION.

+ ORIGINAL OF CERTIFICATE OF ORIGIN TEXTILE PRODUCTS ISSUED AND SIGNED BY A CHAMBER OF COMMERCE OR SIMILAR AUTHORITIES.

+ AZO FREE CERTIFICATE ISSUED AND SIGNED BY BENEFICIARY SHOWING ARTICLE REFERENCE AND ORDER NUMBERS.

+ FAX ATTESTATION STRUGGLE AGAINST CHILDREN WORK ISSUED BY CENTRAL VET AND SIGNED BY BENEFICIARY.

+ COPY COMMITMENT LETTER FOR REACH REGULATION ISSUED BY CENTRAL VET AND SIGNED BY BENEFICIARY SHOWING ORDER AND REFERENCE NUMBERS.

47A: Additional Conditions

+ THIRD PARTY DOCUMENT ACCEPTABLE.

+ INSURANCE COVERED BY THE BUYERS.

+ DOCUMENTS TO BE SENT US IN ONE LOT.

+ THE L/C ADVISING COMMISSION IS FOR BENEFICIARY'S ACCOUNT. IF DOCUMENTS ARE PRESENTED TO A NEGOTIATING BANK OTHER THAN THE ADVISING BANK, THE NEGOTIATING BANK SHOULD DEDUCT THE ADVISING COMMISSION FROM THE PROCEEDS AND PAY IT TO THE ADVISING BANK.

+ THE BANK OF COMMUNICATION IS ALLOWED TO TRANSFER THIS L/C AND MUST ADVISE US BY AUTHENTICATED SWIFT MESSAGE FOR EACH TRANSFER EFFECTED MENTIONING BENEFICIARY'S NAME AND ADDRESS.

续表

+ IN CASE BENEFICIARY COULD NOT DELIVERY BY THE DATE SCHEDULED AND ACCEPTED THE BELOW DEDUCTING PENALTY FROM THE PRINCIPAL PAYMENT: 10 PCT PER MONTH DELAY, MORE THAN 3 MONTHS DELAY WILL ENTAIL THE CANCELLATION OF THE LETTER OF CREDIT (I.E. ALL ORDERS INCLUDED IN IT). + ALL DOCUMENTS TO BE ISSUED IN ENGLISH. + FOR EACH SET OF DOCUMENTS, BENEFICIARY'S CERTIFCATE CONFIRMING THEIR ACCEPTANCE AND/OR NON-ACCEPTANCE OF ALL THE AMENDMENTS MADE UNDER THIS CREDIT QUOTING THE RELEVANT AMENDMENT NUMBER IS REQUIRED, IF THIS CREDIT HAS NOT BEEN AMENDED, SUCH CERTIFICATE IS NOT REQUIRED. + IF DISCREPANCIES ON DOCUMENTS CHARGES FOR EUR 100 OR EQUIVALENT ARE FOR BENEFICIARY'S ACCOUNT AND WILL BE DEDUCTED FROM SETTLEMENT. + DOCUMENTS MUST BE SENT TO US PER DHL OR ANY OTHER RAPID COURIER SERVICE TO CIC BANQUES,SERVICE CREDITS DOCUMENTAIRES,33 AVENUE LE CORBUSIER,5900 LILLE,FRANCE. + AN EXTRA PHOTOCOPY OF ALL DOCUMENTS IS REQUIRED FOR ISSUING BANK. EUR 10 WILL BE DEDUCTED FROM OUR PAYMENT IF THIS CONDITION IS NOT RESPECTED. + THE AMOUNT OF ANY PRESENTATION UNDER THIS CREDIT MUST BE ENDORSED BY PRESENTING BANK ON THE ORIGINAL L/C ADVICE, THE PRESENTING BANK SIGNIFIES THAT THE ENDORSEMENT HAS BEEN MADE BY MAKING A PRESENTATION. 71B: Charges ALL BANKING CHARGES AND COMMISSIONS OUTSIDE FRANCE ARE FOR BENEFICIARY'S ACCOUNT 48: Period for Presentation 21 DAYS 49:Confirmation Instructions WITHOUT 78: Instr to payg/Accptg/Negotg Bank FOR REIMBURSEMENT AT RECEIPT OF CONFORMABLE DOCUMENTS AT OUR COUNTERS WE SHALL COVER THE PRESENTATING BANK THROUGH THEIR USD CORRESPONDENT. -------------------------Message Trailer------------------------------- {5: {: MAC: 00000000} {CHK: E9879C63A815}}

根据上述信用证回答问题：

1．翻译理解该证 47A 附加条件（Additional Conditions）。

2．找出表明该信用证为可转让信用证的相关条款。

3．根据上述信用证内容回答下列问题。

（1）信用证种类：______________________________

（2）信用证号码：______________________________

（3）开证日期：______________________________

（4）信用证的有效期：______________________________

（5）信用证的到期地点：______________________________

（6）开证申请人名称、地址：______________________________

（7）受益人名称、地址：______________________________

（8）开证行名称：______________________________

（9）信用证金额及货币单位：______________________________

（10）分批运输：______________________________

（11）转运：______________________________

（12）装运港（地）、目的港（地）：______________________________

（13）最迟装运期：______________________________

（14）货名及规格：______________________________

（15）价格术语：______________________________

（16）交单期限：______________________________

（17）信用证要求的单据：______________________________

（18）信用证特别条款：______________________________

任务 2.2　审核与修改信用证

学习目标

通过学习，要求完成以下任务：

1．通过审核信用证，找出信用证的问题条款；

2．能用英文拟写改证函。

任务情境2.2.1

2018 年 12 月 1 日，菁华纺织服装有限公司与日本 SHINORMAN CO.,LTD.签约出口一批围裙（Apron），并签订了销售合同。2018 年 12 月 26 日，菁华纺织服装有限公司收到恒丰银行转来的信用证通知书和信用证，单证员肖红根据合同和《UCP600》中的有关规定，对信用证通知书和信用证进行了认真阅读、审核，看是否有不能接受而需要提出修改的内容。

【样单Ⅱ-2-1】销售合同

Jinghua Textile & Garment Co., Ltd.

No.1005　Bayi Road (E.1), Tianjin, China

SALES CONFIRMATION

S/C No.　SC1201260

S/C Date　Dec. 01, 2018

TO:

SHINORMAN CO., LTD.

NAKANOMACHI 2-20-16, MIYAKOJIMA-KU KOBE, JAPAN

Dear Sirs:

We hereby confirm having sold to you the following goods on the terms and conditions as specified below:

Name of Commodity & Specifications	Quantity	Unit Price	Amount
APRON		CFR KOBE	
(1)ART No.96837	3000PCS	USD4.00/PC	USD12 000.00
(2)ART No.96838	4000PCS	USD6.00/PC	USD24 000.00
TOTAL	7000PCS		USD36 000.00
Total Amount in Word: SAY US DOLLARS THIRTY-SIX THOUSAND ONLY			

续表

Time of Shipment: SHIPMENT TO BE EFFECTED BEFORE MAR.1, 2019

Port of Loading: ANY PORT IN CHINA

Port of Destination: KOBE JAPAN

Partial Shipment: NOT ALLOWED

Transshipment: NOT ALLOWED

Term of Payment: THE BUYER SHALL OPEN THROUGH A BANK ACCEPTABLE TO THE SELLER AN IRREVOCABLE SIGHT LETTER OF CREDIT WHICH REMAINS VALID FOR NEGOTIATION IN CHINA UNTIL THE 15TH DAY AFTER THE DATE OF SHIPMENT.

Insurance: TO BE COVERED BY THE BUYER.

Remarks: 10% MORE OR LESS IN QUANTITY AND AMOUNT IS ALLOWED.

Confirmed by:

THE BUYER	THE SELLER
SHINORMAN CO., LTD.	Jinghua Textile & Garment Co., Ltd.
×××	×××

【样单Ⅱ-2-2】信用证通知书

恒丰银行

EVERGROWING BANK

NOTIFICATION OF DOCUMENTARY CREDIT

信用证通知书

TO：　　DATE(日期)：2018.12.26

Jinghua Textile & Garment Co., Ltd.

No.1005 Bayi Road (E.1), Tianjin China

致：菁华纺织服装有限公司

OUR REF. No.（我行编号）: AD91009108667

ISSUING BANK（开证行）: ASAHI BANK LTD, <FORMERLY THE KYOWA SAIYAMA BANK, LTD.> TOKYO

L/C No.（信用证号）: LC-429-393536

ISSUING DATE （开证日期）：2018.12.25

AMOUNT（金额）: HKD36 000.00

EXPIRY DATE（有效期）: 2019.03.16

TENOR（期限）: AT SIGHT

APPLICANT（开证申请人）: SHINORMAN CO.,LTD.

NAKANOMACHI 2-20-16, MIYAKOJIMA-KU, KOBE JAPAN

DEAR SIRS,

敬启者

续表

WE HAVE PLEASURE IN ADVISING YOU THAT WE HAVE RECEIVED FROM THE ASAHI BANK LTD A(N) LETTER OF CREDIT, CONTENTS OF WHICH ARE AS PER ATTACHED SHEET(S). THIS ADVICE AND THE ATTACHED SHEET(S) MUST ACCOMPANY THE RELATIVE DOCUMENTS WHEN PRESENTED FOR NEGOTIATION.

兹通知贵司，我行收自上述银行信用证一份，现随附通知，贵司交单时，请将本通知书及信用证一并提示。

PLEASE NOTE THAT THIS ADVICE DOES NOT CONSTITUTE OUR CONFIRMATION OF THE ABOVE L/C NOR DOES IT CONVEY ANY ENGAGEMENT OR OBLIGATION ON OUR PART.

本通知书不构成我行对此信用证的任何责任和义务，但本行对本证加具保兑的除外。

THIS L/C CONSISTS OF ONE SHEET(S), INCLUDING THE COVERING LETTER AND ATTACHMENT(S).

本信用证连同面函及样单共 1 纸。

IF YOU FIND ANY TERMS AND CONDITIONS IN THE L/C WHICH YOU ARE UNABLE TO COMPLY WITH AND OR ANY ERROR(S), IT IS SUGGESTED THAT YOU CONTACT APPLICANT DIRECTLY FOR NECESSARY AMENDMENT(S) SO AS TO AVOID ANY DIFFICULTIES WHICH MAY ARISE WHEN DOCUMENTS ARE PRESENED.

如本信用证中有无法办到的条款及/或错误，请与开证申请人联系，进行必要的修改，以排除交单时可能发生的问题。

THIS L/C IS ADVISED SUBJECT TO THE APPLICABLE UCP RULES (ISSUED BY THE ICC) AS STIPULATED IN THE CREDIT.

本信用证之通知系遵循信用证中提及的“国际商会跟单信用证统一惯例”。

IF YOU HAVE ANY FURTHER REQUIRES, PLEASE DON’T HESITATE TO CONTACT US QUOTING THE ABOVE MENTIONED REF.

如有疑问，请按上述业务编号与我行联系。

EVERGROWING BANK

恒丰银行

【样单Ⅱ-2-3】信用证

SEQUENCE OF TOTAL	*27:	1/1
FORM OF DOC. CREDIT	*40:	IRREVOCABLE
DOC. CREDIT NUMBER	*20:	LC-429-393536
DATE OF ISSUE	*31C:	2018.12.25
EXPIRY	*31D:	DATE 2019.03.16 PLACE IN THE COUNTRY OF THE APPLICANT
APPLICANT	*50:	SHINORMAN CO., LTD. NAKANOMACHI 2-20-16, MIYAKOJIMA-KU KOBE JAPAN
BENEFICIARY	*59:	Jinghua Textile & Garment Co., Ltd. No.1005 Bayi Road (E.1), Tianjin, China
AMOUNT	*32B:	CURRENCY HKD AMOUNT 36 000.00
MAX. CREDIT AMOUNT	*39:	UP TO USD39 600.00
AVAILABLE WITH/BY	*41D:	ANY BANK BY NEGOTIATION

续表

DRAFTS AT ...	*42C:	DRAFTS AT SIGHT FOR FULL INVOICE VALUE
DRAWEE	*42A:	*ASAHI BANK LTD, <FORMERLY THE *KYOWA SAIYAMA BANK, LTD.> *TOKYO
PARTIAL SHIPMENTS	*43P:	NOT ALLOWED
TRANSSHIPMENT	*43T:	NOT ALLOWED
PORT OF LOADING	*44E:	ANY PORT IN CHINA
PORT OF DISCHARGE	*44F:	KOBE, JAPAN
LATEST DATE OF SHIP.	*44C:	2019.03.01
DESCRIPT. OF GOODS	*45A:	(1)3000PCS OF APRON ART No.96837 @USD5.00 (2)4000PCS OF APRON ART No.96838 @USD6.00 PRICE TERM: CIF KOBE
DOCUMENTS REQUIRED	*46A:	+ 3/3 SET OF ORIGINAL CLEAN ON BOARD OCEAN BILLS OF LADING MADE OUT TO ORDER OF SHIPPER AND BLANK ENDORSED, MARKED “FREIGHT PREPAID” AND NOTIFY APPLICANT. + ORIGINAL SIGNED COMMERCIAL INVOICE IN 5 FOLDS INDICATING CONTRACT No. + CERTIFICATE OF ORIGIN IN 1 ORIGINAL AND 1 COPY. + PACKING LIST IN 3 FOLD. + WEIGHT LIST IN 3 FOLD.
ADDITIONAL COND.	*47:	+ T/T. REIMBURSEMENT IS PROHIBITED. + 10PCT MORE OR LESS IN QUANTITY ACCEPTABLE.
DETAILS OF CHARGES	*71B:	ALL BANKING CHARGES OUTSIDE JAPAN INCLUDING REIMBURSEMENT COMMISSIONS ARE FOR ACCOUNT OF BENEFICIARY.
PRESENTATION PERIOD	*48:	DOCUMENTS TO BE PRESENTED WITHIN 5 DAYS AFTER THE DATE OF SHIPMENT, BUT WITHIN THE VALIDITY OF THE CREDIT.
CONFIRMATION	*49:	WITHOUT
INSTRUCTIONS	*78:	THE NEGOTIATION BANK MUST FORWARD THE DRAFTS AND ALL DOCUMENTS BY REGISTERED AIRMAIL DIRECT TO US (INTL OPERATIONS CENTER MAIL ADDRESS: C.P.O.BOX No. 800 TOKYO 100-91 JAPAN) IN TWO CONSECUTIVE LOTS, UPON RECEIPT OF THE DRAFTS AND DOCUMENTS IN ORDER, WE WILL REIMBURSE THE NEGOTIATING BANK IN ACCORDANCE WITH THEIR INSTRUCTIONS.

任务要求

1．熟悉外贸合同各条款内容。
2．分析信用证条款。
3．对照合同审核信用证。
4．检查信用证有无漏开合同条款。
5．列出信用证的问题条款。

支撑知识

在进出口商品交易中如采用信用证方式支付货款，进口商如期开出信用证后，出口商在发货之前，应先对照合同仔细审核，审核无误后，方可发货；如发现信用证的规定与合同不符，或者存在出口商无法做到的规定，则应及时联系买方提出修改。

在实际业务中，通知行和出口商共同承担审证义务。其中，银行着重审查开证行的政治背景、资信能力、付款责任和索汇路线等；出口商侧重审核信用证的内容。

2.2.1　审证依据

1．外贸合同

外贸合同是外贸单证员审核信用证的一个最重要的依据。信用证是依据外贸合同开立的，一旦开立之后就独立于外贸合同之外。开证行开立信用证后，是否承担付款责任，依据的是信用证，而不是外贸合同。因此，外贸单证员应根据外贸合同审核信用证，查看外贸合同的内容是否在信用证中得以体现。

2．跟单信用证统一惯例

跟单信用证统一惯例《UCP600》是外贸单证员审核信用证的又一重要依据。《UCP600》是开证行判断出口商交付的单据是否与信用证相符，是否给予付款的重要依据之一。因此，外贸单证员审核信用证时，也应参考《UCP600》中的相关规定。

3．外贸业务实际情况

信用证中有些条款无法从外贸合同和《UCP600》中找到依据，需根据业务实际来判断信用证条款的合理性。

2.2.2　审证步骤

外贸单证员审核信用证时，应遵循以下步骤：

- 熟悉外贸合同各条款内容；
- 对照合同审核信用证通知书和信用证；
- 检查信用证有无遗漏条款；
- 列出信用证的不符条款。

2.2.3 审证的侧重要点

审核信用证一般从以下几个方面进行。

1. 信用证的种类

审核是否有不可撤销（Irrevocable）字样，如果未规定，根据《UCP600》中的规定，应视为不可撤销的信用证；如合同规定开立保兑信用证，应审核信用证中有无“保兑”（Confirmed）字样及保兑行的名称和保兑行的保兑条款，缺少其中任何一项，应要求修改信用证；如贸易合同规定开立可转让信用证，要审核信用证有无“可转让”（Transferable）字样和转让行的名称；如规定开立循环信用证，须注明“Revolving”字样，以及恢复信用证循环的条件，否则应要求修改信用证。

2. 开证申请人和受益人的名称、地址

在实际业务中，企业的注册地和实际办公场所可能会不同，如审核有异，应及时修改信用证，以免影响收汇。

3. 信用证的金额及货币

信用证中商品的单价要与贸易合同中的规定一致，总金额应该与单价和数量的乘积相等。如果贸易合同对货物数量和金额规定了增减幅度，信用证也应规定相应的增减。如果在数量和金额前有“大约”（About）、“类似”（Approximately）等词汇，根据《UCP600》中的规定，可允许有10%的增减。另外还要审核信用证的币制是否与合同规定的一致。

4. 信用证的货物描述

货物的名称、规格、数量、金额、贸易术语必须与合同一致；金额不能低于合同总价，如有溢短装的规定，要注意数量与总金额的增减幅度是否一致。另外，根据《UCP600》中的规定，对大宗或散装货物，除非信用证规定数量不得增减，在支取金额不超过信用证金额的前提下，交货数量可以有5%的增减幅度，但此项规定不适用于以包装单位或以个数、件数为计量单位的货物。

5. 信用证有效期、到期地点、装运期、交单期

信用证应规定有效期（Date of Validity）或到期日（Expiry Date），有效期一般可规定为最迟装运日后的一段合理时间内，不能早于最迟装运日。未规定有效期的信用证无效，应要求修改。

信用证还应规定一个在有效期内交付单据的地点，即到期地点。到期地点一般都要求在受益人所在国内，如规定在受益人之外的其他国家到期，因不好掌握寄单时间，一般应要求修改信用证。

信用证的装运期（Shipment Date）应与合同规定一致。如因进口方开证太迟而影响出口方不能按时装运，应及时电请买方延展装运期。如信用证未规定装运期，可以在信用证的到期日前完成装运即可，此时可理解为信用证的有效期和装运期同时到期，俗称“双到期”信用证。对“双到期”信用证，是否需要修改，由出口方根据实际情况判断。

另外，信用证一般还要规定一个受益人交单的最迟期限，即交单期（Period of Presentation），习惯上都规定在装运日后的15天内交单，交单期的规定不能过短，否则可能使出口方没有足够的时间交单结汇。信用证如未规定交单期，根据《UCP600》中的规定，出口方的交单期限不得超过运输单据上标明的装运日后的21天且无论如何不得超过信用证的有效期。

6. 信用证对运输条款的规定

信用证对货物的装运港/地、目的港/地、装运时间、是否转船、是否分批装运等应与合同的规定相符。

7. 信用证对保险条款的规定

信用证对保险条款的规定通常体现在单据条款中。CIF/CIP 条件下，出口方代办保险并提供保险单据，因此在信用证中应有保险单的规定，同时还应规定保险金额和保险险别。根据《UCP600》中的规定，CIF/CIP 条件下，保险金额一般至少应为发票 CIF/CIP 金额的 110%，如果低于 110%，则银行可视为投保不足而拒付。如果规定的投保金额超过 110%，应征得保险公司的同意后才能接受，同时要注明增加的保费由进口商承担，否则应要求改证。保险险别的规定应与合同规定一致，如未规定，根据惯例，出口商只需投保最低险别即可。FOB/FCA/CFR/CPT 等条件下，保险由进口方自行决定是否投保，因此无须在信用证中规定保险单。如果规定了保险单，则应要求从信用证删除此条款。另外，如果在信用证中指定了保险查勘代理人（Survey Agent），应要求改证。保险勘察代理人必须由保险公司选定。

8. 信用证对单据的要求

对信用证中要求提供的单据种类、份数、填写内容、文字说明、填写方法等都要认真审核并确认是否能按照要求提供。例如，一些需要认证的单据（特别是需要使馆认证的）是否能及时办理和提供；由官方机构或其他部门出具的文件如出口许可证、运费收据、检验证明等能否及时提供；信用证中指定船龄、船籍、船公司或不准在某港口转船等条款能否办到等。凡是要求的单据与我国政策相抵触或根本办不到的，应及时联系对方修改信用证。

9. 信用证的规定是否矛盾

例如，航空运输却要求提供海运提单；价格条款是 FOB，却要求受益人提供保险单；贸易术语是 CIF，却要求在提单上标注“运费到付”（Freight to Collect）；等等；都应该提出修改信用证。

10. 银行费用的承担

信用证中规定的有关费用（Charges）如运费或检验费等应事先协商一致，否则，受益人对于额外的费用原则上不应承担。开证费用、通知费用等银行费用如事先未商定，应由双方分摊。

11. 有无陷阱条款

应特别注意下列信用证条款存在陷阱，具有很大的风险，出口商必须提出修改信用证。

- 信用证规定 1/3 正本提单直接寄送进口商，如果接受此条款，将面临货、款两空的危险；
- 信用证规定商检证由开证申请人或其指定人签发；
- 规定信用证的生效以进口商取得有关进口文件为前提条件；
- 规定装运日期由进口商通知开证行，开证行再以信用证修改的形式通知受益人；
- 规定货物运抵目的港后，由进口地检验检疫部门检验合格并出具相关证书后才履行付款责任。

2.2.4 修改信用证

一、改证程序

（1）出口方收到通知行传递的信用证，根据合同等审核信用证。

（2）找出信用证的不符点，函电向进口方提出修改。

（3）进口方向开证行申请改证。

（4）开证行修改信用证并将信用证修改书通过原通知行通知给受益人。

二、申请改证的原则

（1）对于不可撤销信用证的修改，须征得信用证有关当事人的全部同意才能进行。

（2）非改不可的坚决要改，可改可不改的酌情处理。

（3）开证行发出改证通知后不能撤回。

（4）保兑行有权对修改不保兑，但其必须不延误地将该情况通知开证行及受益人。

（5）受益人应对开证申请人提出的修改发出接受或拒绝的通知。

根据《UCP600》中的规定，受益人如果拒绝接受信用证的修改，可通过以下两种方式表示：出具一份拒绝修改的声明书，由通知行寄交开证行；向银行交单时，随附一份拒绝修改的声明，同时仅提交与未经修改的原信用证条款相符的单据。

（6）对一份信用证的多处修改申请，原则上应一次提出。对一份修改书的多项内容，要么全部接受，要么全部拒绝，不能只接受一部分而拒绝另一部分。

（7）修改书必须经原通知行传递方始有效。

三、拟写改证函

要求改证的信函通常包括以下三部分内容。

（1）确认收到信用证，同时指出其中的规定与合同规定不符的地方。例如：

- We have received your L/C No.123,but find it contains the following discrepancies.
- We are pleased to inform you that L/C No.234 issued by the Chartered Bank of Liverpool for our S/C No.111 has just been received. However, on examining the clauses, we regretfully find that certain points are not in conformity with the terms stipulated in the contract.

（2）详细指出不符之处并说明如何修改。例如：

- The discrepancies are as follows:

Commission should be 3%, not 5%;

Shipment is to be made during June/July instead of “on or before 30 June”;

Goods should be insured for 110% of the invoice value, not 150%.

（3）表明意思，希望尽快收到修改书。

学以致用

申请改证的信函示例

Dear Sirs,

The Pajamas you ordered under your Order No.222 are ready for shipment, but unfortunately, we found that the design of some pajamas cannot match that of your samples. In order to ensure the quality of goods, we have to reproduce these goods.

In view of the above, we should like to request you to extend your shipment date from May 15 to June 15, and validity from May 30 to June 30.

We hope you will understand our situation and let us have your amendment notice soon.

Truly yours

任务操作

根据任务情境 2.2.1，菁华纺织服装有限公司单证员肖红根据合同审核信用证后，找出了信用证的所有问题条款，随后向日本的进口商发送了一份改证函。

【样单Ⅱ-2-4】改证函

Dear Sirs,

We are pleased to inform you that L/C No. LC-429-393536 issued by ASAHI BANK LTD., <FORMERLY THE KYOWA SAIYAMA BANK, LTD.>TOKYO for our S/C No. SC1201260 has just been received. However, on examining the clauses, we regretfully find that certain points are not in conformity with the terms stipulated in the contract.

(1) Please change Expiry place into the country of beneficiary.

(2) Currency should be USD.

(3) Price term should be “CFR”, not “CIF”.

(4) The unit price @USD5.00 of ART No.96837 is wrong, should be @USD4.00.

(5) Presentation period 5 days is too short, please extend to 15 days.

We hope receiving your amendment notice as soon as possible.

Truly yours

日方收到改证函后，认为改证要求合理，即向开证行提出了改证申请，随后菁华纺织服装有限公司收到了由恒丰银行通知的信用证修改书，信用证得以修改。

【样单Ⅱ-2-5】信用证修改书

MT707	Amendment to a Documentary Credit
SENDER	ASAHI BANK LTD, <FORMERLY THE KYOWA SAIYAMA BANK, LTD.>TOKYO
RECEIVER	EVERGROWING BANK
DOC. CREDIT No.	20: LC-429-393536
DATE OF ISSUE	31C:2018.12.25
DATE OF AMENDMENT	30:2018.12.29
FORM OF DOC. CREDIT	40A:IRREVOCABLE
BENEFICIARY	59: Jinghua Textile & Garment Co., Ltd. No.1005 Bayi Road (E.1), Tianjin, China
NEW DATE AND PLACE OF EXPIRY	31E:DATE 2019.03.16 PLACE IN THE COUNTRY OF THE BENEFICIARY
NEW DOC. CREDIT AMOUNT	34B:CURRENCY USD AMOUNT 39 600.00
LATEST DATE OF SHIPMENT	44C:2019.03.01
NARRATIVE	79: ①IN FIELD 31E AMENDED TO: IN THE COUNTRY OF THE BENEFICIARY ②IN FIELD 32B AMENDED TO:CURRENCY USD ③IN FIELD 45A AMENDED TO: ART No.96837@USD4.00 ④IN FIELD 45A AMENDED TO: PRICE TERM:CFR KOBE ⑤IN FIELD 48 AMENDED TO: WITHIN 15 DAYS AFTER THE DATE OF SHIPMENT ALL OTHER TERMS AND CONDITIONS REMAIN UNCHANGED.

任务实训

实训 2.2.1　知识巩固

一、单项选择题

1．信用证开立后，应由一家银行通知信用证，确定通知行的惯常做法是（　　）。

A．由进口商和出口商商定　　B．由受益人选择

C．由开证行指定　　D．由开证申请人指定

2．对不可撤销信用证的修改，下列说法正确的是（　　）。

A．不容许任何形式的修改

B．只能在一定范围内修改

C．在信用证有效期内，任何一方的任何修改，都必须经买卖双方协商一致同意后，由申请人通过开证行办理修改

D．买卖双方都可直接要求开证行修改

3．信用证条款“Latest Date of Shipment”表示的意思是（　　）。

A．信用证的到期日

B．最晚交单期

C．信用证的最早装运日

D．最迟装运日，表明该证项下的货物不能迟于此日期出运

4．信用证的审核由银行和受益人共同承担，其中下列（　　）由银行审核。

A．信用证金额　　B．信用证的有效期

C．开证行的资信　　D．信用证的装运条款

5．某信用证规定“Period of Presentation”，其含义是（　　）。

A．交单期　　B．有效期　　C．付款期　　D．议付期

6．开证行收到单据后，应有不超过（　　）个银行工作日的时间确定单据是否相符。

A．5　　B．15　　C．7　　D．21

7．对于信用证的修改，受益人应以收到（　　）开立并经通知行通知的修改书为准。

A．开证行　　B．开证申请人　　C．买方　　D．议付行

8．信用证中，下列条款中的（　　）可认定为软条款。

A．受益人须提供由开证申请人或其指定人签发的商检证

B．原产地证由权威机构签发

C．商业发票须注明生产商的名称

D．提单上注明“Freight Prepaid”

9．一份 SWIFT 信用证中规定“CONFIRMATION *49 : WITHOUT”，其意思是指（　　）。

A．不予确认　　B．无保兑信用证　　C．不可撤销

10．一份修改通知书包括两项或多项内容，受益人不可采取的做法是（　　）。

A．全部接受　　B．全部拒绝　　C．接受一部分，拒绝另一部分

11．某国外来证规定：“针织布 1000 米，每米 2 美元；总金额约 2000 美元，禁止分批装

运。”则银行支取金额最多应为（ ）美元。

A．2000　　B．2200　　C．2100　　D．2150

二、案例分析题

我国A公司向加拿大B公司以CIF术语出口一批货物，合同规定4月份装运。B公司于4月10日开来不可撤销信用证。此证按《UCP600》规定办理。信用证规定：装运期不得晚于4月15日。此时我方已来不及办理租船订舱，立即要求B公司将装期延至5月15日。随后B公司来电称：同意展延船期，有效期顺延一个月。我国A公司于5月10日装船，提单签发日5月10日，并于5月14日将全套符合信用证规定的单据交银行办理议付，结果被开证行拒付。

分析此案例，总结应得到的经验和教训。

实训 2.2.2　能力实训

一、实训要求：

1．根据合同审核信用证，找出问题条款。

2．拟写一份改证函。

二、实训材料

1.【样单Ⅱ-2-6】销售合同

销售合同

SALES CONFIRMATION

No. LT07060

DATE: AUG.10，2017

The seller：AAA FASHION INTERNATIONAL TRADE CO.

#358 ZHONGSHAN ROAD，SHINAN DISTRICT,QINGDAO,CHINA

The buyer：BBB TRADING CO.

56，NISHIKI 6-CHOME，NAKAKU NAGOYA，JAPAN

签字双方同意按以下条款达成交易：

The undersigned Sellers and Buyers have agreed to close the following transactions according to the terms and conditions stipulated below:

品名与规格 COMMIDITY AND SPECIFICATION	数量 QUANTITY	单价 UNIT PRICE	金额 AMOUNT
LADIES SKIRTS		CIF NAGOYA	
65% POLYESTER 35% COTTON			
STYLE No.A101	200DOZ	USD60.00/DOZ	USD12 000.00
STYLE No.A10	400DOZ	USD84.00/DOZ	USD33 600.00
TTL	600DOZ		USD45 600.00
ORDER No. HMW0501			

总值 TOTAL VALUE: US DOLLARS FORTY FIVE THOUSAND AND SIX HUNDRED ONLY

装运口岸 PORT OF LOADING: QINGDAO

目的地 DESTINATION: NAGOYA

续表

转运TRANSSHIPMENT: ALLOWED

分批装运 PARTIAL SHIPMENTS: ALLOWED

装运期限SHIPMENT: DECEMBER,2017

保险INSURANCE: BE EFFECTED BY THE SELLERS FOR 110% INVOICE VALUE COVERING F.P.A. RISKS OF PICC CLAUSE

付款方式PAYMENT: BY TRANSFERABLE CONFIRMED L/C PAYABLE 60 DAYS AFTER B/L DATE， REACHING THE SELLERS 45 DAYS BEFORE THE SHIPMENT

一般条款GENERAL TERMS:

（1）合理差异。质地、重量、尺寸、花形、颜色均允许合理差异，对合理范围内差异提出的索赔，概不受理。

Reasonable tolerance in quality，weight，measurement，designs and colors is allowed，for which no claims will be entertained.

（2）卖方免责。买方对下列各点所造成的后果承担全部责任。

①使用买方指定包装、花形图案等；

②不及时提供生产所需的商品规格或其他细则；

③不按时开具信用证；

④信用证条款与销售合同不符合而不及时修改。

The buyers are to assume full responsibilities for any consequences arising from：

A. The use of packing，designs or pattern made of order;

B. Late submission of specifications or any other details necessary for the execution of this sales confirmation；

C. Late establishment of L/C；

D. Late amendment to L/C inconsistent with the provisions of this sales confirmation.

David King　　　　　　王浩

买方（The buyer）　　　　　　卖方（The seller）

2.【样单Ⅱ-2-7】信用证

LETTER OF CREDIT

FORM OF DOC. CREDIT　*40 A：IRREVOCABLE

DOC. CREDIT NUMBER　*20：70/1/5822

DATE OF ISSUE　31C：2017.10.07

EXPIRY　*31D：DATE 2018.01.15 PLACE JAPAN

ISSUING BANK　51D：SUN BANK，　P.O.BOX 201 NAGOYA，JAPAN

APPLICANT　* 50：BBB TRADING CO.

56，NISHIKI 6 CHOME, NAKAKU NAGOYA, JAPAN

BENEFICIARY　* 59：AAA FASHION INTERNATIONAL TRADE CO.

358ZHONGSHANROAD, SHINAN DISTRICT,QINGDAO,CHINA

AMOUNT　*32 B：CURRENCY HKD 45 600.00

AVAILABLE WITH/ BY　*41A：BANK OF CHINA, QINGDAO BRANCH

BY DEFERRD PAYMENT

续表

DEFERRED PAYM. DET. 42 C：60 DAYS AFTER SIGHT

PARTIAL SHIPMENTS 43 P：NOT ALLOWED

TRANSSHIPMENT 43T：ALLOWED

LOADING IN CHARGE 44 A：SHANGHAI

FOR TRANSPORT TO 44 B：GDANSK

LATEST DATE OF SHIPMENT 44 C：2017.11.31

DESCRIPT OF GOODS 45 A：

LADIES SHIRTS 65% POLYESTER 35% COTTON

STYLE No. 101200DOZ @ USD60/PC

STYLE No. 102400DOZ @USD84/PC

ALL OTHER DETAILS OF GOODS ARE

AS PER CONTRACT No. LT 07060 DATED 2017.08.10

DELIVERY TERMS: CFR NAGOYA (INCONERMS 2010)

DOCUMENTS REQUIRED 46 A:

1．COMMERCIAL INVOICE MANUALLY SIGNED IN 2 ORIGINALS PLUS 1 COPY MADE OUT TO BBB TRADING CO. 56，NISHIKI 6 CHOME，NAKAKU NAGOYA，JAPAN.

2．FULL SET(3/3) OF ORIGINAL CLEAN ON BOARD BILLS OF LADING PLUS 3/3 NON NEGOTIABLE COPIES, MADE OUT TO ORDER OF ISSUING BANK AND BLANK ENDORSED, NOTIFY THE APPLICANT, MARKED FREIGHT COLLECT, MENTIONING GROSS WEIGHT AND NET WEIGHT.

3．ASSORTMENT LIST IN 2 ORIGINALS PLUS 1 COPY.

4．CERTIFICATE OF ORIGIN IN 1 ORIGINAL PLUS 2 COPIES SIGNED BY CCPIT.

5．MARINE INSURANCE POLICY IN THE CURRENCY OF THE CREDIT ENDORSED IN BLANK FOR CIF VALUE PLUS 30 PCT MARGIN COVERING ALL RISKS OF PICC CLAUSES INDICATING CLAIMS PAYABLE IN JAPAN.

ADDITIONAL COND. 47A:

+ ALL DOCS MUST BE ISSUED IN ENGLISH.

+ SHIPMENTS MUST BE EFFECTED BY FCL.

+ B/L MUST SHOW SHIPPING MARKS: BBB, S/C LT07060, NAGOYA, C/Nos.

+ ALL DOCS MUST NOT SHOW THIS L/C No. 70/1/5822 .

+ FOR DOCS WHICH DO NOT COMPLY WITH L/C TERMS AND CONDITIONS，WE SHALL DEDUCT FROM THE PROCEEDS A CHARGE OF EUR 50.00 PAYABLE IN USD EQUIVALENT PLUS ANY INCCURED SWIFT CHARGES IN CONNECTION WITH.

DETAILS OF CHARGES 71 B:

ALL BANKING COMM/CHRGS OUTSIDE JAPAN ARE ON BENEFICIARY'S ACCOUNT.

PERIOD FOR PRESENTATION 48:

15 DAYS AFTER B/L DATE，BUT WITHIN THE VALIDITY OF THE CREDIT.

CONFIRMATION *49: WITHOUT

INSTRUCTIONS 78: WE SHALL REIMBURSE AS PER YOUR INSTRUCTIONS.

任务 2.3　申请开立信用证

学习目标

通过学习，要求完成以下任务：

1．了解申请开证的具体操作；

2．能根据合同和实际业务情况填制开证申请书。

任务情境2.3.1

2018 年 12 月，长城贸易有限公司与日本 TAKAMRA IMP. & EXP. CORP. 324,（OTOLIMACH KOBE, JAPAN）签订一份 100 台 48 英寸彩色电视机的购货合同。合同号为 GWM070331。合同规定：每台电视机的单价为 500 美元 CIF QINGDAO，纸箱包装，总值 50 000 美元，装运期为 2019 年 3 月 31 日前，不准分批装运和转运，货物由日本神户起运，由卖方按发票金额加一成投保一切险和战争险，不可撤销即期信用证支付货款，最迟开证日期 2019 年 2 月 20 日。

任务要求

1．掌握申请开证的流程。

2．填制开证申请书。

支撑知识

在以信用证方式结算货款的国际贸易业务中，进口方开立信用证是出口方发货的前提。进口商向银行申请开证时，通常要根据银行的要求填写开证申请书（Application for L/C）。

开证申请书是银行开立信用证的依据，也是进口商凭以审查收到的货运单据并据以向开证行付款赎单的依据。

2.3.1　开证申请书的内容

开证申请书包括两部分内容：正面内容和背面内容。

一、正面内容

开证申请书的正面主要列明开证申请人申请开证的相关信息，作为开证行开立信用证的依据，主要包括以下项目：

（1）申请人名称及详细地址、联系电话；

（2）申请开证的总金额；

（3）与申请书相关的买卖合同号码；

（4）受益人的名称（全称）及详细地址、电话号码等；
（5）开立信用证的方式（电开、信开、简电开出后随航邮寄送电报证实书）；
（6）信用证的性质（如不可撤销、是否加具保兑、是否可转让等）；
（7）需要的单据（包括所需单据的种类、份数、出具单据的机构及其他特殊要求）；
（8）对汇票的要求（包括汇票的付款期限、付款人、金额等）；
（9）本合同项下的货物名称、规格、数量、单价、价格条件、包装、唛头等描述；
（10）对于装运期、交单期及有效期限的要求；
（11）对于装运地点、交单地点及到期地点的要求；
（12）对于货物是否允许分批、是否允许转运的要求；
（13）对于国外议付行费用的要求及解释；
（14）其他特殊要求；
（15）开立信用证适用的国际惯例；
（16）申请日期。

二、背面内容

开证申请书声明

中国银行：

我公司已办妥一切进口手续，现请贵行按我公司申请书内容开出不可撤销跟单信用证。公司声明如下：

一、我公司同意贵行依照国际商会第600号出版物《跟单信用证统一惯例》办理该信用证项下一切事宜，并同意承担由此产生的一切责任。

二、我公司保证按时向贵行支付该证项下的货款、手续、利息及一切费用等所需的外汇和人民币资金。

三、我公司保证在贵行单到通知书中规定的期限之内通知贵行办理对外付款/承兑，否则贵行可认为我公司已接受单据，同意付款/承兑。

四、我公司保证在单证表面相符的条件下办理有关付款/承兑手续，如因单证有不符之处而拒绝付款/承兑，我公司保证在贵行单到通知书规定的日期之前将全套单据如数退还贵行并附书面拒绝理由，由贵行按照国际惯例确定是否对外拒付。如贵行确定我公司所提拒付理由不成立，或虽然拒付理由成立，但我公司未能退还全套单据，贵行有权主动办理对外付款/承兑，并从我公司账户中扣款。

五、该信用证及其项下业务往来中如因邮、电传递发生遗失、延误、错漏，贵行当不负责。

六、该信用证如须修改，由我公司向贵行提出书面申请，由贵行根据具体情况确定能否办理修改。我公司确认所有修改当由信用证受益人接受时才能生效。

七、我公司在收到贵行开出的信用证、修改副本后，保证及时与原申请书核对，如有不符之处，保证在接到副本之日起两个工作日内通知贵行。如未通知，当视为正确无误。

八、如因申请书字迹不清或词义含混而引起的一切后果由我公司负责。

（签字盖章）

2.3.2　开证申请书的填制规范

各银行印制的开证申请书的格式和内容基本相同或相似，下面以中国银行的开证申请书格式为例说明开证申请书的填制方法。

（1）申请开证日期。填写在申请书的右上角。

（2）开证方式。列明四种开证方式，即航空信件开立（Issue by airmail）、快递邮件开立（Issue by express delivery）、简电通知开立（With brief advice by teletransmission）、电信开立［Issue by teletransmission(which shall be the operative instrument)］。开证申请人可选择其中任一种，在相对应的项目前的括号中画“×”。目前最常用的是电信开立。

（3）信用证性质。不可撤销的跟单信用证已印制好，如要增加保兑或可转让等内容，可加上。信用证号码由开证行填写。信用证有效期和到期地点，由申请人根据合同和实际情况填制。

（4）申请人：必须填写全称及详细地址，还要注明联系电话、传真号码等，便于有关当事人之间的联系。

（5）受益人：必须填写全称及详细地址，也要注明联系电话、传真号码等，便于联系。

（6）通知行：由开证行填写。

（7）信用证金额：必须用数字和文字两种形式表示，并且要表明币种。信用证金额是开证行付款责任的最高限额，必须根据合同的规定明确表示清楚，如果有一定比例的上下浮动幅度，也应表示清楚。

（8）分批与转运：应根据合同的规定明确表示“允许”或“不允许”，在选择的项目前的括号中画“×”。

（9）装运条款：应根据合同的规定填写装运地（港）及目的地（港），最迟装运期，如有转运地（港）也应写清楚。

（10）价格术语：有 FOB、CIF、CFR、其他条件四个备选项目，根据合同成交的贸易术语在该选项前的括号中画“×”，如是其他条件，则在该项目后面写明。

（11）付款方式：信用证有效兑付方式（Credit available with…by…）有四种选择：即期支付（by sight payment）、承兑（by acceptance）、议付（by negotiation）、延期付款（by deferred paymentat），应根据合同的付款方式规定，在所选方式前的括号中画“×”，并在 with 后面注明被授权兑付或议付货款的银行名称。

（12）汇票要求：申请人应根据合同的规定，确定是否需要受益人开立汇票，并在需要汇票的情况下，在开证申请书中“and beneficiary’s draft for <u>100</u> % of the invoice value”文句的前面画“×”，并填写汇票的金额，即发票金额的百分之多少。如合同规定所有货款都用信用证支付，则应填写信用证项下汇票金额是发票金额的 100%；如合同规定该笔货款由信用证和其他支付方式按比例支付，则应按合同规定的信用证的支付比例填写；以此类推。另外还应填写汇票的付款期限，如果是即期付款，在 at 与 sight 之间填写××××或****或……；如是远期付款，在 at 与 Sight 之间填写具体的天数，例如，at <u>30 Days After</u> sight 表示汇票的付款期是见票后 30 天付款；如果合同要求在提单日后若干天付款，还应该把 sight 改成 B/L Date，即 at…Days After B/L Date。最后在 Drawn on 后面填写汇票的付款人，根据《UCP600》中的规定，信用证项下汇票的付款人是开证行或指定付款行。

（13）单据条款：开证申请书中已事先印制好了若干种在信用证业务中可能需要由受益人提供的单据（Documemts required），并增加一项其他单据（Other documemts,if any），申请人可根据合同和实际需求，选填需要的单据，并在每项单据后添加对单据的内容和份数的具体要求，如果所需单据未在印制好的单据里，可在其他单据中列明。填制单据条款时应注意以下两点。

- 在所需单据前的括号里画“×”，然后在该单据条款后填上具体的要求，如一式几份，应包括什么内容等，如果事先印制的要求不完整，可在该单据后面填写清楚。
- 申请人必须根据合同规定填写单据条款，既不可随意提超出合同规定的要求，也不能降低或减少合同规定的要求。

（14）货物描述（Description of goods）：此栏目填写货物名称、规格、数量、单价、价格条件、包装、唛头等。所有内容必须与合同规定一致，尤其是单价条款、数量条款必须准确无误。包装条款有特殊要求的，如包装规格、包装物的要求等，应明确、具体地表示清楚。

（15）附加条款：开证申请书已印制好的附加条款共 6 条，开证申请人可根据合同及实际需要在前面的括号里画“×”选填，条款内容不完整的还可根据合同的规定和买方的需要添加内容，第 7 条是其他条款，如有其他要求，可填在该条款中。

（16）申请书下面是有关申请人的开户银行（填银行名称）、账号、执行人、联系电话、申请人（法人代表）签字等内容。

2.3.3　申请开证的注意事项

1. 选择开证行

开证行必须是受益人能够接受的、信誉良好的银行，以及在受益人的所在地有分支机构或有代理行关系的银行。开证申请人在开证行要有足够的授信额度，或者须向银行缴纳开证金额一定比例的保证金。

2. 开证日期

如合同规定开证日期，就必须在规定期限内开立信用证；如合同规定有最迟装运期，那么买方应在合理的时间内开证，一般掌握在合同规定的交货期前一个月或一个半月。总之，要让卖方在收到信用证后能在合同规定的装运期内装运货物。

3. 开证前，要落实进口批准手续及外汇来源

对列入进口管制、需要申请进口许可证等批准文件的商品，进口商在开证前，应提前落实进口批准手续，方可开立信用证。

4. 开证时要注意证同一致

必须以对外签订的正本合同（包括修改后的正本合同）为依据，按合同规定需要在信用证上明确的条款都必须在信用证上列明，不能使用“参阅合同第××号”或“第××号合同项下的货物”等条款，也不能将有关合同作为信用证样单附在信用证后，因为信用证是一个独立的文件，不依附于贸易合同。

任务操作

参照任务情境 2.3.1 中的资料，长城贸易有限公司跟单员杨红根据合同的规定，向中国银行烟台支行提出开证申请，并根据合同规定和实际需要在开证申请书上列明了需要卖方提供的下列单据。

（1）商业发票一式五份，注明信用证号和合同号；

（2）装箱单一式四份；

（3）全套清洁已装船正本提单，空白抬头，空白背书，注明运费预付，通知开证申请人；

（4）检验检疫机构出具的品质检验证书一份；

（5）保险单正本一份，做成空白背书。

她根据上述要求缮制的开证申请书正面内容如下。

【样单Ⅱ-3-1】开证申请书（正面）

IRREVOCABLE DOCUMENTARY CREDIT APPLICATION

TO: BANK OF CHINA YANTAI BRANCH　　　　Date: Feb. 18, 2019

<table>
<tr><td colspan="2" rowspan="2">Beneficiary(full name and address)
TAKAMRA IMP. & EXP. CORP.
324,OTOLIMACH KOBE,JAPAN</td><td>L/C No.
Ex-Card No.
Contract No. GWM070331</td></tr>
<tr><td>Date and place of expiry of the credit
Apr. 15,2019 AT BENEFICIARY'S COUNTRY</td></tr>
<tr><td>Partial shipments
( )Allowed
(×)not allowed</td><td>Transshipment
( )Allowed
(×)not allowed</td><td>( )Issue by airmail
( )With brief advice by teletransmission
( )Issue by express delivery
(×)Issue by teletransmission(which shall be the operative instrument)</td></tr>
<tr><td colspan="2">Loading on board/dispatch/taking in charge at/from
KOBE,JAPAN
Not later than MAR.31,2019
For transportation to YANTAI,CHINA</td><td>Amount(both in figures and words)
USD50 000.00
SAY US DOLLARS FIFTY THOUSAND ONLY</td></tr>
<tr><td colspan="2" rowspan="2">Description of goods:
48 INCH COLOR TV SET
100sets
USD1000/set CIF QINGDAO
Packing
IN 100 CARTONS</td><td>Credit available with
ADVISING BANK
( )by sight payment　( )by acceptance
(×)by negotiation　( )by deferred payment
against the documents detailed herein
(×)and beneficiary’s draft for 100 % of the invoice value
at **** sight
Drawn on BANK OF CHINA,QINGDAO BRANCH</td></tr>
<tr><td>( )FOB ( )CFR (×)CIF ( )or other terms</td></tr>
<tr><td colspan="3">Document required(marked with×)
1. (×) Signed Commercial Invoice in 5 copies indication L/C No. and Contract No.
2. (×) Full set of clean on board ocean Bills of Lading made out TO ORDER and (×) blank endorsed, marked freight ( )to collect/ (×) prepaid and notify APPLICANT.
3. ( ) Air Waybills showing “freight ( ) to collect/ ( ) prepaid indicating freight amount” and consigned to ________.
4. ( ) Memorandum issued by ____________ consigned to ________.</td></tr>
</table>

续表

5. (×) Insurance Policy / Certificate in 1 copies for 110 % of the invoice value showing claims payable in China in currency of the draft, blank endorsed, covering ( ) Ocean Marine Transportation / ( ) Air Transportation /( )Over Land Transportation/(×) All Risks, War Risks. 6.(×) Packing List/Weight Memo in 4 copies. 7.( ) Certificate of Quantity / Weight in 2 copies issued an independent surveyor at the loading port, indicating the actual surveyed quantity/weight of shipped goods as well as the packing condition. 8.(×) Certificate of Quality in 1 copy issued by ( ) manufacturer / (×) public recognized surveyor / ( ). 9. ( ) Beneficiary's certified copy of FAX dispatched to the accountees with 3 days after shipment advising ( ) name of vessel / ( ) date, quantity, weight and value of shipment. 10. ( ) Beneficiary's Certificate certifying that extra copies of the documents have been dispatched according to the contract terms. 11.( ) Shipping company's Certificate attesting that the carrying vessel is chartered or booked by accountee or their shipping agents. 12.( ) Other documents, if any: (1) Certificate of Origin in 3 copies issued by authorized institution. (2) Certificate of Health in 3 copies issued by authorized institution. Additional instructions: 1. (×) All banking charges outside the opening bank are for beneficiary's account. 2. (×) Documents must be presented within 15 days after the date of issuance of the transport documents but within the validity of this credit. 3. ( ) Third party as shipper is not acceptable. Short Form / Blank Back B/L is not acceptable. 4. ( ) Both quantity and amount 10 % more or less are allowed. 5. ( ) Prepaid freight drawn in excess of L/C amount is acceptable against presentation of original charges voucher issued by Shipping Co. / Air line / or its agent. 6. ( ) All documents to be forwarded in one cover, unless otherwise stated above. 7. ( ) Other terms, if any: Advising bank: Account No.: 中国银行 ××××××××××××× Transacted by: 长城贸易有限公司 杨红 (Applicant: name, signature of authorized person)

任务实训

实训 2.3.1 知识巩固

一、单项选择题

1．申请开证前，申请人要落实的事情是（ ）。

A．进口批准手续及外汇来源　　B．货物入境通关手续

C．货物检验手续　　D．货物的保险手续

2．在 CIF 价格条件下，开证申请书应表明要求卖方提交的提单有（ ）字样。

A．运费已付　　B．保费已付　　C．清洁提单　　D．运费未付

3．填写开证申请书，应写明对信用证的各项要求，内容要明确、完整、无词义不清的记载，应与合同条款的具体规定（　　）。

A．必须严格一致　B．可以略加修改　C．可以抛开　　D．可以超越

4．信用证的开证时间，如果合同只规定最后装运期，那么买方应在合理的时间内开证，这个时间是（　　）。

A．在发票日之前

B．装运期的最后一天

C．不晚于保险单日期

D．一般掌握在合同规定的交货期前半个月或一个月开到卖方

5．开立信用证时要注意信用证和合同的一致性，必须做到或标明（　　）。

A．使用“参阅第××号合同”或“第××号合同项下的货物”

B．以对外签订的买卖合同（包括修改后的买卖通知）为依据，合同中规定要在信用证上明确的条款必须列明

C．将有关合同作为信用证样单附在信用证后

D．信用证是合同的附属文件

二、判断对错

1．信用证条款中“Charges”表明由受益人承担的费用。如果省略该项，则表示除议付费、转让费以外，所有银行费用由开证申请人承担。（　　）

2．关于信用证修改，开证行可依据申请人或受益人提交的信用证修改申请书受理该笔业务。（　　）

3．申请人与开证行有业务往来、资信好，或者办理了抵押、质押手续的，或者有其他金融机构、有实力的公司为其出面担保的，开证行可免收保证金。（　　）

4．开证行在接受开证申请书时，应查验申请人同时提供的有效文件，如进口许可证、贸易进口付汇核销单、有关部门的登记文件等。（　　）

5．开证申请书中的信用证金额，可用数字或文字之一表示，并且要标明币种。（　　）

6．按照国际上的习惯做法，开证行对开证申请人有授信额度，进口人向银行申请开证时，应向银行交付一定比例的保证金。（　　）

7．信用证申请书的背面是申请人对开证行的声明，用以明确双方责任。（　　）

8．信用证内容一般都依据《UCP600》中的有关规则开立，所以没有必要注明各种条款符合该惯例的规定和解释。（　　）

9．申请书中对所需要的单据条款，包括所需单据的种类、份数、出具单据的机构，以及其他特殊要求都要注明。（　　）

10．不准分批装运、不准中途转运、不接受第三者装运单据，均应在信用证申请书中明确规定，否则将被认为允许分批、允许转运、接受第三者装运单据。（　　）

实训 2.3.2　能力实训

一、实训要求：根据下列实训材料填制开证申请书。

二、实训材料

2018 年 3 月，荣兴金属制品有限公司与韩国韩泰钢铁公司签约购买一批冷轧钢板，合同相关信息如下。

THE BUYER: RONGXING METAL PRODUCTS CO., LTD.
No.529, QI JIANG ROAD, TIANJIN, CHINA

THE SELLER: HANTAI STEEL CORP.
No.203 LIDIA HOTEL OFFICE 1546-49, DONG-GU, BUSAN, KOREA

NAME OF COMMODITY: COLD ROLLED STEEL SHEET IN COIL

SPECIFICATIONS: JIS G3141 SPCC-SD

SIZE: 0.70MM×1200MM×C; QUANTITY: 60MT

PRICE TERMS: FOB BUSAN USD 210.00/MT, TOTAL AMOUNT: USD 12600.00

COUNTRY OF ORIGIN AND MANUFACTURERS: REPUBLIC OF KOREA, VICTORY FACTORY

PARTIAL SHIPMENT AND TRANSHIPMENT ARE PROHIBITTED.

PACKING: EXPORT STANDARD PACKING, EACH COIL WEIGHT: 5 MT MAX

SHIPPING MARK: ST
No.1-UP

TIME OF SHIPMENT: BEFORE JULY 15, 2018

PORT OF SHIPMENT: BUSAN; PORT OF DESTINATION: XINGANG PORT, TIANJIN CHINA

INSURANCE: TO BE COVERED BY BUYER.

PAYMENT: BY IRREVOCABLE FREELY NEGOTIABLE L/C AGAINST SIGHT DRAFTS FOR 100PCT OF INVOICE VALUE AND THE DOCUMENTS DETAILED HEREUNDER.

另外，根据公司规定，荣兴金属制品有限公司要求韩国韩泰钢铁公司提供下列单据：

（1）商业发票 3 份；

（2）装箱单 3 份；

（3）全套清洁已装船提单，制成“凭指示”抬头，空白背书，通知开证申请人，注明运费到付；

（4）原产地证明一式两份；

（5）卖方应在装运后 1 日内向买方发传真告知货名、船名、发票金额、装运日期、数量、重量等，经受益人证实的传真副本应一并提交。

双方约定的其他条件：

（1）L/C TO BE ISSUED BY TELETRANSMISSION.

（2）THE BUYER SHALL BEAR ALL BANKING CHARGES INCURRED INSIDE THE ISSUING BANK.

（3）ALL DOCUMENTS MUST BE MAILED IN ONE LOT TO THE ISSUING BANK BY COURIER SERVICE.

（4）PRESENTATION PERIOD: WITHIN 10 DAYS AFTER THE DATE OF SHIPMENT.

【样单Ⅱ-3-2】空白开证申请书

IRREVOCABLE DOCUMENTARY CREDIT APPLICATION

TO: Date:

<table>
<tr><td colspan="2" rowspan="2">Beneficiary(full name and address)</td><td>L/C No.
Ex-Card No.
Contract No.</td></tr>
<tr><td>Date and place of expiry of the credit</td></tr>
<tr><td>Partial shipments
(　)Allowed
(　)not allowed</td><td>Transshipment
(　)Allowed
(　)not allowed</td><td>(　)Issue by airmail
(　)With brief advice by teletransmission
(　)Issue by express delivery
(　)Issue by teletransmission(which shall be the operative instrument)</td></tr>
<tr><td colspan="2">Loading on board/dispatch/taking in charge at/from

Not later than
For transportation to</td><td>Amount(both in figures and words)</td></tr>
<tr><td colspan="2">Description of goods:</td><td rowspan="2">Credit available with
(　)by sight payment　(　)by acceptance
(　)by negotiation　(　)by deferred payment
against the documents detailed herein
(　)and beneficiary's draft for　% of the invoice value
at　sight
Drawn on</td></tr>
<tr><td colspan="2">(　)FOB　(　)CFR　(　)CIF　(　)or other terms</td></tr>
<tr><td colspan="3">Document required(marked with)
1. (　) Signed Commercial Invoice in ___ copies indication L/C No. and Contract No.
2. (　) Full set of clean on board ocean Bills of Lading made out ____ and (　) blank endorsed, marked freight (　)to collect/ (　) prepaid and notify __________.
3.(　) Air Waybills showing "freight (　) to collect/ (　) prepaid indicating freight amount" and consigned to______________.
4.(　) Memorandum issued by ________________ consigned to __________.
5.(　) Insurance Policy / Certificate in 1 copies for 110 % of the invoice value showing claims payable in China in currency of the draft, blank endorsed, covering (　) Ocean Marine Transportation / (　) Air Transportation / (　) Over Land Transportation/(　) All Risks, War Risks.
6.(　) Packing List / Weight Memo in 4 copies indicating quantity / gross and net weights of each package and packing conditions as called for by the L/C.
7.(　) Certificate of Quantity / Weight in 2 copies issued an independent surveyor at the loading port, indicating the actual surveyed quantity / weight of shipped goods as well as the packing condition.
8.(　) Certificate of Quality in 1 copies issued by (　) manufacturer / (　) public recognized surveyor / (　).</td></tr>
</table>

续表

9.(　) Beneficiary's certified copy of FAX dispatched to the accountees with 3 days after shipment advising (　) name of vessel / (　) date, quantity, weight and value of shipment.

10.(　) Beneficiary's Certificate certifying that extra copies of the documents have been dispatched according to the contract terms.

11.(　) Shipping Co's Certificate attesting that the carrying vessel is chartered or booked by accountee or their shipping agents:

12.(　) Other documents, if any:

Additional instructions:

1.(　) All banking charges outside the opening bank are for beneficiary's account.

2.(　) Documents must be presented within 15 days after the date of issuance of the transport documents but within the validity of this credit.

3.(　) Third party as shipper is not acceptable. Short Form / Blank Back B/L is not acceptable.

4.(　) Both quantity and amount 10 % more or less are allowed.

5.(　) Prepaid freight drawn in excess of L/C amount is acceptable against presentation of original charges voucher issued by Shipping Co./Air line / or its agent.

6.(　) All documents to be forwarded in one cover, unless otherwise stated above.

7.(　) Other terms, if any:

Advising bank:

Account No.:

Transacted by:

(Applicant: name, signature of authorized person)

项目 3　缮制结汇单据

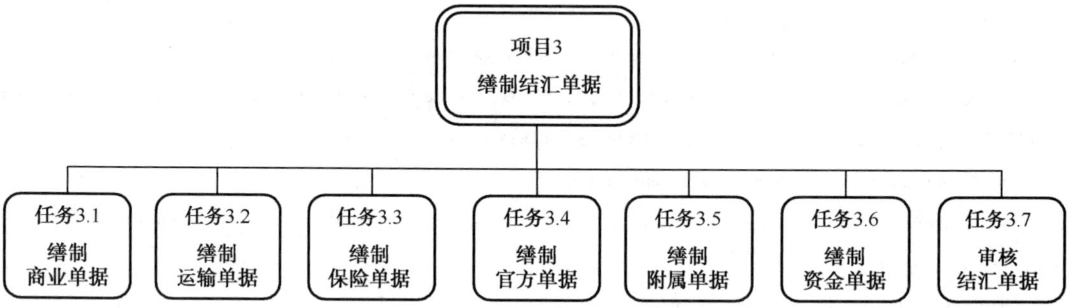

根据进出口交易的主要业务环节，外贸单证可分为托运单据、报检单据、报关单据、结汇单据等几大类型。其中结汇单据涉及单据种类最多，是外贸制单工作的核心和基础，是外贸单证员的主要工作内容。

结汇单据可根据用途的不同分为商业单据、运输单据、保险单据、官方单据、附属单据及资金单据等，本书将根据用途的不同分别讲解结汇单据的缮制。

任务 3.1　缮制商业单据

学习目标

通过学习，要求完成以下任务：

1．掌握商业发票的含义、作用、内容、格式及缮制规范；

2．掌握包装单据的含义、作用、内容、格式及缮制规范；

3．正确缮制商业发票和包装单据。

任务情境3.1.1

2018 年 12 月，花海园艺进出口有限公司与塞浦路斯 LAIKI PERAGORA ORPHANIDES LTD.签订一份木制产品出口合同，合同号 E18FD121，塞浦路斯买方于 2019 年 1 月及时开来信用证，花海园艺进出口有限公司审核无误，于 2019 年 2 月 12 日将货物发运，随后公司单证员张璐及时缮制好单据向银行办理交单议付。

【样单Ⅲ-1-1】信用证

ISSUING BANK: CYPRUS POPULAR BANK LTD., LARNAKA

ADVISING BANK: BANK OF CHINA, QINGDAO BRANCH.

SEQUENCE OF TOTAL	*27:	1/1
FORM OF DOC. CREDIT	*40A:	IRREVOCABLE
DOC. CREDIT NUMBER	*20:	286/13/10016
DATE OF ISSUE	31C:	2019.01.05
EXPIRY	*31D:	DATE 2019.02.29 PLACE CHINA
APPLICANT	*50:	LAIKI PERAGORA ORPHANIDES LTD., 020 STRATIGOU TIMAGIA AVE., 6046, LARNAKA, CYPRUS
BENEFICIARY	*59:	HUA HAI GARDEN PRODUCTS IMP. & EXP. CO., LTD. 27 XINJIAN ROAD, QINGDAO, CHINA
AMOUNT	*32B:	CURRENCY USD AMOUNT 6115.00
POS. / NEG. TOL. (%)	39A:	05/05
AVAILABLE WITH/BY	41D:	ANY BANK BY NEGOTIATION
DRAFT AT …	42C:	AT 30 DAYS SIGHT
DRAWEE	*42D:	LIKICY2N××× *CYPRUS POPULAR BANK LTD. *LARNAKA
PARTIAL SHIPMENT	43P:	ALLOWED
TRANSSHIPMENT	43T:	ALLOWED
LOADING IN CHARGE	44A:	QINGDAO
FOR TRANSPORT TO….	44B:	LIMASSOL PORT
LATEST DATE OF SHIP.	44C:	2019.02.14
DESCRIPT. OF GOODS	45A:	WOODEN FLOWER STANDS AND WOODEN FLOWER POTS AS PER S/C No. E18FD121. CFR LIMASSOL PORT, 《INCOTERMS 2010》
DOCUMENTS REQUIRED	46A:	

+COMMERCIAL INVOICE IN QUADRUPLICATE ALL STAMPED AND SIGNED BY BENEFICIARY CERTIFYING THAT THE GOODS ARE OF CHINESE ORIGIN.

+FULL SET OF CLEAN ON BOARD BILL OF LADING MADE OUT TO ORDER OF SHIPPER AND BLANK ENDORSED, MARKED FREIGHT PREPAID AND NOTIFY APPLICANT.

+PACKING LIST IN TRIPLICATE SHOWING PACKING DETAILS SUCH AS CARTON No. AND CONTENTS OF EACH CARTON.

+CERTIFICATE STAMPED AND SIGNED BY BENEFICIARY STATING THAT THE ORIGINAL INVOICE AND PACKING LIST HAVE BEEN DISPATCHED TO THE APPLICANT BY COURIER SERVICE 2 DAYS BEFORE SHIPMENT.

续表

ADDITIONAL COND. 47A:

+EACH PACKING UNIT BEARS AN INDELIBLE MARK INDICATING THE COUNTRY OF ORIGIN OF THE GOODS. PACKING LIST TO CERTIFY THIS.

+ INSURANCE IS BEING ARRANGED BY THE BUYER.

+ FULL NAME AND ADDRESS OF THE CONSIGNEE TO BE SHOWN IN THE B/L.

+ AN USD50.00 DISCREPANCY FEE, FOR BENEFICIARY'S ACCOUNT, WILL BE DEDUCTED FROM THE REIMBURSEMENT CLAIM FOR EACH PRESENTATION OF DISCREPANT DOCUMENTS UNDER THIS CREDIT.

+THIS CREDIT IS SUBJECT TO THE U.C.P. FOR DOCUMENTARY CREDITS (2007 REVISION) I.C.C., PUBLICATION No. 600.

DETAILS OF CHARGES 71B:

ALL BANK CHARGES OUTSIDE CYPRUS ARE FOR THE ACCOUNT OF THE BENEFICIARY.

PRESENTATION PERIOD 48:

WITHIN 10 DAYS AFTER THE DATE OF SHIPMENT BUT WITHIN THE VALIDITY OF THE CREDIT.

CONFIRMATION *49:WITHOUT

INSTRUCTION 78:

ON RECEIPT OF DOCUMENTS CONFIRMING TO THE TERMS OF THIS DOCUMENTARY CREDIT, WE UNDERTAKE TO REIMBURSE YOU IN THE CURRENCY OF THE CREDIT IN ACCORDANCE WITH YOUR INSTRUCTIONS, WHICH SHOULD INCLUDE YOUR UID NUMBER AND THE ABA CODE OF THE RECEIVING BANK.

【样单Ⅲ-1-2】其他资料

发票号码：19SHGD302 发票日期：2019 年 2 月 9 日

提单号码：SHYZ052234 提单日期：2019 年 2 月 12 日

集装箱：1×20'FCL， FSCU3214999，封号：1295312, CY/CY

船名：LT USODIMARE 航次：V. 021W

木花架，WOODEN FLOWER STANDS, H.S. CODE: 44219090.90,

QUANTITY：350PCS，USD8.90/PC，2PCS/箱，共 175 箱。纸箱尺码：66cm×22cm×48cm，毛重：11KGS/箱，净重：9KGS/箱。

木花桶，WOODEN FLOWER POTS, H.S.CODE：44219090.90,

QUANTITY：600PCS，USD5.00/PC，4PCS/箱，共 150 箱。纸箱尺码：42cm×42cm×45cm，毛重：16KGS/箱，净重：14KGS/箱。

唛头：L.P.O.L/L/C No.286/13/10016/MADE IN CHINA/C/Nos.1-325

任务要求

1．缮制商业发票。

2．缮制装箱单。

支撑知识

商业单据是由出口方填制、签发的，描述与合同项下货物有关的，诸如货物名称、规格、数量、重量、体积、包装、价格等方面内容的单据，主要包括商业发票和包装单据两大类。在所有结汇单据中，发票是核心单据，单证员应首先缮制商业发票、装箱单等。

发票是国际贸易中最常用的一类单据。根据不同的作用，发票可分为商业发票（Commercial Invoice）、海关发票（Customs Invoice）、形式发票（Proforma Invoice）、领事发票（Consular Invoice）、厂商发票（Manufacturer's Invoice）等。其中，商业发票最常见，也最重要。

3.1.1 商业发票

在国际贸易中，最常见的一种单据就是商业发票，习惯上简称“发票”。商业发票是出口方开给进口方的，记载有货物名称、规格型号、数量、单价、总价等内容的货物清单。它是进出口交易中最重要的单据之一，是全套出口单据的核心。

一、商业发票的作用

商业发票集中反映了买卖合同的主要项目内容。它不是物权凭证，但在交易中缺少了发票，就不能了解一笔业务的全貌。其主要作用有以下几点。

（1）发票是全部结汇单据的中心，是出口商装运货物的总说明。发票是由出口商缮制的，全面表述了装运货物及交货条件，是全部结汇单据的中心，其他单据的内容应与发票一致或不相矛盾。尤其是信用证项下的发票，应根据信用证规定和条款制作，它是出口商收汇的基本单据之一。

（2）发票是进口商核对装运货物是否符合合同或信用证规定的依据。发票上记载了买卖合同中的主要条款，即品名、品质规格、数量、价格等内容，方便进口商凭以核查出口商是否履行合同规定的内容，是否按质、按量交货，以维护自己的利益。

（3）发票是进出口商在当地报关缴税的计算依据。货物发运前，出口商必须向海关递交发票凭以报关，发票上载明的货物及金额是海关定税的依据，也是海关放行的主要凭证。同时发票也是进口商所在地海关核定税金，并使进口商得以提货的主要凭证。

（4）发票是进出口双方记账的凭证。发票是销售货物的凭证，进出口双方均需要根据发票的内容，逐笔登记入账。对出口商来说，通过发票可以了解销售收入，核算盈亏，掌握经济效益；对进口商来说，根据发票可以按时结算货款，履行付款义务，并逐笔记账。

（5）在不使用汇票的结算业务中，发票可代替汇票作为结算货款的依据。

（6）商业发票是出口商向银行办理结汇的单据之一。除上述作用外，发票还是索赔与理赔的凭据、保险索赔时的价值证明，以及统计的凭证等。

二、商业发票的内容及缮制规范

1. 商业发票的内容及格式

商业发票是出口商根据信用证或合同条款的要求自行制定的，没有统一的格式，但基本内容大致相同，详见【样单III-1-3】商业发票。

2. 商业发票的缮制规范

（1）发票名称。应在单据上方正中的位置标明“COMMERCIAL INVOICE”（商业发票）或“INVOICE”（发票）字样。

（2）出票人。发票应列明具体的出票人，可以在单据的最上方正中位置列出，也可以在发票名称的下方列出。一般是出口商开立发票，相应位置应填写出口商的英文名称及详细地址。在信用证支付方式下，该名称和地址必须与信用证的受益人名称和地址一致，同时与其他单据显示的出口商的名称和地址也要保持一致。

填写时应注意出口商的名称和地址不能同行放置，而且必须填写名称和地址的全称。

（3）受票人。即接受发票的一方当事人，通常是买卖合同的进口方。如果是信用证项下的发票，受票人的填制在《UCP600》中有明确的规定，即“Commercial invoices must be made out in the name of the applicant”（发票必须做成以开证申请人名称为抬头）。另外，《UCP600》规定，如信用证被转让，则银行可接受由第二受益人提交的以第一受益人为抬头的发票。如果是托收项下或其他支付方式下的发票，则受票人填写合同买方的名称和地址。

填写发票受票人时，注意公司名称和地址应该分行填制。

（4）发票号码。商业发票是出口单证中的核心单据，因此发票号码可以代表整套单据的号码，一般由出口公司自行编制。

（5）出票日期。一般而言，发票是全套单据中出具最早的，其日期在合同签订之后，但不能晚于提单签发日期，更不能晚于信用证规定的交单日和信用证的有效期。为避免混淆，日期中的月份应用英文表示，例如“JUNE 27,2018”。

（6）信用证号码。在信用证支付方式下，信用证是出具发票的依据。因此，信用证项下的发票需要注明信用证号码。采用其他支付方式时，此项不填。

（7）合同号码。填制具体的合同号。

（8）运输方式和线路。商业发票上一般需表明运输方式和路线。运输路线，一般写明具体的起运地名称和目的地名称。填写运输方式和线路时，分以下几种情况。

信用证规定中规定的起运地为某段区域，如果规定“中国港口装运”，缮制时要填写具体的港口名称和国家名称，不能笼统填写为某个区域。例如，应填制为“from XinGang，CHINA to SanFrancisco,US”，而不能填制成“from Chinese port to SanFrancisco,US”。

在中途转运，还应填制转运及转运地点，如“from ShangHai，CHINA to Hamburg,GERMANY with transshipment at Hong Kong”（自上海到汉堡，在香港转运）。运输方式根据实际情况可简单描述，如“By Vessel”“By Sea”“By Railway”“By Air”“By Parcel”等，也可以填写具体的运输工具的名称，如“By S.S. EASTWIND Voy.No.9006”。

（9）唛头。唛头应按信用证或合同的规定填写，并与提单、托运单等单据严格一致。

如果信用证或合同中没有指定唛头，出口商可自行设计唛头。唛头的内容由进口商名称的缩写、合同号（或发票号）、目的港、件数、件号等几部分组成。货物运至目的港后还要转运到内陆城市的，可在目的港下面加打“IN TRANSIT TO××（某地）”或“IN TRANSIT”字样。

如果信用证中没有规定唛头，或是裸装货、散装货等，则应填写“NO MARK”或“N/M”以表示无唛头。

（10）货物的描述。货物的描述是发票的中心内容，包括商品的名称、规格和包装等内容。须与合同或信用证一致。需要注意的是，如果信用证中只规定了货物的总称，未列明详细的名称及规格，在填制发票时，除填制货物的总称以外，还须加列详细的货名及规格型号等，但不得与总称矛盾。

（11）数量。填写实际装运的货物数量，该数量应该是计算货款的货物数量而非包装件数，若有不同品种、不同价格的货物，还应分别列明。尤其应该注意的是，如果合同或信用证中规定了溢短装条款，出口方的实际交货数量在合理的溢短装范围内，则数量的填制一定按照实际发运的数量填制，不能机械地照搬合同或信用证中列明的数量。

（12）单价。单价是发票的主要项目，应按照信用证或合同填写。单位金额、计量单位、计价货币、贸易术语四项内容要齐全，不得遗漏。

（13）总值。此栏目应是发票上的单价和数量的乘积，除非信用证上另有规定，否则货物总值不能超过信用证金额。

当信用证规定发票金额要扣除相应佣金时，例如，信用证条款规定“5% commission to be deducted from invoice value”或有其他类似的规定，商业发票总金额应按规定扣除佣金，同时在扣除后计算出其净额。另外，有的信用证并没有明确规定这样的扣除佣金的条款，但信用证的总金额中已扣除了佣金，则商业发票仍要计算并扣除佣金。

发票扣除佣金的表示方法如下：

Quantity	Unit Price	Amount
	CIF C5 KOBE	
1000PCS	USD 100.00/PC	USD 100 000.00
	Less 5% commission	USD 5000.00
	CIF NET VALUE	USD 95 000.00

若金额中有折扣则需扣除。例如，来证显示：“20M/T FROZEN PEAPODS CIF LONDON USD 1000.00 PER M/T LESS 5% TRADE DISCOUNT”，则发票总金额应填制如下：

Quantity	Unit Price	Amount
	CIFD5 LONDON	
20M/T	USD1000.00/MT	USD 20 000.00
	Less 5% Discount	USD 1000.00
	CIF VALUE	USD 95 000.00

总金额除填写以阿拉伯数字表示的小写金额外，还应以英文文字（in words）的形式翻译一遍，俗称大写金额。常用固定格式为“SAY … ONLY.”。“ONLY”相当于“整”，一般不能省略。金额的大小写应完全一致。例如“总金额：USD21 800”,英文大写可表示为“TOTAL AMOUNT:SAY US DOLLARS TWENTY ONE THOUSAND EIGHT HUNDRED ONLY. ”。注意，应先填写货币名称的全称（复数形式，需加 S），再填写具体的货币金额。

如果总金额是非整数，则小数部分的翻译可按照以下方法表示。例如 US$2100.40 可翻译为“SAY US DOLLARS TWO THOUSAND ONE HUNDRED AND CENTS FORTY ONLY.”或者“SAY US DOLLARS TWO THOUSAND ONE HUNDRED POINT FORTY ONLY.”等。

（14）其他需填制的内容。如果合同或信用证中规定，需要在发票中注明某些声明文句或证明文句，则应在发票的空白处，通常在货物描述的下方位置或其他较大的空间处，填制相应的声明文句。例如，信用证条款要求在商业发票中注明该批货物的原产国是中国，则可在发票中填制“WE CETIFY THAT THE GOODS ARE MADE IN CHINA.”。具体填制的内容应按照合同或信用证的规定办理。

（15）出票人签章。根据《UCP600》中的规定，商业发票无须签章。但明确规定要签章的发票、用于报关退税等国内管理环节的发票及发票上标明证实性文句的，必须签章。

发票的出票人名称必须与信用证规定的受益人名称一致。

具体情况如下：

如果信用证中只有“COMMERCIAL INVOICE”字样，则商业发票不需要签章，但签章也可以；如果信用证有“SIGNED COMMERCIAL INVOICE”字样，则此发票必须签章；若信用证中有“MANUALLY SIGNED COMMERCIAL INVOICE”字样，则必须要由出票人手签方为有效。

公司名称应与商业发票顶端印好的出口商名称一致。

知识拓展

《ISBP745》对发票的规定

信用证要求“发票”而未做进一步定义，则提交任何形式的发票都可以接受（如商业发票、海关发票、税务发票、最终发票、领事发票等）。但是，“临时发票”“预开发票”或类似的发票是不可接受的。当信用证要求提交商业发票时，标为“发票”的单据是可以接受的。

发票中的货物、服务或履约行为的描述必须与信用证的规定一致，但并不要求如同镜子反射那样一致。例如，货物细节可以在发票中的若干地方表示，当合并在一起时与信用证规定一致即可。

发票中的货物、服务或履约行为的描述必须反映实际装运的货物。例如，信用证的货物描述显示两种货物，如 10 辆卡车和 5 辆拖拉机，如果信用证不禁止分批装运，而发票表明只装运 4 辆卡车，是可以接受的。列明信用证规定的全部货物描述，然后注明实际装运货物的发票也是可以接受的。

发票必须表明装运货物的价值。发票中显示的单价（如有的话）和币种必须与信用证中的一致。发票必须显示信用证要求的折扣或扣减。发票还可显示信用证未规定的与付款或折扣等有关的扣减额。

如果贸易术语是信用证中货物描述的一部分，或与货物金额联系在一起表示，则发票必须显示信用证指明的贸易术语，而且如果货物描述提供了贸易术语的来源，则发票必须表明相同的来源（如信用证条款规定“CIF 新加坡 Incoterms 2000”，那么“CIF 新加坡 Incoterms”就不符合信用证的要求）。费用和成本必须包括在信用证和发票中标明的价格术语所显示的金额内，不允许任何超出该金额的费用或成本。

除非信用证要求，发票无须签字或标注日期。

发票显示的货物数量、重量和尺寸不得与其他单据显示的同种数值相矛盾。

发票不得表明：

（a）溢装（《UCP600》第三十条（b）款规定的除外）或

（b）信用证未要求的货物（包括样品、广告材料等），即使注明免费。

信用证要求的货物数量可以有 5%的溢短装幅度。但如果信用证规定货物数量不得超额或减少，或信用证规定的货物数量是以包装单位或个数计算时，不适用此条。货物数量在 5%幅度内的溢装并不意味着允许支取的金额超过信用证金额。

即使信用证禁止分批装运，只要货物全部装运，且单价（如信用证有规定的话）没有减少，则发票金额有 5%的减幅是可接受的，如果信用证未规定货物数量，发票的货物数量即可视为全部货物数量。

如果信用证要求分期装运，则每批装运必须与分期装运计划一致。

3.1.2　包装单据

一、包装单据的作用和类型

包装单据（Packing Documents）是描述商品包装情况的单据，是商业发票的补充，也是货运单据中的一项重要单据。通常用于进口方在货物到达目的港时核对货物和海关检查验收货物，也是买卖双方结算货款的依据之一。除散装货物外，包装单据一般为不可缺少的文件。

1. 包装单据的作用

（1）是出口商缮制商业发票及其他单据时计价的基础资料；

（2）是进口商清点数量、重量及销售货物的依据；

（3）是海关查验货物的凭证；

（4）是公证或商检机构查验货物的参考资料。

2. 包装单据的类型

不同的进口商对包装单据有不同的要求，常见的有以下几种。

（1）装箱单（Packing List）：表明装箱货物的名称、规格、数量、唛头、箱号、件数和重量，以及包装情况的单据。

（2）重量单（Weight List）：除装箱单上的内容外，尽量清楚地标明商品每一包装单位的毛重、净重及总重量的情况。

（3）尺码单（Measurement List）：在装箱单内容的基础上重点说明每件、每个不同规格项目的尺码和总尺码。

（4）详细装箱单（Detailed Packing List）：如果来证条款要求提供详细的装箱单，则必须提供尽可能详细的装箱内容，描述每件包装的细节，包括商品的货号、色号、尺寸搭配、毛净重及包装的尺码等。

（5）包装明细单（Packing Specification）。

（6）花色搭配单（Assortment List）。

（7）磅码单（Weight Memo）。

（8）规格单（Specification List）。

二、包装单据的格式、内容及缮制规范

包装单据并无统一固定的格式，制单时可以根据信用证或合同的要求以及货物的特点由卖方自行设计，但包装单据应大致包含以下内容。

（1）包装单据的名称：包装单据是一份独立的单据，不与其他单据联合出具，应标明单据的名称，名称应根据信用证或合同的要求命名。

（2）相关参考号、出具日期：如发票号、合同号或信用证号码，包装单据的出具日期应不迟于发票日期，如无特殊要求，也可不注明出具日期。

（3）唛头：按照发票内容填写。

（4）货物名称、规格和数量：包装单据的货物名称应与其他单据一致，也可以使用货物的统称，但不能与信用证规定的货物描述相抵触。

（5）包装件数及件号、包装件尺码。

（6）包装类别。

（7）货物毛净重。

包装单据一般不记载货物的单价和总价、装运情况及收货人，除非特别规定。如果要求中性包装单据，也不必标明出单人名称。

如果信用证既要求装箱单，又要求重量单或尺码单，则可以利用装箱单分别冠以重量单、尺码单等不同名称，一次缮制，按照规定的份数提交。

如果进口商对包装单据有特殊的要求，也应一一注明。如某信用证要求“signed packing list, one original and one copy”，则该装箱单必须要由出单人签署；又如，某信用证要求“detailed weight and measurement list showing the details of color, size and quantity in each carton and also gross weight and net weight”，则该包装单据应以“detailed weight and measurement list”命名，单据内应列明每箱货物的颜色、尺寸、数量及毛重、净重，还需要列明总的箱数、尺寸、数量、毛重、净重。

三、缮制包装单据应注意的事项

（1）包装单据的名称应符合合同或信用证的规定。如信用证要求“WEIGHT LIST”，名称就尽量不要打“WEIGHT NOTE”“WEIGHT MEMO”“WEIGHT CERTIFICATE”等字样。

（2）如信用证要求出具中性装箱单据（NEUTRAL PACKING LIST），单据上不可以显示出口制单方的名称、地址，也不能显示产地。

（3）包装单据一般不要显示货物的单价、总价。因为进口商不希望转售商品时，所交付的包装单据上泄漏其购买成本。

（4）包装单据的货物描述可以使用统称，不需要完全按照商业发票的描述。

知识拓展

《UCP600》第十四条（e）款规定

In documents other than the commercial invoice, the description of the goods, services or performance, if stated, may be in general terms not conflicting with their description in the credit.（除商业发票外，其他单据中的货物、服务或行为描述若需要规定，可使用统称，但不得与信用证规定的描述相矛盾。）

知识拓展

《ISBP745》对包装单据的相关规定

单据可以使用信用证规定的名称或相似名称，或不使用名称。例如，信用证要求“装箱单”，无论该单据冠名为“装箱说明”还是“装箱和重量单”还是没有名称，只要单据包含了装箱细节，即为满足信用证要求。单据内容必须在表面上满足所要求单据的功能。

信用证列明的单据应作为单独单据提交。如果信用证要求装箱单和重量单，当提交两份独立的装箱单和重量单或提交两份正本装箱单和重量联合单据时，只要该联合单据同时表明装箱和重量细节，即视为符合信用证要求。

任务操作

1. 缮制商业发票

根据任务情境 3.1.1，单证员张璐分析信用证对发票的规定："46A: COMMERCIAL INVOICE IN QUADRUPLICATE ALL STAMPED AND SIGNED BY BENEFICIARY CERTIFYING THAT THE GOODS ARE OF CHINESE ORIGIN."，结合货物的实际装运情况，缮制的商业发票如下所示。

【样单Ⅲ-1-3】商业发票

HUAHAI GARDEN PRODUCTS IMP. & EXP. CO., LTD.

27 XINJIAN ROAD, QINGDAO, CHINA

COMMERCIAL INVOICE

Date: Feb. 09, 2019

Invoice No.: 19SHGD3029

L/C No.: 286/13/10016

Contract No.: E18FD121

To:LAIKI PERAGORA ORPHANIDES LTD.

020 STRATIGOU TIMAGIA AVE., 6046, LARNAKA, CYPRUS

Shipped from QINGDAO PORT, CHINA to LIMASSOL PORT, CYPRUS by vessel.

Shipping Mark	Description of Goods	Quantity	Unit Price	Amount
				CFR LIMASSOL, 《INCOTERM 2010》
L.P.O.L. L/C No. 286/13/10016 MADE IN CHINA C/Nos.1-325	WOODEN FLOWER STANDS WOODEN FLOWER POTS AS PER S/C No. E18FD121.	350PCS 600PCS	USD8.90 /PC USD5.00/PC	USD3115.00 USD3000.00
	TOTAL	950PCS		USD6115.00
TOTAL AMOUNT: SAY US DOLLARS SIX THOUSAND ONE HUNDRED AND FIFTEEN ONLY.				

WE CETIFY THAT THE GOODS ARE OF CHINESE ORIGIN.

HUAHAI GARDEN PRODUCTS IMP. & EXP. CO., LTD.

×××（签署盖章）

2. 缮制装箱单

根据任务情境 3.1.1，单证员张璐分析信用证对装箱单的规定："46A: PACKING LIST IN

TRIPLICATE SHOWING PACKING DETAILS SUCH AS CARTON NO AND CONTENTS OF EACH CARTON. 47A: EACH PACKING UNIT BEARS AN INDELIBLE MARK INDICATING THE COUNTRY OF ORIGIN OF THE GOODS. PACKING LIST TO CERTIFY THIS."

结合货物的实际装运情况：

木花架（WOODEN FLOWER STANDS）QUANTITY：350PCS，2PCS/箱，共 175 箱。纸箱尺码：66cm×22cm×48cm，毛重：11KGS/箱，净重：9KGS/箱。

木花桶（WOODEN FLOWER POTS）QUANTITY：600PCS，4PCS/箱，共 150 箱。纸箱尺码：42cm×42cm×45cm，毛重：16KGS/箱，净重：14KGS/箱。

唛头：L.P.O.L/L/C No.286/13/10016/MADE IN CHINA/C/Nos.1-325

缮制的装箱单如下所示。

【样单Ⅲ-1-4】

HUAHAI GARDEN PRODUCTS IMP. & EXP. CO., LTD.

27 XINJIAN ROAD, QINGDAO, CHINA

PACKING LIST

Invoice No.: 19SHGD3029

Date: Feb. 09, 2019

To: LAIKI PERAGORA ORPHANIDES LTD.

020 STRATIGOU TIMAGIA AVE., 6046, LARNAKA, CYPRUS

SHIPPING MARK:

L.P.O.L.

L/C No.: 286/13/10016

MADE IN CHINA

C/Nos.1-325

Description of Goods	Carton Nos.	Quantity	G.W.	N.W.	MEAS
WOODEN FLOWER STANDS	175 CTNS	2 PCS /CTN	11 KGS /CTN	9 KGS /CTN	66cm×22cm×48cm/CTN
WOODEN FLOWER POTS	150 CTNS	4 PCS /CTN	16 KGS /CTN	14 KGS /CTN	42cm×42cm×45cm/CTN
TOTAL	325CTNS	950PCS	4325.00 KGS	3675.00 KGS	24.1038 M^3

SAY TOTAL: THREE HUNDRED AND TWENTY FIVE CARTONS ONLY.

WE HEREBY CETIFY THAT EACH PACKING UNIT BEARS AN INDELIBLE MARK INDICATING THE COUNTRY OF ORIGIN OF THE GOODS.

HUAHAI GARDEN PRODUCTS IMP. AND EXP. CO., LTD.

×××（签署）

任务实训

实训 3.1.1　知识巩固

一、单项选择题

1．国际货物买卖业务涉及的单据中，处于中心地位的是（　　）。

A．提单　　B．汇票　　C．商业发票　　D．保险单

2．信用证中的金额、单价及商品的数量前面如有“about”“circa”或“类似”字样，允许的最大差额是（　　）。

A．10%　　B．5%　　C．8%　　D．3%

3．某公司出口一批货物，从青岛港发运，在香港转运，运往汉堡港，在装箱单“TRANSPORT DETAILS”一栏填写错误的是（　　）。

A．FROM QINGDAO TO HAMBURG W/T HONGKONG

B．FROM QINGDAO TO HAMBURG VIA HONGKONG

C．FROM QINGDAO TO HONGKONG AND THENCE TO HAMBURG

D．FROM QINGDAO TO HAMBURG WITH TRANSHIPMENT AT HONGKONG

4．下列（　　）不需要签署。

A．证实发票　　B．出口退税时提供的发票

C．SIGNED INVOICE　　D．COMMERCIAL INVOICE

5．中性包装单中不应注明（　　）。

A．单据名称　　B．货物数量　　C．唛头　　D．出单人名称

二、多项选择题

1．出口商在制作商业发票时，应注意的要点包括（　　）。

A．发票的出票人应是信用证中规定的受益人（可转让信用证除外）

B．发票的出票日期不应迟于汇票的出票日期，也不应迟于信用证的议付有效期

C．发票的抬头应是信用证的开证申请人

D．商品名称、数量、规格、单价、包装、价格条款、合同号码，以及货物描述等必须与信用证的规定相符，单价乘以数量必须与发票的总金额相符

2．发票是出口商出具的货物明细账单，它的内容和作用包括（　　）。

A．收货人的名称、地址、开立日期及署名签字

B．对货物名称、规格、件数、重量、单价、金额、唛头、包装件数等根据合同和信用证的规定较为详尽的说明

C．包括提单、装货单、品质证书、原产地证书等的号码

D．主要是作为办理接运货物和结算货款的一种重要单据

3．发票的抬头人应是（　　）。

A．托收项下的卖方　　B．托收项下的买方

C．信用证项下的受益人　　D．信用证项下的开证申请人

4．某来证规定：“About 20MT CITRIC ACID at USD 1180.00/MT CFR HAIFA PORT”“PCT

CREDIT AMOUNT TOLERANCE:10/10”“CURRENCY CODE AMOUNT:USD 23 600.00”，则发票的金额和数量可以填写为（　　）。

A．20MT,USD23 600.00　　B．25MT,USD 29 500.00

C．22MT,USD25 960.00　　D．18MT,USD21 240.00

5．某合同和信用证中均未规定具体的唛头，则在填写发票时，唛头一栏可填写为（　　）。

A．NO MARK　　B．卖方规定的唛头

C．空白不填　　D．随便填写

三、案例分析题

1．我国神太进出口公司以 CIF 术语向日本 SK 商社出口一批货物，日本 CAD 银行开来的 SWIFT 信用证中规定：“发票一式两份；本信用证受《UCP600》约束。”神太进出口公司在信用证规定的装运期限内将货物装运，并于交单期内向议付行交单议付，议付行随即向日本 CAD 银行寄单索偿。日本 CAD 银行收到单据后回电表示拒绝付款，其理由是单证有以下不符点：发票上没有受益人的签字。试分析日本 CAD 银行提出的拒付理由是否成立，并说明原因。

2．我国某外贸公司向科威特 K 公司出口冻羊肉 50 000 千克，CIF 吨价 2000 美元。合同规定数量可增减 10%。买方 K 公司按时开来信用证，证内规定：数量约（about）50 000 千克，总金额 100 000 美元。我国某外贸公司发货时，按合同和信用证规定，实际装运 55 000 千克。缮制的商业发票表明：数量 55 000 千克，总金额 110 000 美元。当我国某外贸公司持单办理议付时，却遭到银行拒付。

试分析该公司遭银行拒付的原因，我们应从中得到什么启示？

四、将下列信用证条文翻译成中文

1. SIGNED COMMERCIAL INVOICE IN QUINTUPLICATES AND MUST SHOW DISCOUNT USD1000.00.

2. PACKING LIST IN QUADRUPLICATES ISSUED BY SHANGHAI XIANZHOU DEVELOP CO., LTD.

3. ALL BANKING CHARGES OUTSIDE KOREA ARE FOR ACCOUNT OF BENEFICIARY.

4. MANUAL SIGNED COMMERCIAL INVOICE IN TRIPLICATE. ALL INVOICES MUST SHOW FOB VALUE FREIGHT CHARGE INSURANCE PREMIUM SEPARATELY.

实训 3.1.2　能力实训

一、实训要求：根据下列实训材料缮制发票和装箱单。

二、实训材料

1.【样单Ⅲ-1-5】合同

HONG TAI TEXTILES IMP. & EXP. CO., LTD.
117 TAISHAN ROAD, QINGDAO, CHINA

SALES CONFIRMATION

No.: HT1001260

Date: Nov. 1, 2017

TO: E.THAI ROONG LTD., PART

22-24 MAHAESAK ROAD, BANGKOK, THAILAND

Dear Sirs: We hereby confirm having sold to you the following goods on the terms and conditions as specified below:

Name of commodity and description	Quantity	Unit price	Amount
RAW SILK		CIF BANGKOK	
29/31 5A	1200KGS	USD35.20/KG	USD42 240.00
29/31 6A	600KGS	USD36.50/KG	USD21 900.00
TOTAL	1800KGS		USD64 140.00
TOTAL AMOUNT IN WORDS:SAY US DOLLARS SIXTY-FOUR THOUSAND ONE HUNDRED AND FORTY ONLY			

Time of shipment: SHIPMENT TO BE EFFECTED BEFORE JAN.05, 2018

Port of loading: QINGDAO, CHINA

Port of destination：BANGKOK

Mode of transportation: BY SEA

Term of payment: THE BUYER SHALL OPEN THROUGH A FIRST-CLASS BANK ACCEPTABLE TO THE SELLER AN IRREVOCABLE LETTER OF CREDIT AT 45DAYS SIGHT TO REACH THE SELLER NOT LATER THAN NOV. 30, 2017 AND VALID FOR NEGOTIATION IN CHINA UNTIL THE 21TH DAY AFTER THE DATE OF SHIPMENT.

Insurance: TO BE COVERED FOR 110% OF INVOICE VALUE AGAINST ALL RISKS AND WAR RISK AS PER AND SUBJECT TO OCEAN MARINE CARGO CLAUSES OF PICC DATED 1981.01.01.

THE BUYER　　　　THE SELLER

E.THAI ROONG LTD., PART　　　　HONG TAI TEXTILES IMP. & EXP. CO., LTD.

2.【样单Ⅲ-1-6】信用证

2017 NOV29 15:55:52 LOGICAL TERMINAL POO5

MT700 ISSUE OF A DOCUMENTARY CREDIT PAGE 00001

RUNC SWPR3

UMR 00182387

MAGACK DWS7651 AUTH OK, KEY B19604214FAEA9B2, BKCHCNBJ SAIB JPJT RECORD

BASIC HEADER	F 01 BKCHCQDJA300 81 18 157214	
APPLICATION HEADER	0 700 1547 061225 SAIBJPJTCXXX 3846 992024 101129 1236	
	*BANGKOK BANK PUBLIC COMPANY LIMITED	
	*BANGKOK	
USER HEADER	SERVICE CODE 103:	
	BANK PRIORITY 113:	
	MSG USER REF. 108:	
	INFO. FROM CI 115:	
SEQUENCE OF TOTAL	*27:	1/1
APPLICABLE RULES	*40:	IRREVOCABLE
DOC., CREDIT NUMBER	*20:	11110219165
DATE OF ISSUE	*31C:	2017.11.29
EXPIRY	*31D:	DATE 2018.01.25
		PLACE IN THE COUNTRY OF THE BENEFICIARY
APPLICANT	*50:	E.THAI ROONG LTD., PART
		22-24 MAHAESAK ROAD, BANGKOK, THAILAND
BENEFICIARY	*59:	HONG TAI TEXTILES IMP. & EXP. CO., LTD.
		117 TAISHAN ROAD, QINGDAO, CHINA
AMOUNT	*32B:	CURRENCY USD AMOUNT 64 140.00
POS./NEG.TOL.%	*39:	05/05
AVAILABLE WITH/BY	*41D:	ANY BANK
		BY NEGOTIATION
DRAFTS AT ...	*42C:	45 DAYS SIGHT IN DUPLICATE
		INDICATING THIS L/C NUMBER
DRAWEE	*42A:	ISSUING BANK
PARTIAL SHIPMENTS	*43P:	NOT ALLOWED
TRANSSHIPMENT	*43T:	NOT ALLOWED
PORT OF LOADING	*44A:	QINGDAO，CHINA
PORT OF DISCHARGE	*44B:	BANGKOK
LATEST DATE OF SHIP.	*44C:	2018.01.05
DESCRIPT. OF GOODS	*45A:	
		RAW SILK 29/31 5A 29/31 6A
		PRICE TERM: CIF BANGKOK

续表

DOCUMENTS REQUIRED *46A:

+ COMMERCIAL INVOICES IN ONE ORIGINAL PLUS 6 COPIES, INDICATING FOB VALUE, FREIGHT CHARGES AND INSURANCE PREMIUM SEPARATELY, ALL OF WHICH MUST BE MANUALLY SIGNED.

+ FULL SET OF 3/3 CLEAN ON BOARD OCEAN BILLS OF LADING AND TWO NON-NEGOTIABLE COPIES MADE OUT TO ORDER OF BANGKOK BANK PUBLIC COMPANY LIMITED,BANGKOK MARKED "FREIGHT PREPAID" AND NOTIFY APPLICANT TEL. No.02-2331383-4，FAX.No.02-2364087 AND INDICATING THE L/C NUMBER.

+INSURANCE POLICY OR CERTIFICATE IN TWO NEGOTIABLE FORMS INDICATING "ORIGINAL"AND "DUPLICATE"PLUS ONE NON-NEGOTIABLE COPY ENDORSED IN BLANK, FOR 110PCT OF THE INVOICE VALUE WITH CLAIM PAYABLE IN BANGKOK IN THE SAME CURRENCY AS THE DRAFT,COVERING INSTITUTE CARGO CLAUSES(A) AND INSTITUTE WAR CLAUSES INCLUDING INSTITUTE STRIKES CLAUSES.

+CERTIFICATE OF ORIGIN ISSUED BY THE CONCERNED GOVERNMENT AGENCY/ APPROVED AUTHORITY/CHAMBER OF COMMERCE CERTIFYING THE MERCHANDISE ARE OF CHINA ORIGIN.

+ PACKING LIST IN 4 FOLD，ALL OF WHICH MUST BE MANUALLY SIGNED.

+ COUNTRY OF ORIGIN MUST BE MENTIONED ON OUTSIDE OF EACH PACKAGE OF MERCHANDISE AND THIS SHOULD BE CONFIRMED IN BENEFICIARY'S DECLARATION.

+ ALL SHIPMENT UNDER THIS CREDIT MUST BE ADVISED BY THE BENEFICIARY IMMEDIATELY AFTER SHIPMENT TO OPENER AND A COPY OF THE ADVICE IS TO ACCOMPANY EACH SET OF DOCUMENTS.

ADDITIONAL COND. *47:

+ A DIFFERENCE OF 5 PCT MORE OR LESS IN QUANTITY ACCEPTABLE.

+ A DISCREPANCY FEE OF USD 50.00 WILL BE IMPOSED ON EACH SET OF DOCUMENTS PRESENTED UNDER THIS L/C WITH DESCREPANCY.THE FEE WILL BE DEDUCTED FROM THE BILL AMOUNT.

+ ALL THE SHIPPING DOCUMENTS SHOULD CONTAIN THE WORD SILK FOR READY MADE GARMENTS INDUSTRY.

DETAILS OF CHARGES *71B:

ALL BANKING CHARGES OUTSIDE THAILAND INCLUDING REIMBURSEMENT. COMMISSIONS, INTEREST, DISCOUNT CHARGES AND DISCREPANCY FEE(IF ANY) ARE FOR ACCOUNT OF BENEFICIARY.

PRESENTATION PERIOD *48:

DOCUMENTS TO BE PRESENTED WITHIN 21 DAYS AFTER THE DATE OF SHIPMENT, BUT WITHIN THE VALIDITY OF THE CREDIT.

CONFIRMATION *49: WITHOUT

INSTRUCTIONS *78:

THE NEGOTIATION BANK MUST FORWARD THE DRAFTS AND ALL DOCUMENTS TO US (BANGKOK BANK PUBLIC COMPANY LIMITED HEAD OFFICE,333 SILOM ROAD,BANGKOK 10500，THAILAND ATTN:L/C No.11110219165 TRADE FINANCE CENTRE TEAM1) IN TWO MAILS BY SEPARATE COURIER,SECOND MAIL MUST CONSIST OF ONE ORIGINAL B/L ONLY.

ADVISE THROUGH 57D: YOUR QINGDAO BRANCH

TRAILER :ORDER IS <MAC :> <PAC :> <ENC :> <CHK :> <TNG :>

3. 补充资料

INVOICE No.: RS10100157, DATE: 2017.12.28 实际发运的货物资料： PACKING: 29/31 5A PACKED IN 40 CTNS 29/31 6A PACKED IN 20 CTNS MEASUREMENT:68.5cm×48cm×30.5cm/CTN QUANTITY: 29/31 5A G.W. 1335.62KGS N.W. 1222.53KGS 29/31 6A G.W. 669.48KGS N.W. 606.64KGS MARKS: CTR/BANGKOK/No.1-60 VESSEL: HANJIN OTTAWA V.073E B/L No.: DELS50939811 DATE: 2018.01.05 FREIGHT FEE: USD60.00 INSURANCE FEE: USD50.00

【样单Ⅲ-1-7】空白商业发票

COMMERCIAL INVOICE

<table>
<tr><td colspan="3" rowspan="2">ISSUER</td><td colspan="2">INVOICE No. DATE</td></tr>
<tr><td colspan="2">L/C No.</td></tr>
<tr><td colspan="3">TO</td><td colspan="2">S/C No.</td></tr>
<tr><td colspan="5">TRANSPORT DETAILS</td></tr>
<tr><td>MARKS AND NUMBERS</td><td>DESCRIPTION OF GOODS</td><td>QUANTITY</td><td>UNIT PRICE</td><td>AMOUNT</td></tr>
<tr><td></td><td></td><td></td><td></td><td></td></tr>
<tr><td colspan="2">TOTAL</td><td></td><td></td><td></td></tr>
<tr><td colspan="5">TOTAL AMOUNT (IN WORDS):</td></tr>
<tr><td colspan="5">OTHER TERMS:</td></tr>
</table>

【样单Ⅲ-1-8】空白装箱单

PACKING LIST

ISSUER	INVOICE No. DATE
	SHIPPING MARKS
CONSIGNEE	
TRANSPORT DETAILS	

DESCRIPTION OF GOODS	QTY	PACKAGES	G.W.	N.W.	MEAS
TOTAL					

SAY TOTAL

任务 3.2　缮制运输单据

学习目标

通过学习，要求完成以下任务：

1．掌握海运提单的性质、作用、分类、内容、格式及缮制规范；
2．能根据相关资料准确缮制提单；
3．掌握航空运单的作用、内容、格式及缮制规范；
4．能根据相关资料准确缮制航空运单。

任务情境3.2.1

缮制海运提单

山东省烟台市XY制衣有限公司（YANTAI XY CLOTHING CO.，LTD.）向韩国ABC CO.，LTD.出口一批服装。交易双方在合同中约定使用信用证方式支付（详见【样单III-2-1】）。出口方按合同约定期限将货物运送至指定的交货地点后，货代公司及时办理了该批货物的出口报检、报关、装运等工作。待货运船舶离港后，货代公司及时换取船公司签发的提单。为确保提单内容符合合同和信用证的规定，出口方单证员张璐依据信用证、发票（详见【样单III-2-2】）、装箱单（详见【样单III-2-3】）等对船公司发来的海运提单的内容进行了确认，确认无误后，船公司正式签发提单。

【样单Ⅲ-2-1】信用证

SWIFT　　OUTPUT
OUTPUT:　Fin 700 Issue of a Documentary Credit
Sender:　HVBKKRSEXXX WOORI BANK, SEOUL
　　WOORI BANK. SEOUL
　　203. HOEHYONDONG. 1-KA CHUNG-KU SEOUL REPUBLIC OF KOREA
Date:　2018.02.18
Receiver: HFBACNSDXXX

Message Text
27　Sequence of Total:
　　1/1
40A　Form of Documentary Credit:
　　IRREVOCABLE TRANSFERABLE
20:　Documentary Credit Number:

续表

MD1QA302NU000 31C:　Date of issue: 2018.02.18 40E:　L/C FOLLOW TERM: UCPURR LATEST VERSIGN 31D　Date of Place of Expiry: 2018.04.15 IN BENEFICIARYS COUNTRY 50:　Applicant: ABC CO., LTD. 204-4 Hyundai Madison BLDG 3RD FLOOR Nonhyeon-dong Gangnam-gu Seoul Korea 59:　Beneficiary: YANTAI XY CLOTHING CO., LTD. 204 HAITE ROAD, ZHIFU DISTRICT. YANTAI CHINA T.535-6836525 32B　Total Amount Advised: USD58 250.00 33A　Percentage Credit Amount Tolerance: 05/05 41D　Available With...By...: ANY BANK BY NEGOTIATION 42C　Drafts at...: 90 DAYS AFTER SIGHT 42A　Drawee: HVBKUS5 43P　Partial Shipments: ALLOWED 43T　Transshipment: PROHIBITED 44E　Port of Loading/Airport of Departure: ANY PORT IN CHINA 44F　Port of Discharge/Airport of Destination: INCHON KOREA 44C　Latest Date of shipment: 2018.03.30 45A:　Description of Goods and /or Services

续表

COUNTRY OF ORIGIN: CHINA

TERMS OF PRICE: FOB

BOY'S PANTS CBJB2767C 2500PCS USD4.80-USD12 000.00

GIRL'S ONEPIECE CBJG6131C 1000PCS USD4.00-USD4000.00

CBMK5862D 600PCS USD6.50-USD 3900.00

CBMK5865D 600PCS USD6.50-USD 3900.00

CBMK5867D 600PCS USD6.50-USD 3900.00

WOMEN'S TEE CCAC5839E 1800 PCS USD2.50-USD4500.00

CBMG5863D 600PCS USD6.00-USD 3600.00

CBMG5864D 1000PCS USD8.50-USD6500.00

GIRL'S TEE CAJG5192B 1000PCS USD5.30-USD 5300.00

46A: Documents Required

+FULL SET OF CLEAN ON BOARD OCEAN BILL OF LADING MADE OUT TO THE ORDER OF WOORI BANK SEOUL MARKED FREIGHT COLLECT AND NOTIFY APPLICANT.

+SIGNED COMMERCIAL INVOICE IN TRIPLICATE.

+PACKING LIST IN TRIPLICATE.

+ORIGINAL INSPECTION CERTIFICATE ISSUED AND SIGNED BY S.R KIM OF GSGM CO., LTD.

47A: Additional Conditions

+DRAFTS ARE TO BE MARKED AS DRAWN UNDER THIS DOCUMENTARY CREDIT.

+T/T REIMBURSEMENT IS NOT ALLOWED.

+MORE (05PCT) OR LESS (05PCT) IN QUANTITY AND AMOUNT ARE ACCEPTABLE.

+ALL DOCUMENTS SHOULD SHOW THE DOCUMENTARY CREDIT NUMBER.

+TRANSFERRING BANK IS ADVISING BANK.

+IF DOCUMENTS CONTAINING DISCREPANCIES ARE PRESENTED, A FEE OF USD80.00 SHOULD BE DEDUCTED FROM THE REIMBURSEMENT CLAIM. NOTWITHSTANDING ANY INSTRUCTION TO THE CONTRARY THIS FEE SHOULD BE CHARGED TO THE BENEFICIARY.

+THIS CREDIT IS SUBJECT TO THE ICC UCP600, AND URR LATEST VERSION REIMBURSEMENT MUST BE CLAIMED STATING(COMMODTTY, PORT OF LOADING AND PORT OF DISCHARGE).

+EXTRA COPY OF ALL DOCUMENTS IS REQUIRED FOR AN ISSUING BANK'S FILE.

71B: Details of Charges

+ALL BANKING CHARGES OUTSIDE KOREA ARE FOR ACCOUNT OF BENEFICIARY.

+REIMBURSEMENT CHARGES ARE FOR ACCOUNT OF BENEFICIARY.

48: Period for Presentation

TRANSPORT DOCUMENTS MUST BE PRESENTED WITHIN 15 DAYS AFTER THE DATE OF SHIPMENT BUT WITHIN THE EXPIRY DATE OF THIS CREDIT.

49: Confirmation Instructions

WITHOUT

续表

53A:	Reimbursing Bank HVBKUS6L WOORI BANK. LOS ANGELES
78	Instructions to the Paying/Accepting/Negotiating Bank +THE AMOUNT OF EACH DRAFT MUST BE ENDORSED ON THE REVERSE OF THIS CREDIT. +ALL DOCUMENTS EXCEPT DRAFTS MUST BE FORWARDED TO US BY COURIER SERVICE IN ONE LOT. ADDRESSED TO WOORI BANK 17 WORLD CUP BUK-RO 60-GIL MAPO-GU SEOUL 121-921 REPUBLIC OF KOREA (1585 SANGAM-DONG). +REIMBURSE YOURSELVES ON THE REIMBURSING BANK AT SIGHT BASIS REGARDLESS OF THE DRAFT'S TENOR. +ACCEPTANCE COMMISSION AND DISCOUNT CHARGES ARE FOR ACCOUNT OF APPLICANT.

【样单Ⅲ-2-2】发票

YANTAI XY CLOTHING CO., LTD.

COMMERCIAL INVOICE

INVOICE No.:XTD-2018616
DATE:Mar.23,2018

TO: ABC CO., LTD.
204-4 HYUNDAI MEDISON BLDG 3RD FLOOR NONHYEON-DONG
GANGNAM-GU SEOUL KOREA

SHIPPED BY SEA FREIGHT FROM YANTAI CHINA TO INCHON KOREA

MARKS & Nos.	DESCRIPTION	Q'TY	U/PRICE	AMOUNT
GSGM	COUNTRY OF ORIGIN:CHINA TERMS OF PRICE: FOB GIRL'S ONEPIECE CBJG6131C	998PCS	FOB YANTAI USD4.00/PC	USD3992.00
TOTAL		998PCS		USD3992.00

SAY TOTAL: US DOLLARS THREE THOUSAND NINE HUNDRED AND NINETY TWO ONLY.
L/C No.: MD1QA302NU000

YANTAI XY CLOTHING CO., LTD.
张璐

【样单Ⅲ-2-3】装箱单

YANTAI XY CLOTHING CO., LTD.

PACKING LIST

INVOICE No.:XTD-2018616

TO: ABC CO., LTD.
204-4 HYUNDAI MEDISON BLDG 3RD FLOOR NONHYEON-DONG
GANGNAM-GU SEOUL KOREA

SHIPPED BY SEA FREIGHT FROM YANTAI CHINA TO INCHON KOREA

MARKS & Nos.	DESCRIPTION	QUANTITY	NETWEIGHT	GROSSWEIGHT
GSGM	COUNTRY OF ORIGIN:CHINA TERMS OF PRICE: FOB GIRL'S ONEPIECE CBJG6131C	998PCS	446KGS	476KGS
TOTAL		998PCS	446KGS	476KGS

TOTAL MEASUREMENT:2.3CBM
PACKED IN 24CARTONS

L/C No.: MD1QA302NU000

YANTAI XY CLOTHING CO., LTD.
张璐

任务要求

缮制海运提单。

支撑知识

运输单据是出口商将货物交给承运人后，由承运人或其代理人签发的证明承运人已收到货物并应将货物及时运输并交付给收货人的单据，它既是一份货物收据，也是一份运输契约的证明。某些单据还具有物权凭证的作用。不同的运输方式下，承运人签发的运输单据各不相同，根据《UCP600》中的规定，可用于结汇的运输单据包括：至少两种不同运输方式的运输单据（Multimodal or combined transport document）、提单（Bill of lading）、不可转让海运单（Non-negotiable sea waybill）、租船合约提单（Charter party bill of lading）、空运单据（Air transport document）、公路、铁路或内陆水运单据（Road, rail or inland waterway transport document）、快递收据、邮政收据或投邮证明（Courier receipt/Post receipt/Post certificate）七大类。实践中常用的运输单据以海运提单和航空运单为主。

3.2.1 提单的性质和作用

提单（Bill of Lading）是由船长、承运人或其代理人在收到货物后签发给托运人的货物收据，并负责将货物运送到指定目的港，交付给收货人的一种物权凭证。

提单的性质和作用概括如下。

（1）提单是承运人或其代理人签发的货物收据，证实已按提单所列内容收到货物。

（2）提单是代表货物所有权的凭证，收货人或提单的合法持有人有权凭提单向承运人提取货物。由于提单是一种物权凭证，因而可以转让或抵押。

（3）提单是承运人与托运人之间运输契约的证明，是承运人与托运人处理双方在运输中的权利和义务问题的主要依据。

3.2.2 提单的种类

提单大致可分为以下几种。

1. 根据货物是否装船，分为已装船提单和备运提单

（1）已装船提单（On Board B/L）是指表明货物已经装上指定的船舶后所签发的提单。这种提单可以凭提单上印就的“ON BOARD（已装船）”字样和装运日期判断货物已装船。

（2）备运提单（Received for Shipment B/L）又称收妥待运提单或收讫待运提单，是指承运人在收到托运货物等待装船期间向托运人签发的提单。银行一般不接受这种提单。

2. 根据货物表面状况有无附加批注，分为清洁提单和不清洁提单

（1）清洁提单（Clean B/L）是指货物装船时“外表状况良好”，未加有关货损或包装不良之类批语的提单。

（2）不清洁提单（Unclean B/L）是指由承运人加注了托运货物外表状况不良或存在缺陷等批语的提单。例如，提单上批有“ONE CASE BROKEN，CONTENT EXPOSED”（有一箱破损，内装货物暴露）等文字。在实际业务中，买方不接受这种提单。

3. 根据提单抬头不同，分为记名提单、不记名提单和指示提单

（1）记名提单（Straight B/L）是指填明收货人姓名或地址名称的提单。例如“Consigned to ×× only”，这种提单只能由特定的收货人提货，不能背书转让，在国际贸易中很少使用。

（2）不记名提单（Blank B/L）是指不具体规定收货人、收货人留空或填“来人（BEARER）”的提单。这种提单不需要背书即可转让，并且凭单交货风险大，在国际贸易中很少使用。

（3）指示提单（Order B/L）是指在提单的收货人栏内填写“凭指示（TO ORDER）”或“凭××指示（TO ORDER OF…）”字样，这种提单可以通过背书转让给第三者，因此又称“可转让提单”，这种提单在国际贸易中应用得最为广泛。

提单的背书人包括以下三种。

（1）当收货人一栏填写“凭指示（TO ORDER）”“凭托运人指示（TO ORDER OF SHIPPER）”时，由托运人（SHIPPER）背书。

（2）当收货人一栏填写凭开证申请人或其他商号公司指示时，由开证申请人或其他商号公司背书。

（3）当收货人一栏填写凭某银行指示时，由该银行背书。

提单的背书方式包括以下两种。

（1）空白背书。只写背书人的名称及地址。

（2）记名背书。既写背书人的名称及地址，又写被背书人（转让对象）的名称及地址。在实际业务中很少使用记名背书。

4. 根据运输方式不同，分为直达提单、转船提单和联运提单

（1）直达提单（Direct B/L）是指同一船舶将货物直接从起运港运达目的港的提单。在这种提单下，船方责任明确，权利和义务易于处理。

（2）转船提单（Transhipment B/L）是指从起运港载货的船舶不直接驶往托运货物的目的港，须在其他港口换船转运，并由签发提单的轮船公司负责代办转运手续的海运提单。

（3）联运提单（Through B/L）用于“海陆”“海河”或“海海”联运。第一承运人在货物起运港签发运往最终目的地的提单，并收取全程运费。货物到达转运港后，由第一承运人代货主将货物交与下一程航运的承运人，再运往目的港。各程承运人的责任，只限于其本身经营船舶所完成的运输。

5. 根据船舶经营方式不同，分为班轮提单和租船提单

（1）班轮提单（Liner B/L or regular line B/L）是指由班轮承运而签发的提单。班轮公司租给托运人的不是整船而是部分舱位，所以托运货物不论多或少船方都可接受。班轮装运货物，船方负责装船、理舱、卸货，装卸费用计算在班轮费之内。船方的责任以提单印就条款为依据。

（2）租船提单（Charter party B/L）是指承运人根据租船合同而签发的提单。在这种提单上注明“一切条款、条件和免责事项按×年×月×日的租船合同”或批注“根据×××租船合同

开立”字样。这种合同受租船合同条款的约束。银行或买方在接受这种提单时，通常要求卖方提供租船合同的副本。

6. 根据提单格式和内容繁简，分为全式提单和简式提单

（1）全式提单（Long form B/L）是指由正面记载事项，背面列有规定承运人、托运人之间权利与义务的提单。这种提单在国际贸易中广泛应用。

（2）简式提单（Short form B/L）是指只有正面记载事项，而背面无条款的提单，银行一般不接受这种提单。

7. 根据提单使用效力，分为正本提单和副本提单

（1）正本提单（Original B/L）是指提单上有承运人、船长或其代理人的原始签名盖章并注明签发日期的提单。这种提单在法律上是有效的单据。正本提单一般签发一式两份或三份（个别也有只签发一份的），凭其中的任意一份提货后，其余的即作废。为防止他人冒领货物，买方与银行通常要求卖方提供船公司签发的全部正本提单，即所谓全套提单。

（2）副本提单（Copy B/L）是指提单上没有承运人、船长或其代理人签字盖章，而仅供参考之用的提单。副本提单一般都标明“COPY”（副本）或“NON-NEGOTIABLE”（不可转让）字样。

8. 其他种类提单

（1）预借提单（Advanced B/L）是指在货物装船前被托运人“借走”的提单。这种提单是一种违法提单，尽管托运人要求预借提单必须出具保函，但由于该保函的法律地位极其脆弱，承运人仍需要承担一定的风险，在实际业务中很少使用这种提单。

（2）倒签提单（Ante-dated B/L）是指货物实际装船的日期晚于信用证上规定的装运日期，托运人为了使提单日期与信用证规定的装运日期相符，要求承运人按信用证规定的装运日期签署的提单。这种提单是一种违法提单，收货人可能会以“伪造提单”为由，拒绝提货并向法院起诉。因此，这种提单对承运人来说有较大的风险。

（3）过期提单（Stale B/L）是指超过运输单据签发日期 21 天去银行递交的提单或晚于货物到达目的港的提单，又称迟期提单。前者，是指卖方超过提单签发日期 21 天后才交到银行议付的提单，根据《跟单信用证统一惯例》中的规定，如信用证无特殊规定，银行将拒绝接受在运输单据签发超过 21 天后才提交的单据；后者，是在近洋运输时容易出现的情况，故在近洋国家间的贸易合同中，一般都订有“Stale B/L is acceptable”（过期提单可以接受）的条款。

（4）集装箱提单（Container B/L）是指以集装箱装运货物所签发的提单。集装箱提单有两种形式：一种是在普通的海运提单上加注“CONTAINERIZED”或“SHIPMENT EFFECTED BY CONTAINER VESSEL”（用集装箱装运）等字样；另一种是使用“COMBINED TRANSPORT B/L”（多式联运提单），这种提单的内容增加了“CONTAINER NUMBER”（集装箱号码）和“SEAL NUMBER”（封号）。货物从起运地（港）到最终目的地（港）的全程中需要使用陆、海、空其中的两种或以上运输方式。由联运人作为全程的总承运人签发的这种联运提单，作为对托运人的总负责人。使用多式联运提单，应在信用证上注明“COMBINED TRANSPORT B/L ACCEPTABLE”（多式联运提单可接受）或类似的条款。

3.2.3 提单的内容及缮制规范

一、提单的内容

由于提单具有货物收据、运输契约证明、物权凭证三种作用，牵涉到托运人、承运人、收货人的责任和权益，所以内容比较多，但其本身仍可分为正面记载和背面印就条款两部分，即可变部分和固定部分。可变部分是指提单正面的内容；固定部分是指提单背面的运输契约，这一部分一般是不会更改的。

1. 提单正面记载的内容

提单正面记载的主要内容有：写明“BILL OF LADING”（提单）字样；船舶的名称及航班号；托运人（即出口商）名称及地址；承运人（船公司）名称及地址；收货人（进口商）名称及地址；货物名称、重量、件数、包装和唛头；起运港名称及地点；目的港名称及地点；运费条款；提单号码与份数；提单签发日期和地点；船主或其代理人（轮船公司）签字等内容。

2. 提单背面印就的内容

提单背面的印就条款，是作为确定承运人和托运人之间、承运人和收货人及提单持有人之间的权利和义务的主要依据。印就条款的主要内容有：适用法律条款（Law of Suit Clause）；承运人的责任条款（Carrier’s Responsibility Clause）；承运人的免责条款（Exception Clause）；变更航线条款（Deviation Clause）；危险品条款（Dangerous Cargo Clause）；交货条款（Delivery Clause）；承运人和收货人应共同负担海上风险及船舶相撞所遭受的损失；索赔条款（Claim Clause）；等等。

二、提单的缮制规范（参考样单Ⅲ-2-4）

1. 托运人（Consignor/Shipper）

托运人又称发货人，是指委托运输的人，一般为出口企业，也就是信用证中的受益人。如信用证没有特殊规定，即填写出口商的名称。也有的制单人直接把出口公司的章盖在这一栏中。

如果信用证中的开证申请人（进口商）为了贸易上的需要，要求做第三者提单（Third Party B/L），按照《跟单信用证统一惯例》第十四条（k）款的规定，可以照办。

小思考

什么是第三者提单

《UCP600》第十四条 审核单据的标准（k）款规定：显示在任何单据中的货物的托运人或发货人不必是信用证的受益人。

提单的托运人是受益人以外的其他第三方，即构成第三者提单（Third Party B/L）。

出现第三者提单的几种情况：

1. 内地出口商委托运输行办理货物运输托运报关等手续时，提单托运人栏往往是运输行，构成第三者提单；

2. 两国贸易通过第三国进行交易时，进口商开立以第三国为信用证受益人的可转让信用证，再由第三国受益人转让给实际出口国供货人，实际供货人作为第三者托运人，其运输单据构成第三者提单；

3. 在中间商贸易中，中间商为避免出口商与进口商直接接触，或中间商出于其他目的，都可以要求签发托运人为中间商名称的第三者提单；

4. 在某些对背信用证业务中，对背信用证的受益人（实际供货人）在运输单据中不出现，而中间商以托运人的身份出现在提单上，构成第三者提单；

5. 此外，为了少征收进口关税，可以使用第三者提单。因为海关征收关税以供货人向中间商提供的发票为依据，而这种发票金额低于中间商、进口商提供的价格，对中间商十分有利。

2. 收货人（Consignee）

收货人是提单中的重要栏目，即提单的抬头，应严格按照合同和信用证的规定填制。一般分为以下三种情况。

（1）指示式抬头。收货人一栏的填制有指示“ORDER”字样的，即表示该提单是指示式提单。例如在收货人栏内填写“TO ORDER”或“TO ORDER OF ×××”。但具体的填制内容应根据信用证对提单的规定填制。例如，某信用证对提单如有“…BILL OF LADING MADE OUT TO ORDER…”规定，则在收货人栏内填制“TO ORDER”；某信用证对提单如有“…Bs/L MADE OUT TO ORDER OF SHIPPER…”规定，则在收货人栏内填制“TO ORDER OF SHIPPER”；某信用证对提单如有“…BILL OF LADING ISSUED TO ORDER OF THE ISSUING BANK…”规定，则在收货人栏内填制“TO ORDER OF ×××BANK”（具体的开证行名称）。

指示式提单可分为记名指示式和不记名指示式两种类型。

记名指示式一般包括“发货人指示式（TO ORDER OF SHIPPER）”“银行指示式（TO ORDER OF ××× BANK）”“收货人指示式（TO ORDER OF ABC COMPANY. LTD）”三种方式。

不记名指示式即在收货人一栏填写“TO ORDER”，俗称“空白抬头”提单，它等同于“TO ORDER OF SHIPPER”，转让时都需要由发货人在提单背面签字盖章进行背书。

指示式抬头的提单可以经转让人背书后转让，方便进口方转卖货物，因此使用最为普遍。

（2）记名式抬头。记名式抬头即在提单的收货人栏内直接写明收货人名称、地址，不添加“ORDER”字样。例如，某信用证对提单如有“FULL SET OF B/L CONSIGNED TO ABC COMPANY…”规定，则在收货人栏内应填制“TO ABC COMPANY”。这种提单只能由提单上指定的收货人提货，不得转让。在国际贸易中使用较少。

（3）不记名抬头。不记名式抬头即在收货人一栏空白不填或填入“TO BEARER”（给持有者）。这种提单可以转让，且转让时不必背书，因此风险较大，目前在国际贸易中也很少使用。

3. 被通知人（Notify Party）

被通知人是指货物运到目的港后，船运公司或货代公司通知来提货的人。此栏须填写被通知人的公司名称、详细的地址及具体的联系方式，如电话等。

在信用证结算方式下，此栏目按照信用证规定填写。例如，某信用证对提单如有“Bs/L…NOTIFY APPLICANT”规定，则在此栏填制开证申请人的公司名称、地址、联系电话等，若信用证对此无规定，可将开证申请人作为被通知人；如果信用证要求两个或两个以上的公司作为被通知人，出口公司应把这两个或两个以上的公司名称及地址完整地填写在这一栏中。

在托收结算方式下，一般将合同的买方作为被通知人。

一般来说，被通知人不是提单的当事人，只是收货人的代理人。空白抬头提单注明被通知人，以便承运人在货到目的港时，通知其办理报关和提货手续。

4. 收货地（Place of Receipt）

此栏在多式联运提单中填报实际收货地点，如××工厂、××仓库等。在港到港提单中，此栏目免填。

5. 船名（Ocean Vessel）

此栏填写该批货物的实际装运的船名；若货物需要转运，则填写第二程船名。

6. 航次（Voyage No.）

此栏填写该批货物的实际装运船舶的航次号；若货物需要转运，则填写第二程航次号。

7. 装货港（Port of Loading）

此栏填写实际的装货港口名称。

8. 卸货港（Port of Discharge）

此栏应填写货物实际卸下的港口名称。

如果货物转运，可在目的港之后加注“WITH TRANSHIPMENT AT ××”或简写为“W/T ××”。例如，从上海港到汉堡港，在香港转运，则可以在卸货港栏目填写“HAMBURG W/T HONGKONG”。如果货运目的港后需要再转运到内陆某地，或利用邻国港口过境，则须在目的港后加注“IN TRANSIT TO ××”字样。例如，从目的港迪拜转运沙特阿拉伯表示为“DUBAI IN TRANSIT TO SAUDI ARABIA”。如果是同名港口须加注国名。

9. 交货地（Place of Delivery）

此栏在多式联运提单中填报实际送达货地点，如××工厂、××仓库等。在港到港提单中，此栏目免填。

10. 提单号码（B/L No.）

此栏一般列在提单右上角，由船公司提供。

11. 唛头、集装箱箱号、封号（Marks & Nos.、Container No.、Seal No.）

此栏目填写货物外包装上的唛头及集装箱货物的箱号、封号等内容。提单上的唛头必须与其他单据上的唛头一致。如果无唛头或是散装货，则应注明“N/M”或“IN BULK”字样。

12. 货物包装种类及件数（Nos. & Kinds of PKGS）

此栏填写货物的包装种类及总外包装件数。包装种类有木箱（Wooden Case）、纸箱（Carton）、袋装（Bag）、纸板箱（Cardboard Box）等，不可笼统地填为件（Packages）。一张提单有几种不同的包装也应分别列明，在总数及大写部分则可以使用“Packages”。托盘及集装箱也可作为包装填列。

13. 货物描述（Description of Goods）

此栏只填写货物的名称即可。按照《UCP600》第十四条（e）款的规定，除商业发票外，在一切其他单据中，货物的描述可使用统称，即主要的商品名称，不需要详细列出商品规格，但不能与信用证中货物的描述相抵触。

14. 货物毛重（Gross Weight）

此栏填写货物的总毛重，应与其他单据相一致。如果是裸装货物没有毛重，只有净重，则在净重前加注“NET WEIGHT”。一般以千克为重量单位（保留两位小数）。

15. 尺码（Measurement）

此栏填写总尺码（立方米），即指货物的体积。除信用证另有规定者外，以立方米为体积单位（保留三位小数）。

16. 总件数大写［Total Number of Containers and/or Packages（in Words）］

此栏应填写总件数的英文表达，应与提单上的以阿拉伯数字表示的总件数保持一致。

17. 运费条款（Freight and Charges）

一般情况下，海运提单都不填写运费的具体数额，而只是表明运费的支付方式。但信用证有特别要求的例外。

运费的支付方式通常有两种"FREIGHT PREPAID"（运费预付）和"FREIGHT COLLECT"（运费到付）。运费的支付情况根据合同中使用的贸易术语判断选择。贸易合同中使用CIF/CFR/CIP/CPT等术语时，提单中的运费条款栏目应填制"FREIGHT PREPAID"；贸易合同中使用FOB/FCA等术语时，提单中的运费条款栏目应填制"FREIGHT COLLECT"。

18. 提单的签发地点和签发日期（Place and Date of Issue）

此栏目一般应按货物实际完成装运的地点和时间填写，也可以按实际签发日期填写。如果实际签发日期与货物的实际装船日期不相同，为了表明货物已经完成装船，还需要在提单上标注货物的实际装船日期，通常在提单上较大的空白处（例如在货物描述的下方位置）注明"ON BOARD MAY 21,2019"。这也是实际业务中的常规做法。但不管怎样，提单上的签发日期和装船日期都不能晚于合同或信用证规定的装运期，否则会造成单据不符要求。

19. 正本提单的份数（Number of Original B（s）/L）

此栏目根据船公司实际签发的正本提单的份数填写，填写为"ONE（1）""TWO（2）"或"THREE（3）"等。如果信用证仅规定"FULL SET"（全套），没有具体的份数要求，则可以按照习惯做成三份正本和三份副本。如果船公司实际仅出具一份正本提单，则按照《UCP600》中的规定，一份正本提单也能构成全套提单。

20. 装船日期及签名（Shipped on Board the Vessel Date、Signature）

此栏目填写货物的装船日期及签名。

根据《UCP600》中的规定，若提单上没有预先印就"SHIPPED ON BOARD"（已装船）字样的，则必须在提单上加装船批注"ON BOARD NOTATION"。装船日期是指货物装船完毕的日期。

21. 承运人或其代理人签字、盖章（Signed for and on Behalf of the Carrier）

此栏目由承运人或承运的代理人签字盖章。

《UCP600》第二十条对港至港运输提单的签字方式做了规定，规定既要注明承运人的名称，还应该由下列人员签字或用其他方式证实："承运人或承运人的具名代理或代表，或船长或船长的具名代理或代表。"

签字或盖章的人，必须要表明身份（即标明"AS CARRIER"或"AS MASTER"或"AS AGENT FOR THE CARRIER"或"ON BEHALF ON THE CARRIER"等）。

知识拓展

《UCP600》对提单的部分规定

第二十条 提单

a. 无论其称谓如何，提单必须表面上看来：

i. 显示承运人名称并由下列人员签署：

（i）承运人或承运人的具名代理或代表；

（ii）船长或船长的具名代理或代表。

承运人、船长或代理的任何签字必须分别表明其承运人、船长或代理的身份。代理的签字必须显示其是否作为承运人或船长的代理或代表签署提单。

ii. 通过下述方式表明货物已在信用证规定的装运港装载上具名船只：

（i）预先印就的措辞；

（ii）注明货物已装船日期的装船批注。

提单的出具日期将被视为装运日期，除非提单包含注明装运日期的装船批注，在此情况下，装船批注中显示的日期将被视为装运日期。

当提单包含“预期船”字样或类似有关限定船只的词语时，装上具名船只必须由注明装运日期以及实际装运船只名称的装船批注来证实。

iii. 注明装运从信用证中规定的装货港至卸货港。

如果提单未注明以信用证中规定的装货港作为装货港，或包含“预期”或类似有关限定装货港的标注者，则需要提供注明信用证中规定的装货港、装运日期以及船名的装船批注。即使提单上已注明印就的“已装船”或“已装具名船只”措辞，本规定仍然适用。

iv. 系仅有的一份正本提单，或者，如果出具了多份正本，应是提单中显示的全套正本份数。

v. 包含承运条件须参阅其他资源（简式或背面空白的提单）者，银行对此类承运条件的条款及条件内容不予审核。

vi. 未注明运输单据受租船合约约束。

b. 就本条款而言，转运意指在信用证规定的装货港到卸货港之间的海运过程中，将货物由一艘船卸下再装上另一艘船的运输。

c. i. 只要同一提单包括运输全程，则提单可以注明货物将被转运或可被转运。

ii. 银行可以接受注明将要发生或可能发生转运的提单。即使信用证禁止转运，只要提单上证实有关货物已由集装箱、拖车或子母船运输，银行仍可接受注明将要发生或可能发生转运的提单。

d. 对于提单中包含的声明承运人保留转运权利的条款，银行将不予置理。

知识拓展

不可转让海运单

不可转让海运单（Non- Negotiable Sea Waybill）简称海运单（Sea Waybill），是国际海洋运输中另一种较常见的运输单据。它的功能与海运提单类似，都是证明海上货物运输合同和货物由承运人接管或装船，以及承运人保证据以将货物交付给单据所载明的收货人的一种单证。但海运单不是物权凭证，不能转让，这是海运单与海运提单的本质区别。

海运单的格式及内容与海运提单基本相同，缮制方法可参照海运提单的缮制说明。但须特别注意，海运单因为不是物权凭证，不可转让，收货人栏目只能填写确定的收货人名称及地址，不能做成不记名式抬头或指示式抬头。

任务操作

根据任务情境 3.2.1，单证员张璐分析了信用证中项目 46A 中对提单的要求: FULL SET OF CLEAN ON BOARD OCEAN BILL OF LADING MADE OUT TO THE ORDER OF WOORI BANK SEOUL MARKED FREIGHT COLLECT AND NOTIFY APPLICANT 及项目 47A 的规定：ALL DOCUMENTS SHOULD SHOW THE DOCUMENTARY CREDIT NUMBER。

结合该批货物的发票、装箱单及实际装运情况：装运日期：2018 年 3 月 25 日；交接方式：CFS/CFS；船名：XIANGYE；航次：LAN3334；提单号码：MILY1804004。

确认缮制的提单如下。

【样单Ⅲ-2-4】提单

<table>
<tr><td colspan="2">Consignor/Shipper</td><td colspan="2" rowspan="9">COMBINED TRANSPORT BILL OF LADING
B/L No. MILY1804004

<u>M.I.LOGIX</u>

ORIGINAL

For delivery of goods please apply to:
MARINE-I.COM CO.,LTD.
BOSUNG BLDG,464-4 2FL SEOKYO-DONG,MAPO-GU,SEOUL,KOREA
TEL:82-2-325-9048 FAX:82-2-325-9046</td></tr>
<tr><td colspan="2">YANTAI XY CLOTHING CO.,LTD.
No.3 HAITE ROAD ,ZHIFU DISTRICT YANTAI
CHINA
T.535-6736520</td></tr>
<tr><td colspan="2">Consignee</td></tr>
<tr><td colspan="2">TO ORDER OF WOORI BANK SEOUL</td></tr>
<tr><td colspan="2">Notify Party</td></tr>
<tr><td colspan="2">ABC CO.,LTD.
204-4 HYUNDAI MEDISON BLDG 3RD
FLOOR NONHYEON-DONG GANGNAM-GU
SEOUL KOREA</td></tr>
<tr><td>Pre - carriage by</td><td>Place of Receipt</td></tr>
<tr><td colspan="2">Ocean Vessel Voy. No.</td></tr>
<tr><td colspan="2">XIANGYE LAN3334</td></tr>
<tr><td>Port of Loading
YANTAI CHINA</td><td>Port of Discharge
INCHON KOREA</td><td>Place of Delivery</td><td>Final Destination</td></tr>
</table>

<table>
<tr><td colspan="5">PARTICULARS FURNISHED BY CONSIGNOR/SHIPPER</td></tr>
<tr><td>Container / Seal No.
Marks & Nos.</td><td>No. & Kinds of Containers or Packages</td><td>Description of Goods</td><td>Gross Weight （Kgs）</td><td>Measurement</td></tr>
<tr><td>GSGM</td><td>24CARTONS</td><td>SHIPPER'S LOAD COUNT &SEAL
SAID TO CONTAIN
GIRL'S ONEPIECE
CBLG6131C

FREIGHT COLLECT
CFS/CFS
L/C:MD1QA302NU000</td><td>476KGS

ON BOARD</td><td>2.3CBM</td></tr>
</table>

续表

Total Number of containers and/or packages （in words）: SAY TWENTY-FOUR CARTONS ONLY.			
Freight & Charges	Prepaid	Collect	Received in external apparent good order and condition except as otherwise noted. The total number of packages or units stuffed in the container, the description of goods, the weights shown in this B/L are furnished by the merchants, and which the carrier has no reasonable means of checking and is not a part of this B/L contract.
FREIGHT COLLECT	Place and date of issue **MAR. 25, 2018 YANTAI,CHINA**		
	No. of Original B（s）/L **THREE（3）**		Signed for the Carrier, LXY **AS CARRIER**
LADEN ON BOARD THE VESSEL Date **Mar. 25, 2018** By			

任务情境3.2.2

缮制航空运单

2018年10月，大连鸿达食品进出口有限公司的单证员小宋根据出口合同信息填制了国际货物托运书向航空货运代理公司订舱，办理出口空运手续。

【样单Ⅲ-2-5】国际货物托运书

国际货物托运书

SHIPPER'S LETTER OF INSTRUCTION

托运人姓名及地址（SHIPPER'S NAME AND ADDRESS） **HONGDA FOODSTAFFS I&M CO., LTD.** **77，RENMINROAD, DALIAN,CHINA**			托运人账号（SHIPPER'S ACCOUNT NUMBER）		供承运人使用(FOR CARRIER USE ONLY)	
收货人姓名及地址（CONSIGNEE'S NAME AND ADDRESS） **TOKYO TRADING CO.,LTD.** **TEL:×××　FAX: ×××**			收货人账号（CONSIGNEE'S ACCOUNT NUMBER）		航班/日期 FLIGHT/DAY	航班/日期 FLIGHT/DAY
					已预留吨位（BOOKED）	
					运费（CHARGES）	
代理人的名称和城市（Issuing carrier's agent name and city）					另请通知：(ALSO notify)	
始发站(AIRPORT OF DEPARTURE) **DALIAN**		到达站(AIRPORT OF DESTINATION) **TOKYO**			唛头 MARKS **N/M**	
托运人声明的价值（SHIPPER'S DECLARED VALUE）			保险金额（AMOUNT OF INSURANCE）		所附文件（DOCUMENTS TO ACCOMPANY AIR WAYBILL ）	
供运输用(FOR CARRIAGE)	供海关用(FOR CUSTOMS)					
NVD						
件数	实际毛重（千克）	运价类别	收费重量（千克）	费率	运费总额	货物品名及数量（包括体积或尺寸）
209 CTNS	**3020**					**LIVING ARKSHELL** **25.08CBM**
在货物不能交收货人时，托运人指示处理方法（SHIPPER'S INSTRUCTION IN CASE OF UNABILITY TO DELIVER SHIPMENT AS CONSIGNED）						
处理情况（包括包装方式货物标志及号码等 ）(HANDLING INFORMATION（INCLU. METHOD OF PACKING IDENTIFYING MARKS AND NUMBERS ETC.）						

续表

托运人证实以上所填全部属实并愿意遵守承运人的一切载运章程。 THE SHIPPER CETIFIES THAT THE PARTICULAR ON THE FACE HEREOF ARE CORRECT AND AGREE TO THE CONDITIONS OF CARRIAGE OF THE CARRIER.			
托运人签字 SHIPPER'S SIGNATURE	日期 DATE	经手人 AGENT	日期 DATE

任务要求

1．熟悉合同内容。

2．缮制航空运单。

支撑知识

航空运单（Air Waybill，AWB）是进出口货物通过航空运输时，由航空公司或其代理人在接管货物后签发的一种货物收据。航空运单不是物权凭证，不能转让。在航空运单上通常标明“Not Negotiable”（不可转让）字样。航空运单也不能代表航空公司的提货通知单。在航空运单的收货人栏内，必须详细填写收货人的全称和地址，而不能做成指示性抬头。

3.2.4 航空运单的作用

航空运单有三份正本，其中一份交托运人，是承运人或其代理人接收货物的依据；第二份由承运人留存，作为记账凭证，是核收运费的依据；最后一份随货同行，用于记载有关该票货物发送、转运、交付的事项，在货物到达目的地后，交付给收货人作为核收货物的依据。其作用可概括如下。

（1）航空运单是发货人与航空承运人之间的运输合同。航空运单不仅证明航空运输合同的存在，而且航空运单本身就是发货人与航空运输承运人之间缔结的货物运输合同，在双方共同签署后产生效力，并在货物到达目的地交付给运单上所记载的收货人后失效。

（2）航空运单是承运人签发的已接收货物的证明。航空运单也是货物收据，在发货人将货物发运后，承运人或其代理人就会将其中一份交给发货人（即发货人联），作为已经接收货物的证明。除非另外注明，它是承运人收到货物并在良好条件下装运的证明。

（3）航空运单是承运人据以核收运费的账单。航空运单分别记载着应由收货人负担的费用、应支付给承运人的费用和应支付给代理人的费用，并详细列明费用的种类、金额，因此可作为运费账单。承运人往往也将其中的承运人联作为记账凭证。

（4）航空运单是报关单证之一。出口时航空运单是报关单证之一。在货物到达目的地机场进行进口报关时，航空运单通常也是海关查验放行的基本单证。

（5）航空运单同时可作为保险证书。如果承运人承办保险或发货人要求承运人代办保险，则航空运单也可用来作为保险证书。

（6）航空运单是承运人内部业务的依据。航空运单随货同行，证明了货物的身份。运单上记载了有关该票货物发送、转运、交付的事项，承运人会据此对货物的运输做出相应安排。

3.2.5　航空运单的种类

航空运单主要分为两大类。

（1）航空主运单（Master Air Waybill，MAWB）：由航空运输公司签发的航空运单。它是航空运输公司据以办理货物运输和交付的依据，是航空运输公司和托运人订立的运输合同，每一批航空运输的货物都有自己相对应的航空主运单。

（2）航空分运单（House Air Waybill，HAWB）：集中托运人在办理集中托运业务时签发的航空运单。

在集中托运的情况下，除航空运输公司签发主运单外，集中托运人还要签发航空分运单。其中，航空分运单作为集中托运人与货主之间的货物运输合同，合同双方分别为货主和集中托运人；而航空主运单作为航空运输公司与集中托运人之间的货物运输合同，当事人则为集中托运人和航空运输公司。货主与航空运输公司没有直接的契约关系。

不仅如此，由于在起运地货物由集中托运人将货物交付航空运输公司，在目的地由集中托运人或其代理人从航空运输公司处提取货物，再转交给收货人，因而收货人与航空运输公司也没有直接的货物交接关系。

通常航空主运单有出票航空公司的标志，航空分运单无承运人标志，又称中性单。

3.2.6　航空运单的内容及缮制规范

不同的航空公司有自己独特的航空运单格式，但各航空公司所使用的航空运单大多借鉴国际航空运输协会（简称 IATA）推荐的标准格式，所以差别并不大。下面以标准格式为例就有关需要填写的栏目说明如下。

（1）航空运单编号：由航空公司编制，印制在每一份运单的左上角和右下角，由 11 位数字组成。其中前三位数字表示航空公司的数字代号，如中国民航的代号是 999，日本航空公司的代号是 131 等；中间七位表示航空货运单号，最后一位是检验号。第三位与第四位之间空一格，如 128 55674121，或者用“-”线连接，如 128-55674121。

（2）托运人姓名、地址（Shipper's Name and Address）：填写托运人姓名、地址、所在国家及电话、传真、电传号码等。

（3）托运人账号：只在必要时填写。

（4）收货人姓名和地址（Consignee's Name and Address）：应填写收货人姓名、地址、所在国家及电话、传真、电传号码等。因为空运单不可转让，所以此栏不能填写“凭指示”等字样。

（5）收货人账号：同（3）栏一样，只在必要时填写。

（6）承运人代理的名称和所在城市（Issuing Carrier's Agent Name and City）：如果航空运单由承运人的代理人签发，则填写收取佣金的代理人名称及城市名；如果航空运单直接由承运人签发，则此栏空白不填。

（7）代理人的 IATA 代号（Agent's IATA Code）：IATA 规定的各代理人代号通常为 7 位数。

实务中此栏一般不填。

（8）代理人账号（Account No.）：代理人账号供承运人结算时使用，实务中一般不填。

（9）始发站机场及所要求的航线（Airport of Departure and Requested Routing）：填写始发站机场名称和所要求的运输路线。实务中一般只填写起航机场名称或所在城市的全称。

（10）To（by First Carrier）：填写目的站机场或第一个转运点的IATA三字机场代码，当该城市有多个机场但不知道具体机场代码时，可填写该城市代码。

（11）By（First Carrier）：填写第一承运人的名称或其IATA两字代号。

（12）To（by Second Carrier）：填写目的站机场或第二个转运点的IATA三字机场代号，当该城市有多个机场但不知道具体机场代码时，可填写该城市代号。

（13）By（Second Carrier）：填写第二承运人的名称或其IATA两字代号。

（14）To（by Third Carrier）：填写目的站机场或第三个转运点的IATA三字机场代号，当该城市有多个机场但不知道具体机场代码时，可填写该城市代号。

（15）By（Third Carrier）：填写第三承运人的名称或其IATA两字代号。

（16）目的地机场（Airport of Destination）：填写货物运输的最终目的地机场全称，当该城市有多个机场但不知道具体机场名称时，可填写该城市代号。

（17）航班/日期［Flight/ Date（For Carrier Use Only）］：飞机航班号及实际起飞日期，此栏一般不需要填写。即使填写了，其内容也仅供承运人使用，该起飞日期不能视为货物的装运日期，货物的装运日期一般以航空运单的签发日期为准。

（18）财务说明（Accounting Information）：此栏填写运费缴付方式及其他财务说明事项。如“FREIGHT PREPAID”（运费预付）、“FREIGHT COLLECT”（运费到付）或托运人结算使用信用卡号、账号。货物到达目的站无法交付收货人而需要退运的，应将原始货运单号码填入新货运单的财务说明栏内。

（19）货币（Curry）：填写始发国支付费用使用的ISO货币代码，如USD等。

（20）费用代号（CHG Code）：此栏一般不需要填写，仅供电子传送货运单信息时使用。

（21）航空运费及声明价值费（WT/VAL，Weight charge/Valuation charge）。

此时可能有两种情况：预付（PPD，Prepaid）或到付（COLL，Collect）。如预付则在PPD栏下填入“×”，到付则在COLL栏下填入“×”。需要注意的是，航空货物运输中运费与声明价值费支付的方式必须一致，不能分别支付。

（22）其他费用（Other）：也有预付和到付两种支付方式。

（23）供运输方用的声明价值（Declared Value for Carriage）：此栏填入发货人要求声明的货物价值。如果发货人未声明价值，则填入“NVD”（No Value Declared）。

（24）供海关用的声明价值（Declared Value for Customs）：此栏填入货物价值，作为海关征税的依据。但当海关以出口报关单或商业发票上的货值作为征税依据时，此栏可空白不填或填“AS PER INVOICE”；如果无须声明价值，此栏应填“NCV”（No Customs Valuation），即无声明价值。

（25）保险金额（Amount of Insurance）：此栏只有在航空公司提供代保险业务而客户也有此需要时才填写；如果航空公司不提供此项服务或托运人不要求投保，此栏须填写“×××”或“NIL”，即“无”。

（26）操作信息（Handling Information）：一般填入承运人对货物处理的有关注意事项。

当货物为危险货物时，分两种情况处理：需要附上托运人的危险品申报单的货物，则填写“DANGEROUS GOODS AS PER ATTACHED SHIPPER’S DECLARATION”，对要求装于货机上的危险货物，还应加填“CARGO AIRCRAFT ONLY”；不要求附危险品申报单的货物，则填写“SHIPPER’S DECLARATION NOT REQUIRED”。

当一批货物中既有危险货物又有非危险货物时，危险货物必须填写在第一项。一般情况下，此类危险货物应属于不要求托运人附危险品申报单，危险货物不是放射性物质且数量有限的货物。

其他注意事项：包装情况如唛头、包装方法等；飞机随带的有关商业单据名称如商业发票、装箱单等；被通知人的名称、地址等；托运人对货物在途中的某些特别处理等。

（27）货物件数和运价组成点（No. of Pieces/ RCP）：填写货物包装件数，如10包即填写“10”。当货物运价系分段相加运价时，在此栏的第二行填入运价组成点的机场的IATA代码，即填写在件数下面。RCP即Rate Combination Point，运价组成点。

（28）毛重（GW，Gross Weight）：填入货物总毛重，以千克为单位时可保留小数点后一位。

（29）重量单位（kg/lb）：可选择千克（kg）或磅（lb）。货物重量以千克为单位计量时，填写代号“K”；以磅为单位计量时，填写代号“L”。

（30）运价等级（Rate Class）：针对不同的航空运价，航空公司规定有不同的运价等级代码。运价等级代码有以下几种。

M（Minimum）：起码运费，即货物的起运运价。

N（Normal）：45千克以下的普通货物的运价。

Q（Quantity）：45千克以上的普通货物的运价。45千克被称为重量分界点。

C（Specific Commodity Rates）：指定商品运价或特种商品运价。

S（Surcharge）：高于普通货物运价的等级货物运价，即对少数货物，按“N”运价附加一定的百分比。

R（Reduced）：低于普通货物运价的等级货物运价，即对少数货物，按“N”运价给予一定的百分比的折扣。

U（Unit Load Device Basic Charge or Rate）：代表集装化设备基本运费或运价。

（31）商品编号（Commodity Item No.）：使用特种运价时需要在此栏填写商品编号。填写时应注意商品编号应与运价代号C相对应。使用等级货物运价时，填写附加或附减运价的比例（百分比）。当托运的货物是集装货物时，填写集装货物运价等级。

（32）计费重量（Chargeable Weight）：此栏填入航空公司据以计算运费的计费重量，该重量可以与货物毛重相同，也可以不同。若属于“M”运价等级或以尺码计费者，则此栏可空白。

（33）运价（Rate/Charge）：填入该货物实际适用的运价。对折扣运价或附加运价，此栏与运价等级对应填写附加或附减后的运价；当使用最低运费时，此栏与运价代号“M”对应填写最低运费。

（34）运费总额（Total）：此栏数值应为运价与计费重量两栏数值的乘积，如果是起码运费或集装货物基本运费，则此栏与运价栏内的数值应一致。

（35）货物的品名、数量（含尺码或体积）（Nature and Quantity of Goods Incl. Dimensions or Volume）：填写合同或信用证中规定的货物名称、数量及尺码等内容。填写时应注意以下几点。

- 货物的尺码应以厘米或英寸为单位，尺寸分别以货物最长、最宽、最高边为基础。表示为长×宽×高；
- 当货物中含有危险货物时，应分别填写，并把危险货物列在第一项；
- 对于集装货物，填写“Consolidation as per Attached List”；
- 当合同或信用证要求标明产地国时，可在此栏内标出。

（36）计重运费（Weight Charge）（Prepaid/Collect）：此栏有两项，可根据实际情况选择填写，并与（34）栏中的运费总额相等。

（37）声明价值附加费（Valuation Charge）：如果托运人对托运货物声明价值，则在对应的“预付”或“到付”栏内填入声明价值附加费金额，计算公式为：声明价值附加费=（声明价值-实际毛重×最高赔偿额）× 0.5%；若托运人无声明价值，则此栏空白不填。

（38）税款（Tax）：在对应的“预付”或“到付”栏内填入适用的税款额。

（39）由代理人收取的其他费用（Total Other Charges Due Agent）：在对应的“预付”或“到付”栏内填入由代理人收取的其他费用总额。

（40）由承运人收取的其他费用（Total Other Charges Due Carrier）：在对应的“预付”或“到付”栏内填入由承运人收取的其他费用，一般填写“AS ARRANGED”。

（41）预付费用总额（Total Prepaid）：填写预付费用的总额，也可填写“AS ARRANGED”。

（42）到付费用总额（Total Collect）：填写到付费用的总额，也可填写“AS ARRANGED”。

（43）货币兑换比价（Currency Conversion Rate）：填写目的站国际货币代号及兑换比率。

（44）用目的站国家货币付费（CC Charges in Dest. Currency）：填写目的站国家到付的费用总额。

（45）仅供承运人在目的站使用（For Carrier’s Use Only at Destination）。

（46）在目的站的费用（Charges at Destination）：填写最后承运人在目的站发生的费用金额，包括利息等。

（47）到付费用总额（Total Collect Charges）。

（48）其他费用（Other Charges）。

（49）托运人或代理人签名（Signature of Shipper or his Agent）。

（50）运单日期（Executed on Date）：承运人或其代理人签字及签发运单日期，正本航空运单必须由承运人或其代理人签名盖章后才能生效。代理人代承运人签字或证实时，也必须表明其代理的委托人的名称和身份。

此栏所示的日期为签发日期，即本批货物的装运日期。即使本运单在第（17）栏航班/日期栏注明了起飞日期，也仍然以此栏所签发的日期作为装运日期。如果信用证规定运单必须注明实际起飞日期，则以此栏所注的实际起飞日期作为装运日期，此栏的日期不得晚于信用证规定的装运日期。

（51）签发运单地点（Executed at Place）。

（52）承运人或其代理人签字（Signature of Issuing Carrier or it’s Agent）：以承运人身份签章时，应注明“AS CARRIER”；以代理人身份签章时，应注明“AS AGENT FOR THE CARRIER MENTIONED ABOVE”。

任务操作

根据任务情境 3.2.2，航空货代公司出具的航空运单如下：

【样单Ⅲ-2-6】航空运单

DLC 999-42378011　　　　　　　　　　　　999-42378011

Shipper's Name and Address **HONGDA FOODSTAFFS I&M CO., LTD.** **77，RENMINROAD,DALIAN,CHINA**	NOT NEGOTIABLE　　中国国际航空公司 Air Waybill Issued by　　AIR CHINA Copies 1,2and 3 of this airway bill are originals and have the same validity
Consignee's Name and Address **TOKYO TRADING CO.,LTD.** **TEL:××× FAX:×××** Issuing Carrier's Agent Name and City **SINOAIR DALIAN CO., DALIAN** Agent'sIATA Code　Account No.	It is agreed that the goods described herein are accepted in apparent good order and condition （except as noted） for carriage subject to the conditions of contract on the reverse hereof, all goods may be carried by any othermeans including road or any other carrier unless specific contrary instructions are given hereof by the shipper. The shipper's attention is drawn to the notice concerning carrier's limitation of liability. Shipper may increase such limitation of liability by declaring a higher value of carriage and paying a supplemental charge if required.
Airport of Departure（Addr. of First Carrier） and Requested Routing **DALIAN**	Accounting Information **FREIGHT PREPAID**

To	By	To	By	To	By	Curry	CHG code	WT/VAL		Other		Declared Value for Carriage	Declared Value for Customs
								PPD **X**	COLL	PPD **X**	COLL		
NRT						**CNY**						**NVD**	**NCV**

Airport of Destination	Flight/Date（For Carrier use only）	Amount of Insurance	If shipper requests insurance in accordance with the conditions thereof in box marks"Amount of Insurance"
TOKYO	**FX0070，Oct.10,2018**	NIL	

Handling Information
NOTIFY: SAME AS CONSIGNEE
THE SHIPMENT CONTAINS NO SOLID WOOD PACKING MATERIALS

No. of Pieces RCP	G.W.	kg/lb	Rate Class	Commodity Item No.	Chargeable Weight	Rate/Charge	Total	Nature and Quantity of Goods Incl.Dimensions or Volume
209 CTNS	**3020**	**K**	**C**	**0300**	**3020**	**20.61**	**62 242.20**	**LIVING ARKSHELL 25.08CBM**

Prepaid　Weight Charge　Collect **62242.20**		Other Charges **AWC:50.00**
Valuation Charge		
Tax		Shipper certifies that the particulars on the face hereof are correct and that in so far as any part of the consignment contains dangerous goods, such part is properly described by name and is in proper condition for carriage by air according to the applicable Dangerous Goods Regulations. …………………………………………………………………… Signature of Shipper or His Agent
Total Other Charges Due Agent		
Total Other Charges Due Carrier **50.00**		
Total Prepaid **62292.20**	Total Collect	**OCT.10,2018　SINOAIR DALIAN COMPANY** Executed on____ at_____

Currency Conversion Rate		CC Charges in Dest. Currency	Signature of Issuing Carrier or it's Agent
For Carrier's Use Only at Destination	Charges at Destination	Total Collect Charges	AS AGENT FOR THE CARRIER AIR CHINA

ORIGINAL 3 （FOR SHIPPER）　　　　　　　　999-42378011

（注：运单中 NRT 指日本成田国际机场）

任务实训

实训 3.2.1　知识巩固

一、单项选择题

1. 下列（　　）提单转让时，必须要背书才能转让。

A. 不记名提单　　B. 指示提单　　C. 记名提单　　D. 限制抬头提单

2. 对不同包装种类的货物混装在一个集装箱内的海运提单，在填写货物的总件数时，包装种类应该用（　　）来表示。

A. CARTONS　　B. CONTAINERS　　C. PALLETS　　D. PACKAGES

3. 关于不可转让海运单，下列说法错误的是（　　）。

A. 海运单是海上货物运输合同的证明　　B. 海运单是承运人接管货物的凭证

C. 海运单的收货人可做成指示式抬头　　D. 海运单是不可转让的

4. 信用证规定贸易术语为 CIF，则对应的海运提单的运费应表示为（　　）。

A. FREIHGT PREPAID　　B. FREIGHT PREPAYABLE

C. FREIGHT TO BE PREPAID　　D. FREIGHT TO COLLECT

5. 根据国际惯例，受益人超过提单签发日期后 21 天才交到银行议付的提单称为（　　）。

A. 倒签提单　　B. 预借提单　　C. 过期提单　　D. 转船提单

6. 航空运输中，NVD 指（　　）。

A. 货运单　　B. 运费到付　　C. 无声明价值　　D. 托运书

7. 海运提单的抬头是指提单的（　　）。

A. SHIPPER　　B. CONSIGNEE

C. NOTIFY PARTY　　D. VOYAGE No.

8. 下面四份海运提单的收货人填写不同，须托运人背书的是（　　）。

A. TO ORDER　　B. PAY TO ABC CO., LTD.

C. TO ORDER OF APPLICANT　　D. TO ORDER OF ISSUING BANK

9. 在 FOB 条件下，提单应有（　　）字样。

A. 运费已付　　B. 运费到付　　C. 保费已付　　D. 保费到付

10. 关于提单，下列说法正确的是（　　）。

A. 提单是代表货物所有权的物权凭证或运输契约

B. 提单补充发票之不足，详细说明包装内容或数量等

C. 提单是卖方或厂商对货物出具的明细账单

D. 提单又称来源证，主要对货物的产地、厂家等佐证，便于海关掌握国别的账单

11. 提单中的日期是指（　　）。

A. 开始装船的日期　　B. 装船完毕的日期

C. 船舶开航的日期　　D. 船舶离港的日期

12. 某信用证规定："FULL SET OF BS/L MADE OUT TO ORDER AND BLANK ENDORSED..."，则提供的提单"收货人"栏目应填制（　　）。

A．TO ORDER　　B．TO ABC CO., LTD.

C．TO BEARER　　D．TO ORDER OF XXX BANK

13．某信用证规定：“FULL SET OF BS/L MADE OUT TO ORDER OF ISSUING BANK…”，则提供的提单“收货人”栏目应填制（　　）。

A．TO ORDER　　B．TO ABC CO., LTD.

C．TO BEARER　　D．TO ORDER OF XXX BANK

14．某信用证规定：“FULL SET OF BS/L CONSIGNED TO ABC CO., LTD…”，则提供的提单“收货人”栏目应填制（　　）。

A．TO ORDER　　B．TO ABC CO., LTD.

C．TO BEARER　　D．TO ORDER OF XXX BANK

15．某信用证规定：“FULL SET OF BS/L MADE OUT TO ORDER OF SHIPPER…”，则提供的提单“收货人”栏目应填制（　　）。

A．TO ORDER　　B．TO ABC CO., LTD.

C．TO ORDER OF SHIPPER　　D．TO ORDER OF XXX BANK

二、多项选择题

1．国际货物海运中，由于办理托运手续和装运货物而产生的单据包括（　　）。

A．托运单　　B．装货单　　C．收货单　　D．提单

2．航空货物运输的优势主要表现在（　　）。

A．快速　　B．破损率低　　C．载重少　　D．运价高

3．从不同的角度分类，提单有（　　）。

A．已装船提单和备运提单　　B．清洁提单和不清洁提单

C．记名提单和指示提单　　D．直达提单和转船提单

4．某货物从广州港装运，运至伦敦，在香港转运，合同和信用证中对提单的转运港没有特殊要求，海运提单对转运港的表示方法可采用（　　）。

A．在装运港栏目填写“GUANGZHOU/HONGKONG”

B．在目的港栏目填写“LONDON W/T HONGKONG”

C．在目的港栏目填写“LONDON VIA HONGKONG”

D．在提单上注明“FROM GUANGZHOU TO LONDON VIA HONGKONG”

5．航空运单的作用包括（　　）。

A．是承运人与托运人之间缔结运输契约的证明

B．是承运人收运货物的证明文件

C．是运费结算凭证及运费收据

D．可作为国际进出口货物办理清关手续的证明文件

6．信用证项下操作提单时应注意（　　）。

A．提单应为全套并注明承运人的具体名称，经承运人或承运人的具名代理、船长或船长的具名代理签署

B．提单上的文字如有改动时，应有提单签署人的签字，或有签发提单的公司的签署

C．提单的日期不得迟于信用证上规定的最迟装运期

D．提单向指定银行提示的日期原则上不得迟于提单签发日期后 21 天，信用证另有规定

的遵从信用证规定，但无论如何不得迟于信用证的有效期

7．一笔合同采用 CIF 条件，下列说法正确的是（　　）。

A．由进口商办理保险

B．出口商提供的单据中应有保险单

C．保险单中的保险金额和险别应与买卖合同或信用证的规定相符

D．提单中应有“FREIGHT PREPAID”字样

8．海运提单是由（　　）收到承运货物或将其装船后，向托运人签发的货物收据。

A．海运公司　　B．船运公司代理人　　C．港口　　D．码头仓库

9．运输单据是托运人将货物交付承运人或其代理人办理装运时，由承运人或其代理人向托运人签发的，用以证明货物装船的收据。下列属于运输单据的有（　　）。

A．海运提单　　B．航空运单　　C．铁路运单　　D．海运单

10．下列运输单据中，不可以转让的有（　　）。

A．指示式提单　　B．航空运单　　C．记名式提单　　D．海运单

三、翻译题

1．FULL SET OF CLEAN ON BOARD OCEAN BILL OF LADING ISSUED TO ORDER, BLANK ENDORSED MARKED FREIGHT PREPAID NOTIFY APPLICANT AND SHOWING INVOICE VALUE, UNIT PRICE, TRADE TERMS, CONTRACT NUMBER AND L/C NUMBER NOT ACCEPTABLE.

2．FULL SET OF NOT LESS THAN THREE CLEAN ON BOARD MARINE BILLS OF LADING MARKED FREIGHT PREPAID AND MADE OUT TO ORDER AND ENDORSED TO OUR ORDER SHOWING BLUE BIRD TRADING COMPANY AS NOTIFYING PARTY.

3．SHORT FORM BILLS OF LADING ARE NOT ACCEPTABLE.

实训 3.2.2　能力实训

一、实训要求：根据实训材料正确填制提单。

二、实训材料

1．信用证资料

【样单Ⅲ-2-7】信用证资料

	ISSUE OF A DOCUMENTARY CREDIT
APPLICATION HEADER	0 700 15360 20190305 BKCHSGPOXXXC246203
	*BANK OF CHINA
	*SINGAPORE
USER HEADER:	SERVICE CODE 103
	BANK PRIORITY 113
	MSG USER REF 108 INFO FROM
SEQUENCE OF TOTAL	*27: 1/1
FORM OF DOC CREDIT	*40: IRREVOCABLE
DOC CREDIT NUMBER	*20: BC-76543

续表

DATE OF ISSUE *31C: 2019.03.05

EXPIRY *31D: DATE 2019.05.15 PLACE: CHINA

APPLICANT *50: OVERSEAS TRADING COMPANY SINGAPORE
#03-12 SULTAN PLAZA, SINGAPORE

BENEFICIARY *59: SHANGHAI ABC IMPORT AND EXPORT CORP.
123, ZHONGSHAN ROAD E.1
SHANGHAI P.R.OF CHINA

AMOUNT *32B: CURRENCY USD AMOUNT 468 000.00

AVAILABLE WITH/BY *41D: BANK OF CHINA, SHANGHAI CHINA
BY NEGOTIATION

DRAFTS AT *42C: SIGHT FOR FULL INVOICE VALUE

DRAWEE *42A: OURSELVES

PARTIAL SHIPMENTS *43P: PROHIBITED

TRANSSHIPMENT *43T: PROHIBITED

LOADING IN CHARGE *44A: SHANGHAI

FOR TRANSPORT TO *44B: SINGAPORE

LATEST DATE OF SHIPMENT *44C: 2019.04.30

DESCRIPT.OF GOODS *45A: "CHANG HONG" BRAND COLOUR TELEVISION SET MODEL SC374 PAL/BG SYSTEM, 220V 50Hz 2600 SETS USD 180.00 PER SET CIF SINGAPORE MERCHANDISE AS PER S/C No. W-701023

DOCUMENTS REQUIRED *46A:

+ SIGNED COMMERCIAL INVOICE IN TRIPLICATE SEPARATELY SHOWING FOB VALUE, FREIGHT CHARGES AND INSURANCE PREMIUM.

+ FULL SET OF CLEAN ON BOARD OCEAN BILLS OF LADING MADE OUT TO ORDER OF SHIPPER AND BLANK ENDORSED, MARKED "FREIGHT PREPAID TO SINGAPORE" NOTIFYING APPLICANT（WITH FULL NAME AND ADDRESS）.

+ INSURANCE POLICY OR CERTIFICATE IN DUPILCATE ENDORSED IN BLANK, FOR 120 PCT OF THE INVOICE VALUE INCLUDING THE INSTITUTE CARGO CLAUSES<A>,THE INSTITUTE WAR CLAUSES, INSURANCE CLAIMS TO BE PAYABLE IN SINGAPORE IN THE CURRENCY OF THE DRAFTS INDICATING INSURANCE CHARGES.

+ CERTIFICATE OF ORIGIN.

+ SIGNED PACKING LIST IN TRIPLICATE.

ADDITIONAL CONDITIONS. *47A:

+ T/T REIMBURSEMENT PROHIBITED.

+ THE GOODS TO BE PACKED IN EXPORT CARTON.

+SHIPPING MARK: OTC/SCW-71023/SINGAPORE/No.1-UP.

DETAILS OF CHARGES *71B: ALL BANK CHARGES OUTSIDE SINGAPORE AND INCLUDING REIMBURSEMENT COMMISSIONS ARE FOR ACCOUNT OF BENEFICIARY.

PRESENTATION PERIOD *48: DOCUMENTS TO BE PRESENTED WITHIN 15 DAYS AFTER THE DATE OF SHIPMENT, BUT WITHIN THE VALIDITY OF THE CREDIT.

续表

CONFIRMATION	*49:WITHOUT
INSTRUCTION	*78:

THE NEGOTIATION BANK MUST FORWARD THE DRAFTS AND ALL DOCUMENTS BY REGISTERED AIRMAIL DIRECT TO US IN TWO CONSECUTIVE LOTS, UPON RECEIPT OF THE DREFTS AND DOCUMENTS IN ORDER; WE WILL REMIT THE PROCEEDS AS INSTRUCTED BY THE NEGOTIATING BANK.

2. 补充资料

（1）B/L No. CSA-2056　（2） B/L DATE:Apr.26，2019

（3）VESSEL NAME: HUANGHE V133

（4）PACKING: IN EXPORT CARTONS OF ONE SET EACH

（5）QUANTITY: G.W.: 15KGS/CTN N.W.: 12KGS/CTN　MEAS: 120×40×55CM^3/CTN

【样单Ⅲ-2-8】空白提单

<table>
<tr><td colspan="2">Shipper</td><td rowspan="6">B/L No.
中国远洋运输总公司
CHINA OCEAN SHIPPING CO.
BILL OF LADING
Received in external apparent good order and condition except as otherwise noted. The total number of packages or units stuffed in the container, the description of goods, the weights shown in this B/L are furnished by the merchants, and which the carrier has no reasonable means of checking and is not a part of this B/L contract.

ORIGINAL</td></tr>
<tr><td colspan="2">Consignee</td></tr>
<tr><td colspan="2">Notify Party</td></tr>
<tr><td>Pre-carriage by</td><td>Place of Receipt</td></tr>
<tr><td>Ocean Vessel Voy</td><td>Port of Loading</td></tr>
<tr><td>Port of Discharge</td><td>Place of Delivery</td></tr>
</table>

Marks & Nos. Container No. /Seal No.	Nos. &Kinds of Packages	Description of Goods	Gross Weight（KGS）	Measurement（CBM）

Total Number of Containers or Packages（In Words）

Freight & Charges	Revenue Tons	Rate	Per	Prepaid	Collect

Ex. Rate	Prepaid at	Payable at	Place and Date of Issue

<table>
<tr><td>Total Freight</td><td>No. of Original B（S）/L</td><td rowspan="2">Signed for the Carrier</td></tr>
<tr><td colspan="2">Laden on Board the Vessel
Date　　　　By</td></tr>
</table>

任务 3.3　缮制保险单据

学习目标

通过学习，要求完成以下任务：

1. 掌握保险单的种类、作用、内容及缮制规范；
2. 能根据相关资料准确缮制保险单。

任务情境3.3.1

2018 年 6 月，泰祥进出口有限公司与香港 PROSPERITY INDUSTRIAL CO., LTD.签订一份玻璃球（Glass Marble）出口合同，合同号：AWC-23-522。该笔交易采用 CIF 条件成交，信用证支付（详见【样单Ⅲ-3-1】）。2018 年 8 月 20 日，泰祥进出口有限公司单证员张昕在完成订舱手续、确认船期后，在货物装运前，填制投保单，并随附合同、商业发票等向当地的中国平安保险股份有限公司办理出口货物运输保险，保险公司按照约定的保险费率收取保险费后，向泰祥进出口有限公司出具了正式的货物运输保险单。

【样单Ⅲ-3-1】信用证

FROM：HONGKONG AND SHANGHAI BANKING CORP., WANCOUVER CANADA

TO: BANK OF CHINA, XIAMEN BRANCH, XIAMEN CHINA

TEST: 12345 DD. 180705 BETWEEN YOUR HEAD OFFICE AND US. PLEASE CONTACT YOUR No. FOR VERIFICATION.

WE HEREBY ISSUED AN IRREVOCABLE LETTER OF CREDIT No. HKH123123 FOR USD8, 440.00, DATED 2018.07.05

APPLICANT: PROSPERITY INDUSTRIAL CO., LTD. 342-3 FLYING BUILDING KINGDOM STREET WANCOUVER, CANADA

BENEFICIARY: TAIXIANG IMP. & EXP. CO., LTD.

No. 88 YILA ROAD 13/F XIANG YE BLOOK RONG HUA BUILDING, XIAMEN, CHINA

THIS L/C IS AVAILABLE WITH BENEFICIARY'S DRAFT AT 30 DAYS AFTER SIGHT DRAWN ON US ACCOMPANIED BY THE FOLLOWING DOCUMENTS:

+SIGNED COMMERCIAL INVOICE IN TRIPLICATE.

+PACKING LIST IN TRIPLICATE INDICATING ALL PACKAGE MUST BE PACKED IN CARTON/NEW IRON DRUM SUITABLE FOR LONG DISTANCE OCEAN TRANSPORTATION.

+CERTIFICATE OF CHINESE ORIGIN IN DUPLICATE.

续表

+FULL SET OF CLEAN ON BOARD OCEAN MARINE BILL OF LADING MADE OUT TO ORDER AND BLANK ENDORSED MARKED "FREIGHT PREPAID" AND NOTIFY APPLICANT.

+INSURANCE POLICY OR CERTIFICATE IN DUPLICATE ENDORSED IN BLANK FOR THE VALUE OF 110 PERCENT OF THE INVOICE COVERING ALL RISKS AND WAR RISK AS PER CIC DATED 1981.01.01.

SHIPMENT FROM: XIAMEN, CHINA TO: VANCOUVER,CANADA

LATEST SHIPMENT 2018.08.31

PARTIAL SHIPMENT IS ALLOWED, TRANSSHIPMENT IS NOT ALLOWED.

COVERING SHIPMENT OF:

COMMODITY AND SPECIFICATIONS	QUANTITY	UNIT PRICE	AMOUNT
1625/3D GLASS MARBLE	2000BOXES	USD2.39/BOX	USD4780.00
1641/3D GLASS MARBLE	1000BOXES	USD1.81/BOX	USD1810.00
2506D GLASS MARBLE	1000BOXES	USD1.85/BOX	USD1850.00

TRADE TERMS: CIF VANCOUVER

SHIPPING MARK: P.7.

VANCOUVER

No. 1-400

ADDITIONAL CONDITIONS:

+5 PERCENT MORE OR LESS BOTH IN QUANTITY AND AMOUNT IS ALLOWED.

+ALL BANKING CHARGES OUTSIDE ISSUING BANK ARE FOR ACCOUNT OF BENEFICIARY.

+DOCUMENTS TO BE PRESENTED WITHIN 15 DAYS AFTER THE DATE OF ISSUANCE OF THE SHIPPING DOCUMENT BUT WITHIN THE VALIDITY OF THE CREDIT.

INSTRUCTIONS:

NEGOTIATING BANK IS TO SEND DOCUMENTS TO US IN ONE LOT BY DHL. UPON RECEIPT OF THE DOCUMENTS IN ORDER WE WILL COVER YOU AS PER YOUR INSTRUCTIONS.

L/C EXPIRATION: 15 SEP. 2018.

THIS L/C IS SUBJECT TO UNIFORM CUSTOMS AND PRACTICE FOR DOCUMENTARY CREDITS （2007 REVISION） INTERNATIONAL CHAMBER OF COMMERCE PUBLICATION No. 600.

PLEASE ADVISE THIS L/C TO THE BENEFICIARY WITHOUT ADDING YOUR CONFIRMATION.

THIS TELEX IS THE OPERATIVE INSTRUMENT AND NO MAIL CONFIRMATION WILL BE FOLLOWED.

【样单Ⅲ-3-2】货物运输投保单

货物运输投保单
APPLICATION FOR CARGO TRANSPORTATION INSURANCE

被保险人 Insured	**TAIXIANG IMP. & EXP. Co., LTD.**		
标记 Marks & Nos.	包装及数量 Quantity	保险货物项目 Description of Goods	保险金额 Amount Insured
P.7. VANCOUVER No. 1-400	**400 CTNS**	**GLASS MARBLE**	**USD9284.00 （US DOLLARS NINE THOUSAND TWO HUNDRED AND EIGHTY-FOUR ONLY）**

装载运输工具 Per Conveyances S.S. **SHENGLI VESSEL V.1256**	开航日期 Sailing on or about **Aug. 25，2018**
发票或提单号码 Invoice or B/L No. **INVOICE No.: GM-2018**	赔款偿付地点 Claim Payable at **VANCOUVER（IN USD）**

自（From）	**XIAMEN,CHINA**	经（Via）		至（To）	**VANCOUVER,CANADA**

承保险别 Conditions	**COVERING ALL RISKS AND WAR RISK AS PER CIC DATED 1981.01.01**

请如实告知下列情况（如“是”（　）内画“×”）If any, Please Mark “×”

1．货物种类：袋装（×）bag　散装（　）bulk　冷藏（　）reefer　液体（　）liquid　活动物（　）live animal　机器/汽车（　）machine/auto　危险品等级（　）dangerous class

2．集装箱种类：普通（　）ordinary　开顶（　）open　框架（　）frame　平板（　）flat　冷藏（　）refrigerator

3．转运工具：海轮（　）ship　飞机（　）plane　驳船（　）barge　火车（　）train　汽车（　）truck

4．船舶资料：船籍（　）registry　船龄（　）age　登记总吨位（　）　制造地点（　）

投保人声明：本投保单及所填各项内容均属事实，同意以本投保单作为保险人签发保险单的依据和保险合同的组成部分。投保人确认在填写本投保单时，保险人已就货物运输条款及附加条款（包括责任免除部分）的内容向投保人做了明确说明。

投保人签字（盖章）

泰祥进出口有限公司（盖章）

备件：被保险人确认本保险条款和内容已经完全了解。

The Assured confirms herewith the terms and conditions of this insurance contract fully understood.

本公司自用（for office use only）

费率：　　　　　　　　保费：

Rate :　　　　　　　　Premium:

经办人：**张昕**	核保人：
日期：**2018 年 8 月 20 日**	日期：

任务要求

1．理解合同和信用证中对保险单据的要求。
2．缮制保险单。

支撑知识

保险单据（Insurance Documents）是保险公司或保险人（Insurer）根据投保人或被保险人（the Insured）的申请而签发的表示承诺保险责任而出具的凭证。

3.3.1 保险单的作用

保险单的作用如下。

（1）保险单是保险公司签发给被保险人的承保证明，是保险公司和被保险人之间的保险契约。

（2）在被保险货物遭受承保范围内的损失时，它是被保险人向保险公司索赔的依据。

（3）在 CIF 交易中，它是卖方结汇的重要单据之一。

和海运提单一样，保险单可以经背书或其他方式转让。保险单的转让无须征得保险公司的同意，也无须通知保险公司，即使在保险标的发生损失后，保险单仍可有效转让。转让方式主要以背书为主。例如，合同或信用证规定"Endorsed to Order of Opening Bank"，则应背书如下："Claims, if Any, Payable to Order of ××× Bank"。如无特别规定，由出口商进行空白背书即可。

3.3.2 保险单据的种类

目前，我国进出口业务中应用的保险单据主要有以下几种。

1．保险单（Insurance Policy）

保险单俗称大保单，又称正式保单，是保险人与被保险人之间订立保险合同的一种正式证明。

正式保险单的内容分为正面内容和背面内容两部分。保险单的正面印制了货运保险所需要的基本事项，包括被保险人和保险人的名称、保险金额、承保险别、赔款偿付地点等。保险单的背面则列明了一般保险条款，规定了保险人与被保险人的各项权利和义务、保险责任范围、除外责任、责任起讫、损失处理、索赔理赔、保险争议处理、失效条款等各项内容。这种保险单据责任条款比较全面，是完整的承保形式，保险公司一般都使用这种保险单。

2．保险凭证（Insurance Certificate）

保险凭证又称小保单，是一种简化的保险单，它与保险单具有同等的法律效力。其正面内容与保险单一样，但背面没有责任条款。

3．联合保险凭证（Combined Insurance Certificate）

联合保险凭证是一种与发票相结合的、比保险凭证更简化的保险单据。在商业发票的空白处加打保险条款，此时发票即为联合保险凭证。

4. 预约保单（Open Policy）

预约保单又称预约保险合同（Open Cover），是保险人和被保险人事先约定的、在一定时期内对指定范围内的货物进行统一承保的协议。预约保单一般仅适用于我国以 FOB 或 CFR 成交的进口货物。凡属预约保单规定范围内的进口货物，一经在国外装运港起运，保险公司即凭被保险人递交的列明货物名称、数量、金额、运输工具名称、航程起讫地点、起运时间等内容的装运通知（Shipping Advice）对货物自动承保。

5. 保险批单（Endorsement）

保险批单是保险公司根据投保人的申请出具的更改或补充原保险单内容的凭证。批单原则上须粘贴在保险单上，并加盖骑缝章，作为保险单不可分割的一部分。

6. 暂保单（Cover Note）

暂保单是由保险经纪人即投保人的代理人出具的非正式保险单，除非信用证特别要求，银行不接受暂保单。

3.3.3　保险单的内容及缮制规范

保险单的内容和缮制方法如下。

1. 保险公司名称（Name of Insurance Company）

此栏应根据信用证和合同的要求填写相应的保险公司名称。信用证支付方式下，如来证规定“INSURANCE POLICY IN DUPLICATE BY PICC”，则必须提供中国人民保险公司出具的保险单（PICC 即中国人民保险公司）。

2. 保险单据名称（Name of Insurance Policy）

此栏应根据信用证和合同填制。如来证规定“INSURANCE POLICY IN DUPLICATE”，即要求出具保险单而非保险凭证。

3. 发票号码（Invoice Number）

此栏填写投保货物商业发票的号码。

4. 保险单号码（Policy Number）

此栏填写保险公司给定的保险单号码。

5. 被保险人（Insured）

在 CIF 或 CIP 价格条件下，被保险人即出口商。信用证方式下被保险人栏目填写受益人，托收方式下被保险人栏目填写出口商。但是实际发生货损时，索赔的权益是进口商，所以保险单以出口商为被保险人时，出口商要在保险单的背面进行背书，以示索赔权益转让给保险单的持有人，同时受让人则负担被保险人的义务。

6. 标记（Marks and Nos.）

此栏填写装运唛头，应与发票、提单上的同一栏目内容一致，如来证无特殊规定，一般可简单填上“AS PER INVOICE No.×××”。

7. 包装及数量（Quantity）

此栏一般只填写外包装件数及种类，应与提单一致。

8. 保险货物项目（Description of Goods）

此栏只列明商品名称，可使用统称，与提单等单据一致。

9. 保险金额（Amount Insured）

此栏填写小写金额。由货币名称缩写和金额数字两部分组成，先打币制，紧接着是以阿拉伯数字表示的金额。保险金额按照合同和信用证的规定填制，如果合同和信用证没有明确规定，通常按照发票总金额的 110%填制。如果货物价格中含有佣金，保险金额应为扣除佣金前的发票金额的 110%。《UCP600》第二十八条规定，如果信用证中对投保金额未做规定，投保金额须至少为货物的 CIF 或 CIP 价格的 110%。

当金额出现小数时，要进位取整，如 66 616.16，应填 66 617。信用证项下的保险单必须按照信用证规定办理。此栏保险金额使用的货币应与信用证使用的货币一致，大小写保持一致。

10. 总保险金额（Total Amount Insured）

此栏填写保险金额的大写，计价货币应以英文全称形式填制，货币名称前加上“SAY”，末尾应加“ONLY”，以防涂改。注意计价货币和金额数目均应与保险金额小写保持一致。

11. 保费（Premium）及保险费率（Rate）

此栏一般为保险公司内部掌握，保险单上已印好“按约定（AS ARRANGED）”字样，可不填。

12. 装载工具（Per Conveyance S.S.）

此栏应按照实际情况填写，如系海运，且为直达船，则直接填上船名、航次；如要中途转运，则应填上第一程船名后再加填第二程船名“EAST WIND/RED STAR”；如为其他运输方式，则相应填制。例如空运，则填“BY AIR”或“BY AIRPLANE”。

13. 开航日期（Sailing on or about）

此栏一般填写提单的签发日期或填“AS PER B/L DATE”。

14. 起运地和目的地（From…To…）

此栏填写实际装运的起运港和目的港名称。货物如转船，也应把转船地点填上。例如，从青岛经香港到鹿特丹，应填制“FROM QINGDAO TO ROTTERDAM W/T HONGKONG（VIA HONGKONG）”；海运至目的港，保险承保到内陆城市，应在目的港后注明，例如，目的港为美国长滩，来证规定投保至芝加哥，则应填制“FROM ××× TO LONG BEACH AND THENCE TO CHICAGO”。

在实际业务中，信用证中常常未规定具体的起运港口和目的港口，如 CHINESE PORT，填制时应根据货物实际装运情况选定一个具体的港口，如 SHANGHAI。

15. 承保险别（Conditions）

一般来证均对此项目有具体要求，应按规定缮制，通常包括所保险级别及依据的保险条款。如按“1981 年 1 月 1 日的中国人民保险公司海洋运输保险条款、海洋运输货物战争险条款承保一切险及战争险（COVERING ALL RISKS AND WAR RISKS AS PER OMCC，OMCWRC 1/1/1981 OF PICC（CIC））”。

16. 货损检验及理赔代理人（Surveying and Claim Settling Agents）

一般选择在目的港或目的港附近的有关机构为货损检验及理赔代理人，并详细注明代理人的地址。

如果保险单上注明保险责任终止是在内地而非港口，则应填列内地代理人名址；若当地无中国人民保险公司的代理机构，可以注明由当地法定检验机构代为检验；如果信用证自行指定买方选择的代理人，则不应接受。

17. 赔付地点（Claim Payable at）

此栏按照合同或信用证要求填制，通常填写赔付地点和赔付的货币名称。如果信用证中并未列明，一般将目的港作为赔付地点。如进口商指定理赔代理人，理赔代理人必须在货物到达目的港的所在国内，便于到货后检验。赔偿货币代号通常与合同中的支付货币一致，例如"payable at HONGKONG IN USD"。

18. 日期（Date）

此栏日期是指保险单的签发日期。由于保险公司提供仓至仓（Warehouse to Warehouse）服务，所以保险单的签发日期应不早于货物离开仓库的日期。在实际业务中，保险单的签发日期一般比提单日期早2～3天。根据惯例，保险单的签发日期如果晚于运输单据的签发日期，将构成不符点单据，银行可据此拒付货款。

19. 投保地点（Place）

此栏一般为装运港（地）的名称，一般保险单上已印刷好。

20. 签章（Authorized Signature）

保险单经保险公司签章后方才有效。

21. 保险单的份数和"ORIGINAL"字样

《跟单信用证统一惯例》条款中规定，正本保险单上必须有"ORIGINAL"字样，并显示该套保险单据正本的出具份数，如信用证未明确规定保险单的份数，保险公司一般出具一式两份（一份Original，一份Duplicate）的保险单。

22. 特殊条款（Special Conditions）

此栏填写合同和信用证中对保险单据有特殊要求的内容，如来证要求"L/C No. MUST BE INDICATED IN ALL DOCUMENTS"，则应在保险单据上填入"L/C No.×××"。

知识拓展

《UCP600》对保险单据的规定

第二十八条 保险单据及保险范围

a. 保险单据，如保险单或预约保险项下的保险证明书或者声明书，必须看似由保险公司或承保人或其代理人或代表出具并签署。

代理人或代表的签字必须标明其系代表保险公司或承保人签字。

b. 如果保险单据表明其以多份正本出具，所有正本均须提交。

c. 暂保单将不被接受。

d. 可以接受保险单代替预约保险项下的保险证明书或声明书。

e. 保险单据日期不得晚于发运日期，除非保险单据表明保险责任不迟于发运日生效。

f.

i. 保险单据必须表明投保金额并以与信用证相同的货币表示。

ii. 信用证对于投保金额为货物价值、发票金额或类似金额的某一比例的要求，将被视为对最低保额的要求。

如果信用证对投保金额未做规定，投保金额须至少为货物的CIF或CIP价格的110%。

如果从单据中不能确定CIF或者CIP价格，投保金额必须基于要求承付或议付的金额，或者基于发票上显示的货物总值来计算，两者之中取金额较高者。

iii. 保险单据须标明承保的风险区间至少涵盖从信用证规定的货物监管地或发运地开始到卸货地或最终目的地为止。

g. 信用证应规定所需要投保的险别及附加险（如有的话）。如果信用证使用诸如“通常风险”或“惯常风险”等含义不确切的用语，则无论是否有漏保之风险，保险单据将被照样接受。

任务操作

根据任务情境 3.3.1，保险公司出具的货物运输保险单如下所示。

【样单Ⅲ-3-3】货物运输保险单

中国平安保险股份有限公司

PING AN INSURANCE COMPANY OF CHINA，LTD.

货 物 运 输 保 险 单

CARGO TRANPORTATION INSURANCE POLICY

被保险人：

Insured：**TAIXIANG IMP. & EXP. CO., LTD.**

中国平安保险股份有限公司根据被保险人的要求及其所缴付约定的保险费，按照本保险单背面所载条款与下列条款，承保下述货物运输保险，特立本保险单。

This Policy of Insurance witnesses that PING AN INSURANCE COMPANY OF CHINA，LTD.，at the request of the Insured and in consideration of the agreed premium paid by the Insured，undertakes to insure the undermentioned goods in transportation subject to the conditions of Policy as per the clauses printed overleaf and other special clauses attached hereon.

保单号 赔款偿付地点

Policy No.:**201808*********** Claim Payable at **VANCOUVER（IN USD）**

发票或提单号

Invoice No. or B/L No. **INVOICE No. GM-2018**

运输工具 查勘代理人

per conveyance S.S. **SHENGLI V1203** Survey By：

起运日期 自 至

Slg. on or abt **AS PER B/L.** From **XIAMEN，CHINA** To **VANCOUVER,CANADA**

保险金额

Amount Insured：**USD9284.00**

Amount(In Words):**SAY US DOLLARS NINE THOUSAND TWO HUNDRED AND EIGHTY-FOUR ONLY**

标记 Marks & Nos.	保险货物项目、数量及包装 Description, Quantity & Packing of Goods	承保条件 Conditions
P.7. HONGKONG No.1-400	**GLASS MARBLE 400 CTNS**	**COVERING ALL RISKS AND WAR RISK AS PER CIC DATED 1981.01.01**

签单日期

Date： 2018.08.24

For and on behalf of

PING AN INSURANCE COMPANY OF CHINA，LTD.

authorized signature

（盖章）

任务实训

实训 3.3.1 知识巩固

一、单项选择题

1．以 CIF 出口时，如果合同和信用证无特别规定，保险单中“INSURED”一栏应填（　　）。

A．进口商名称　　B．开证申请人名称

C．出口商名称　　D．开证行名称

2．保险的赔付地点一般填写（　　）。

A．起运港（地）　　B．目的港（地）

C．投保人所在地　　D．保险公司所在地

3．根据《UCP600》中的规定，保险单日期原则上不得迟于（　　）的签发日期。

A．商业单据　　B．运输单据

C．原产地证书　　D．装运通知

4．如果信用证对投保金额未作规定，投保金额须至少为货物的 CIF 或 CIP 价格的（　　）。

A．110%　　B．100%

C．120%　　D．90%

5．银行通常不接受（　　）。

A．保险单　　B．保险凭证

C．预约保险单　　D．暂保单

6．一份 CIF 合同，合同及其信用证中均没有规定投保何种险别，受益人交单时保险单显示投保了平安险，出口商品为易碎品，根据惯例（　　）。

A．银行将拒收单据　　B．买方将拒收单据

C．应投保平安险加破碎险　　D．银行应接受单据

7．Open Policy 是指（　　）。

A．保险单　　B．保险凭证　　C．预约保险单　　D．暂保单

二、翻译题

1．INSURANCE POLICY OR CERTIFICATE IN TWO FOLD ISSUED TO THE APPLICANT, COVERING RISKS AS PER ICC(A), AND ICC WAR CLAUSE INCLUDING WAREHOUSE TO WAREHOUSE CLAUSE FOR AT LEAST 110% OF CIF VALUE,MARKED PREMIUM PAID SHOWING CLAIMS (IF ANY) PAYABLE IN GERMANY, NAMING SETTLING AGENT IN GERMANY .

2．MARINE INSURANCE POLICY OR CERTIFICATE IN DUPLICATE , ENDORSED IN BLANK, FOR FULL INVOICE VALUE PLUS 20 PERCENT STATING CLAIM PAYABLE IN TAILAND COVERING FPA AS PER OCEAN MARINE CARGO CLAUSE OF PICC DATED 1981.01.01，INCLUDING T.P.N.D LOSS AND/OR DAMAGE CAUSED BY HEAT, SHIP'S SWEAT

AND ODOUR,HOOP-RUST,BREAKAGE OF PACKING.

三、案例分析题

1. 我国某进出口公司以 CIF 术语向日本 SK 商社出口货物一批，日本 CAD 银行开来的 SWIFT 信用证中要求提供保险单一式两份，根据 CIC 投保一切险和战争险。本信用证受《UCP600》约束。该进出口公司在信用证规定的装运期限内将货物装运，并于交单期内向议付行交单议付，议付行随即向日本 CAD 银行寄单索偿。日本 CAD 银行收到单据后回电表示拒绝付款，其理由是单证有下列不符：保险单上的保险金额与发票金额相等，投保金额不足。

试分析日本 CAD 银行提出的拒付理由是否成立，并说明理由。

2. 某信用证规定 5 月 20 日前装运。卖方装船后向银行交单议付，其中提单的出单日期为 5 月 15 日，保险单的出单日期为 5 月 16 日，银行拒绝接受单据，拒付货款。请问银行拒付的依据是什么？

实训 3.3.2　能力实训

一、实训要求：根据下列实训材料缮制保险单。

二、实训材料

1. 信用证部分内容

LETTER OF CREDIT No.: YS1234

BENEFICIARY: CHINA MACHINERY IMP & EXP CO., NINGBO BRANCH

AMOUNT: USD 18400.00

COVERING: 400SETS BUTTERFLY SEWING MACHINES

TRADE TERMS: CIF LONDON

PACKING: IN WOODEN CASES OF ONE SET EACH

SHIPMENT: FROM NINGBO TO LONDON, ENGLAND BY VESSEL WITH TRANSHIPMENT AT HONGKONG

LIST OF DOCUMENTS:

+INSURANCE POLICY IN DUPLICATE FOR 110% INVOICE VALUE BLANK ENDORSED COVERING ALL RISKS AND WAR RISK CLAIMS AT LONDON, ENGLAND.

…

SPECIAL CONDITIONS: ALL DOCUMENTS MUST SHOW THE L/C No.

…

2. 补充资料

INVOICE No.:MIE201156 预计装运期：JULY 15,2018

船名航次：HONGZHEN V.65　保险人：中保财产保险有限公司

【样单Ⅲ-3-4】空白保险单

<table>
<tr><td colspan="6" align="center">中保财产保险有限公司
The People's Insurance （Property） Company of China,Ltd.</td></tr>
<tr><td>发票号码
Invoice No.</td><td colspan="2"></td><td>保险单号次
Policy No.</td><td colspan="2"></td></tr>
<tr><td colspan="6">海 洋 货 物 运 输 保 险 单
MARINE CARGO TRANSPORTATION INSURANCE POLICY</td></tr>
<tr><td>被保险人（Insured）</td><td colspan="5"></td></tr>
<tr><td colspan="6">中保财产保险有限公司（以下简称本公司）根据被保险人的要求，及其所缴付约定的保险费，按照本保险单承担险别和背面所载条款与下列特别条款承保下列货物运输保险，特签发本保险单。
This policy of Insurance witnesses that the People's Insurance （Property） Company of China, Ltd. （hereinafter called "The Company"）, at the request of the Insured and in consideration of the agreed premium paid by the Insured, undertakes to insure the undermentioned goods in transportation subject to conditions of the Policy as per the Clauses printed overleaf and other special clauses attached hereon.</td></tr>
<tr><td colspan="2">保险货物项目 Descriptions of Goods</td><td colspan="2">包装单位数量 Packing Unit Quantity</td><td colspan="2">保险金额 Amount Insured</td></tr>
<tr><td colspan="2"></td><td colspan="2"></td><td colspan="2"></td></tr>
<tr><td colspan="4">承保险别 Conditions</td><td colspan="2">货物标记 Marks of Goods</td></tr>
<tr><td colspan="4"></td><td colspan="2"></td></tr>
<tr><td>总保险金额
Total Amount Insured</td><td colspan="5"></td></tr>
<tr><td>保费
Premium</td><td></td><td>运输工具
Per Conveyance S.S.</td><td></td><td>开航日期
Slg. on or abt</td><td></td></tr>
<tr><td>起运港 From</td><td colspan="2"></td><td>目的港 To</td><td colspan="2"></td></tr>
<tr><td colspan="6">所保货物，如发生本保险单项下可能引起索赔的损失或损坏，应立即通知本公司下述代理人查勘。如有索赔，应向本公司提交保险单正本（本保险单共有　　份正本）及有关文件。如一份正本已用于索赔，其余正本则自动失效。
In the event of loss or damage which may result in acclaim under this Policy, immediate notice must be given to the Company's Agent as mentioned hereunder. Claims, if any, one of the Original Policy which has been issued in 　　　 original （s） together with the relevant documents shall be surrendered to the Company. If one of the Original Policy has been accomplished, the others to be void.</td></tr>
<tr><td>赔款偿付地点
Claim Payable at</td><td colspan="5"></td></tr>
<tr><td>日期 Date</td><td colspan="2"></td><td>在 At</td><td colspan="2"></td></tr>
<tr><td>地址
Address</td><td colspan="3"></td><td colspan="2"></td></tr>
</table>

任务 3.4 缮制官方单据

学习目标

通过学习，要求完成以下任务：

1．掌握海关发票的作用、内容及缮制规范；

2．准确缮制海关发票；

3．掌握原产地证书的种类、作用及缮制规范；

4．准确缮制一般原产地证书、普惠制原产地证书、区域优惠原产地证书。

任务情境3.4.1

缮制海关发票

2018 年 6 月，黄海粮油食品进出口有限公司与加拿大 WENSCO FOODS CO., LTD.签约出口一批罐头产品。加拿大海关规定，进口货物除提供相关单证外，还须提供加拿大海关发票。开证行开来的信用证（详见【样单Ⅲ-4-1】）中也要求受益人提供该单据（CANADA CUSTOMS INVOICE）。

【样单Ⅲ-4-1】信用证

MT: 700 ISSUE OF DOCUMENTARTY CREDIT PAGE00001	
MSGACK DWS7651 AUTH OK, KEY B1060917AF00301B, BKCHCNBJ HNBN ****RECORD	
BASIC HEADER	F 01BKCHCNBJA500 1484 424075
APPLICATING HEADER 0700 1538 180315HNBNKRSEA *** 3846992024 001015 1447	
	*THE BANK OF NOVA SCOTIA, TORONTO, CANADA
	* TORONTO, ONTARIO, CANADA
SEQUENCE OF TOTAL:	27: 1/1
FORM OF DOCUMENTARY CREDIT:	40A:IRREVOCABLE TRANSFERABLE
DOCUMENTARY CREDIT NUMBER:	20:CM0180/6791
DATE OF ISSUE:	31C: 2018.07.31
APPLICABLE RULES:	40E: UCP LATEST VERSION
DATE AND PLACE OF EXPIRY:	31D:2018.09.15 CHINA
APPLICANT:	50: WENSCO FOODS CO., LTD.
	1191 GREEN LAND STREET WELL D.COQUITLAM,B. C., CANADA
BENEFICIARY:	59: HUANGHAI CEREALS, OILS AND FOODSTUFFS IMP.& EXP. CORP.
	7 GUANGXI ROAD QINGDAO CHINA
CURRENCY CODE, AMOUNT:	32B: USD10 830.00
MAXIMUM CREDIT AMOUNT:	39A: NOT EXCEEDING
AVAILABLE WITH/ BY:	41A: ANY BANK BY NEGOTIATION
DRAFTS AT…:	42C: DRAFTS 75 DAYS AFTER BILL OF LADING DATE
	FOR 100 PERCENT OF INVOICE VALUE

续表

DRAWEE: 42A: THE BANK OF NOVA SCOTIA, 550 WEST GEORGIA ST., PO BOX 1752，VANCOUVER, B.C.,CANADA

PARTIAL SHIPMENTS: 43P: ALLOWED

TRANSSHIPMENT: 43T: ALLOWED

PORT OF LOADING: 44E: QINGDAO PORT，CHINA

PORT OF DISCHARGE: 44F: VANCOUVER, B.C., CANADA

LATEST DATE OF SHIPMENT 44C: 2018.08.31

DESCRIPTION OF GOODS: 45A:

EVIDENCING SHIPMENT OF P.O. No. 2027 950 CARTONS TROPIC ISLE CANNED MANDARIN ORANGES LS-SHOLE SEGMENTS 6/2.84KG AT USD 11.40 PER CARTON.FREE ON BOARD QINGDAO, CHINA

DOCUMENTS REQUIRED: 46A:

+ SIGNED COMMERCIAL INVOICE IN THREE FOLD.

+ CANADA CUSTOMS INVOICE IN QUADRUPLICATE FULLY COMPLETED.

+ PACKING DECLARATION IN TRIPLICATE INDICATING THAT PACKING OF THE GOODS UNDER L/C No.CM0180/6791 IS OF FREE OF WOOD MATERIAL.

+ CERTIFICATE OF ORIGIN FORM “A” IN TRIPLICATE.

+ FULL SET OF CLEAN ON BOARD OCEAN BILL OF LADING MADE OUT TO ORDER OF BANK OF NOVA SCOTIA, MARKED FREIGHT COLLECT AND NOTIFY：WENSCO FOODS LTD.,1191GREEN LAND STREET, WELL D.COQUITLAM, B.C., CANADA, V3K 5Z7.

ADDITIONAL CONDITION: 47A:

+ INSURANCE COVERED BY APPLICANT.

+ THIS LETTER OF CREDIT IS TRANSFERABLE. IF TRANSFERRED, THE DRAFT MUST BE ACCOMPANIED BY THE BANK EFFECTING THE TRANSFER STATING THE NAME OF THE TRANSFEREE AND THAT THIS CREDIT HAS BEEN TRANSFERRED.

+ THE ADVISING BANK IS THE DESIGNATED TRANSFERRING BANK.

+ THIRD PARTY DOCUMENTS ARE ACCEPTABLE ONLY IF L/C IS TRANSFERRED.

+ IT IS A CONDITION OF THIS L/C THAT PAYMENT WILL BE EFFECTED AT MATURITY BUT ONLY UPON RECEIPT OF WRITTEN NOTIFICATION FROM THE BUYER STATING THAT GOODS HAVE PASSED CANADAIAN AUTHORITIES INSPECTION, THE REMITTING BANK /NEGOTIATING BANK MUST INDICATE ON THEIR COVERING LETTER TO SCOTIAB BANK THAT ALL DOCUMENTS MUST BE TRUST DELIVERED TO THE APPLICANT AGAINST A RECEIPT IN ORDER TO OBTAIN CLEARANCE OF MERCHANDISE TO SECURE ISPECTION BY CANADA AUTHORITIES.

CHARGES: 71B:

ALL BANKING CHARGES OUTSIDE CANADA AND REIMBURSEMENT/REMITTANCE CHARGES ARE FOR BENEFICIARY’S ACCOUNT

PERIOD FOR PRESENTATION: 48:

DOUCUMENTS MUST BE PRESENTED AT PLACE OF EXPIRATION WITHIN 15 DAYS OF ON BOARD DATE OF B/L AND WITHIN VALIDITY OF THE L/C.

CONFIRMATION INSTRUCTIONS: 49: WITHOUT

TRAILER MAC: 8AFB9657 CHK: DE435BF13691

出口商根据信用证规定于 2018 年 8 月 10 日发运货物，货物的实际装运情况如下：

COMMODITY: 950 CARTONS TROPIC ISLE CANNED MANDARIN ORANGES LS-SHOLE SEGMENTS 6/2.84KG. UNIT PRICE: AT USD 11.40 PER CARTON FREE ON BOARD QINGDAO, CHINA PACKING: IN PLASTIC BAGS OF 2.84KGS EACH THEN SIX BAGS IN A CARTON SHIPPED BY S.S. "WU XIA" V32 FROM QINGDAO TO VANCOUVER, B.C., CANADA GROSS WT: 17 100KGS NET WT: 16 150KGS MEASUREMENT: 18.365M3 INVOICE No.: CMO234 B/L No.: 18QD023 MARKS: W.F.T. VANCOUVER No.1-950

任务要求

1. 准确理解信用证条款。
2. 正确缮制加拿大海关发票。

支撑知识

国际贸易业务结汇单据的种类多样，出单机构也各不相同。商业发票、包装单据、汇票、装运通知、受益人证明等由出口方出具；海运提单、航空运单等运输单据由运输公司出具；保险单、保险凭证等保险单据由保险公司出具。除此之外，还有一些单据由管理对外贸易的相关政府机构出具，或者需要按照相关政府机构规定的格式出具，我们将其统称为官方单据，主要包括海关发票、一般原产地证书、普惠制原产地证书、区域性优惠原产地证书、检验检疫证书、官方机构出具的各种证明等。

3.4.1 海关发票

海关发票是指根据某些进口国海关的规定，由出口商按照进口国规定的格式填制并向进口国海关提供的一种发票。它的作用是供进口商凭以向海关办理进口报关、纳税等手续。

海关发票由出口商填制，有些国家或地区称其为“Combined Certificate of Value and Origin”（价值与原产地联合证明书），或“Certified Invoice”（证实发票）等。

一、海关发票的作用

进口国海关根据海关发票查核进口商品的价值和产地来确定该商品是否可以进口，是否可以享受优惠税率，查核货物在出口国市场的销售价格，以确定出口国是否以低价倾销而征收反倾销税，并据以计算进口商应纳的进口税款。因此，对进口商来说，海关发票是一种很重要的单据。

目前，要求提供海关发票的主要国家（地区）有美国、加拿大、澳大利亚、新西兰、牙买加、加勒比共同市场国家、非洲的一些国家等。

总体来说，海关发票中的内容应与商业发票或其他单据相一致。它的内容主要有商品的价值（Value）和商品的产地（Origin of Goods）。

二、海关发票的内容及缮制规范

各国的海关发票格式不尽相同，但是内容及制作方法大同小异。现以加拿大海关发票（Canada Customs Invoice）为例进行讲解。

加拿大海关发票是指销往加拿大的出口货物（食品除外）所使用的海关发票。其栏目用英文、法文两种文字对照，内容繁多，每个栏目都要填写，不得留空，若不适用或无该项内容，则必须在该栏目内填写“N/A”（即“Not Applicable”）。

加拿大海关发票的格式及缮制方法如下。

（1）出口商的名称及地址：填写出口商的名称及地址，包括城市和国家名称。信用证支付条件下此栏填写受益人的名称和地址。

（2）直接运往加拿大的装运日期：应与提单日期一致。如单据送银行预审，也可请银行按正本提单日期代为加注。

（3）其他参考事项（包括买方订单号码）：填写有关合同号、订单号或商业发票号码。

（4）收货人名称及地址：填写加拿大收货人的名称与详细地址。信用证项下一般为信用证的开证申请人。

（5）买方：填写实际购货人的名称及地址。如与第四栏的收货人相同，则此栏可打上“SAME AS CONSIGNEE”。

（6）转运国家或地区：填写转船地点的名称。如在香港转船，可填写“FROM SHANGHAI TO VANCOUVER WITH TRANSHIPMENT AT HONGKONG BY VESSEL”。如不转船，可填“N/A”。

（7）生产国别：填写“CHINA”。若非单一的国产货物，则应在第12栏中详细地逐项列明各自的原产国。

（8）运输方式及直接运往加拿大的起运地点：只要货物不在国外加工，不论是否转船，均填写起运地和目的地名称及所用运载工具，如“FROM SHANGHAI TO MONTREAL BY VESSEL”。

（9）价格条件及支付方式（如销售、委托发运、租赁商品等）：按商业发票的价格术语及支付方式填写，如“CIF VANCOUVER D/P AT SIGHT”或“CFR MONTREAL BY L/C AT SIGHT”。

（10）货币名称：填写卖方要求买方支付货币的名称，须与商业发票使用的货币一致。

（11）件数：填写该批商品的总包装件数，如“600 CARTONS”。

（12）商品详细描述：应按商业发票同项目描述的内容填写，并将包装情况及唛头填写于此栏。

（13）数量：应填写商品的具体数量，而不是包装的件数。

（14）单价：应按商业发票记载的每项单价填写，使用的货币应与信用证和商业发票一致。

（15）总值：应按商业发票的总金额填写。

（16）净重及毛重的总数：填写总毛重和总净重，应与其他单据的总毛重和总净重一致。

（17）发票总金额：按商业发票的总金额填写。

（18）“IF ANY OF FIELDS 1 TO 17 ARE INCLUDED ON AN ATTACHED COMMERCIAL-INVOICE，CHECK THIS BOX □”：如果1～17任何栏的内容均已包括在所随附的商业发票内，则在方框内画“√”，并将有关商业发票号填写在横线上。

（19）出口商名称及地址（如并非卖方“EXPORTER’S NAME AND ADDRESS，IF OTHER THAN VENDOR”）：如出口商与第1栏的卖方不是同一名称，则列入实际出口商名称；若出口商与第一栏卖方为同一者，则在此栏填写“SAME AS VENDOR”。

（20）负责人的姓名及地址：仍填写出口公司名称、地址、负责人姓名。

（21）主管当局现行管理条例：海关和税务机关对该货进口的有关规定。如有，则按要求填写；如无，则填“N/A”。

（22）如果第23～25栏目均不适用（“IF FIELDS 23 TO 25 ARE NOT APPLICABLE，CHECK THIS BOX□”），则在方框内画“√”。

（23）以下金额是否已包括在第17栏内（“IF INCLUDED IN FIELD 17 INDICATE AMOUNT”）：

i.“TRANSPORTATION CHARGES，EXPENSE AND INSURANCE FROM THE PLACE OF DIRECT SHIPMENT TO CANADA.”

自起运地至加拿大的运费和保险费：可填运费和保险费的总和，允许以支付的原币填写。若不适用，则填“N/A”。

ii.“COSTS FOR CONSTRUCTION，ERECTION AND ASSEMBLY INCURRED AFTER IMPORTATION INTO CANADA.”

货物进口到加拿大后进行建造、安装及组装而发生的成本费用，按实际情况填列。若不适用，可填“N/A”。

iii. 出口包装费用（“EXPORT PACKING”）：可按实际情况将包装费用金额填写上。如无，则填“N/A”。

（24）以下金额是否不包括在第17栏内（“IF NOT INCLUDED IN FIELD 17 INDICATE AMOUNT”）：若第17栏不包括，则注明金额。i、iii、iii三项，一般填“N/A”。如果在FOB等价格条件下，卖方又替买方租船订舱时，其运费于货到时支付，则i栏可填写实际运费金额。

（25）核对“CHECK（IF APPLICABLE）”：

i.“ROYALTY PAYMENT OR SUBSEQUENT PROCEEDS ARE PAID OR PAYABLE BY THE PURCHASER.”买方已支付的专利费或后续款项。

ii.“THE PURCHASER HAS SUPPLIED GOODS OR SERVICES FOR USE IN THE PRODUCTION OF THESE GOODS.”买方为生产这些货物所提供的货物或服务。若适用，在方框内画“√”。

此栏系补偿贸易、来料加工、来件装配等贸易方式专用，一般贸易不适用，可在方框内填“N/A”。

任务操作

根据任务情境3.4.1，黄海粮油食品进出口有限公司单证员根据信用证（详见【样单Ⅲ-4-1】）

和实际发运情况缮制的海关发票如下。

【样单Ⅲ-4-2】加拿大海关发票

CANADA CUSTOMS INVOICE

1. Vendor（Name and Address）
Manager Wang Hua
Huanghai cereals, oils and foodstuffs Imp. & Exp. Corp.
7GuangXi Road, Qingdao ,China

2. Date of Direct Shipment to Canada
Aug. 31,2018 B/L No.18QD023

3. Other References
P.O. No. 2027

4. Consignee （Name and Address）
Wensco Foods Ltd.,
1191 Green Land Street, Well D. Coquitlam,B.C.,
Canada,V3K 5Z7

5. Purchaser's Name and Address: **SAME AS CONSIGNEE**

6. Country of Transshipment **N/A**

7. Country of Origin of Goods
CHINA

IF SHIPMENT INCLUDS GOODS OF DIFFERENT ORIGINS ENTER ORIGINS AGAINST ITEMS IN12.

8. Transportation
SHIPMENT FROM QINGDAO CHINA TO VANCOUVER, B.C.,CANADA BY VESSEL

9. Conditions of Sale and Terms of Payment
FOB QINGDAO,CHINA BY L/C AT 75 DAYS AFTER B/L DATE

10. Currency of Settlement **USD**

11. No. of Pkgs.	12. Specificatin of Commodities	13. Quantity （State Unit）	Selling Price 14. Unit Price	15. Total
950 CARTONS	**Tropic Isle Canned Mandarin Oranges LS- whole segments 6/2.84kg** **MARKS: W.F.T.** **VANCOUVER** **No.1-950**	**950 CARTONS**	**USD11.40/CTN**	**USD10 830.00**

18. If any of fields 1 to 17 are included on an attached Commercial-invoice, check this box √ Commercial Invoice No. **CM0234**

16. Total Weight
Net **16 150KGS**
Gross **17 100KGS**

17. Invoice Total
USD10830.00

19. Exporter's Name and Address （If other than Vendor）
same as vendor

20. Originator （Name and Address）
Manager Wang Hua
Huanghai cereals, oils and foodstuffs Imp. & Exp. Corp. 7GuangXi Road, Qingdao ,China 王华签字

21. Departmental Ruling （If applicable）: **N/A**

22. If fields 23 to 25 are not applicable, check this box ☐ **N/A**

23. If included in field 17 indicate amount.
(i) Transportation Charges, expenses and insurance from the place of Direct shipment to Canada.
N/A
(ii) Costs for construction, erection and assembly Incurred after importation into Canada.
N/A
(iii) Export packing
USD385.00

24. If not included in field 17 indicate amount.
(i) Transportation charges. Expenses and insurance to the place of direct shipment to Canada.
N/A
(ii) Amounts for commissions other than buying commissions.
N/A
(iii) Export packing
N/A

25. Check （If applicable）:
(i) Royalty payments or subsequent proceeds are paid or payable by the purchaser.
☐ **N/A**
(ii) The purchaser has supplied goods or services for use in the production of these goods.☐ **N/A**

DEPARTMENT OF NATIONAL REVENUE CUSTOMS AND EXCISE　　MINISTER DU REVENU NATIONAL DOUANES ET ACCISE

任务情境3.4.2

缮制一般原产地证书

好友工艺品进出口有限公司与约旦 INTERNATIONAL TRADING AND RE-EXPORT CO. 签约出口一批拖鞋（Slipper）。该公司根据买方信用证及时发运货物，并按照信用证规定及实际发运情况制作单据向银行交单议付。

【样单Ⅲ-4-3】信用证

FROM BRITISH BANK OF THE MIDDLE EAST, JEBEL HUSSEIN, AMMAN, JORDAN

TO THE HONGKONG AND SHANGHAI BANKING CORPORATION LIMITED

SHANGHAI OFFICE: 6/F FU TAIANSION 104 HUQIU ROAD. SHANGHAI，CHINA

BENEFICIARY: GOOD FRIEND ARTS AND CRAFTS IMP. & EXP CO.

301 SAN TIAO XIANG, CHAOZHOU, GUANGDONG , CHINA

APPLICANT: INTERNATIONAL TRADING AND RE-EXPORT CO. （ZERKA FREE ZONE）. P.O.BOX 1147.AMMAN JORDAN. FAX: 623267, TEL: 630353

DOC.CREDIT No.: DCFJOM970603

FORM OF CREDIT: IRREVOCABLE

DATE OF ISSUE: 2019.05.20

EXPIRY DATE AND PLACE: 2019.07.30 CHINA

CREDIT AMOUNT: USD24720.00, CFR AQABA, JORDAN

MAX CREDIT AMOUNT: NOT EXCEEDING….

AVAILABLE WITH/BY: ANY BANK BY NEGOTIATION

DRAFTS AT: AT SIGHT FOR FULL INVOICE VALUE, MENTIONING THIS LC No.

DRAWEE: ISSUING BANK

LATEST DATE OF SHIPMENT: 2019.07.15

GOODS: 24000 PAIRS “EVA” SLIPPER MODEL D027 SIZE 36-40 USD 0.51/PAIR

24000 PAIRS “EVA” SLIPPER MODEL D002 SIZE 30-35 USD 0.52/PAIR

ALL IN 4 ASSORTED COLORS, LIGHT BLUE, RED, PINK AND VIOLET

AS PER S/C 19ACX417 DATED 2019.04.17

DOUMENTS REQUIRED:

+SIGNED INVOICES IN SIX COPIES SHOWING THAT THE GOODS EXPORTED ARE OF CHINESE ORIGIN, THE ORIGINAL INVOICE IS TO BE DULY CERTIFIED BY THE CHINA COUNCIL FOR THE PROMOTION OF INTERNATIONAL TRADE.

+PACKING LIST IN SIX COPIES.

+CERTIFICATE OF ORIGIN CERTIFYING THAT THE GOODS EXPORTED ARE OF CHINESE ORIGIN TO BE DULY CERTIFIED BY THE CHINA COUNCIL FOR THE PROMOTION OF INTERNATIONAL TRADE.

续表

+INSURANCE COVERED BY THE APPLICANT， DETAILS OF THE SHIPMENT UNDER THIS CREDIT MUST BE ADVISED BY BENEFICIARY WITHIN TWO DAYS AFTER SHIPMENT BY TELEX OR FAX（IF AVAILABLE）OR BY AIRMAIL DIRECT TO THE APPLICANT AND TO M/S ARAB L/FE AND ACCIDENT INSURANCE COMPANY: TELEX No.22048, FAX No.693188 OR FAX No.754345, REFERING TO COVER NOTE No:567812FH, COPIES OF SUCH ADVICE SHOULD ACCOMPANY DOCUMENTS PRESENTED FOR NEGOTIATION. ADDITIONAL CONDITIONS: （1）"MADE IN CHINA" MUST BE STICKED ON EACH PAIR AND THE RELATIVE INVOICES MUST CERTIFY TO THIS EFFECT. （2）INVOICES MUST CERTIFY THAT THE CARTON SIZE ASSORTMENT IS AS FOLLOWS: FOR SIZE 36-40:36/6, 37/12, 38/15, 39/15, 40/12, EQUAL 60 PAIRS. FOR SIZE 30-35:30/8, 31/8, 32/10, 33/10, 34/12, 35/12, EQUAL 60 PAIRS. （3）ALL DOCUMENTS REQUIRED UNDER THIS DOCUMENTARY CREDIT MUST MENTION THIS LC NUMBER AND THE ISSUING BANK NAME....

根据我国海关规定，应在货物出口前或出口时申请办理原产地证书，于是，7月8日该公司单证员张璐登录中国国际贸易促进委员会原产地证书申报系统，向中国国际贸易促进委员会申请原产地证书，收到审核通过回执后，自行打印出了原产地证书。

任务要求

1．准确理解信用证内容。
2．正确缮制一般原产地证书。

支撑知识

原产地证书是出口国特定机构出具的证明货物原产地或制造地的证明文件。因其能证明货物的经济国籍，被形象地称为"经济护照"，也是各国确定适用何种关税税率的重要证明文件之一。

按照用途，原产地证书可以分为以下四类：

（1）非优惠原产地证书或称为一般原产地证（简称 CO 证书）；

（2）普惠制原产地证书（简称 FORM A 证书）；

（3）区域性优惠原产地证书；

（4）专用原产地证书。该证书是针对某一特殊行业的特定产品，根据特定的原产地规则和要求出具的原产地证明书，如《输欧盟农产品原产地证书》《烟草真实性证书》《金伯利进程证书》、手工制品原产地证书和原产地标记证书等。

我国原产地证书的出具机构有中国海关和中国国际贸易促进委员会（简称"贸促会"，英文全称"CHINA COUNCIL FOR THE PROMOTION OF INTERNATIONAL TRADE"）两个机构。其中，贸促会可以签发一般原产地证书和14个区域性优惠原产地证书，中国海关可以签发所有种类的原产地证书。

3.4.2 一般原产地证书

一、一般原产地证书概述

一般原产地证书（Certificate of Origin，CO），是根据《中华人民共和国进出口货物原产地条例》和《关于非优惠原产地规则中实质性改变标准的规定》，为中国出口货物签发的原产地证。各国海关对持有一般原产地证书的货物普遍按照最惠国税率征收关税，并无其他关税减免优惠。故一般原产地证书又称为非优惠原产地证书。

根据我国的有关规定，出口企业须于货物出运前或出运时，向贸促会或中国海关申请获得一般原产地证书。目前，一般原产地证书的申请完全实现网上申请，并在收到审核通过回执后自行打印原产地证书即可，无须到海关现场领取。

二、一般原产地证书的内容和缮制规范

一般原产地证书共有 12 项内容，除证书编号（Certificate No.）由发证机构指定外，其余各栏的填制规范如下。

1. 出口商名称、地址、国家，即 Exporter（Full Name, Address，Country）

此栏填写出口企业的英文全称（信用证业务中为受益人，托收业务中为委托人）、详细地址和国家（包括街道名称、门牌号码和邮政编码，中国地名的英文应采用汉语拼音）。若经其他国家或地区，须填写转口商名称时，可在出口商后面填“VIA”，然后填写转口商名称、地址和国家。

注意：此栏不能填报中间商名称，即使信用证有规定也不可以。

2. 收货人名称、地址、国家，即 Consignee（Full Name, Address，Country）

此栏填写最终收货人的公司名称、地址和国家（地区）名，通常是合同中的买方或信用证中规定的提单通知人。如果信用证规定所有单证收货人一栏留空，则此栏应加注“TO WHOM IT MAY CONCERN”或“TO ORDER”，不得留空。若须填写转口商名称，可在收货人后面填“VIA”，然后填写转口商名称、地址和国家。

3. 运输方式和路线（Means of Transport and Route）

此栏填写装运港、目的港和运输方式。若经转运，还应注明转运地。

例如，通过海运，由上海港经香港转运至汉堡港，应填“FROM SHANGHAI TO HAMBURG BY VESSEL VIA HONGKONG”。

4. 目的地国家/地区（Country/Region of Destination）

此栏填写目的地国家/地区。应按照信用证或合同规定的目的国填报国家或地区名称。一般应与最终收货人或最终目的港（地）国别相一致，不能填写中间商国家名称。

5. 签证机构用栏（for Certifying Authority Use Only）

此栏由签证机构在签发后发证、补发证书或加注其他声明时使用，证书申领单位应将此栏留空。一般情况下，此栏不填。

6. 运输标志（Marks and Numbers）

此栏填写唛头，应按信用证、合同的规定填写，且与商业发票和提单的同项内容一致。不可简单地填写“AS PER INVOICE No. ×××”（按照发票）或“AS PER B/L No.×××”（按照提单）。货物如无唛头，应填写“NO MARK”（无唛头）或“N/M”字样。此栏不得留空，如唛头多，此栏填写不完，可填写在第 7、第 8、第 9 栏内的空白处；如还是填写不完，可另附页填写，并在附页右上角填写原证号，由签证机构人员手签、加盖签证章。

7. 包装件数和种类、货物描述（Number and Kind of Packages; Description of Goods）

此栏填写包装的件数和种类及货物描述。包装件数及种类填写外包装数量及包装种类，且必须用英文和阿拉伯数字同时表示，如“ONE HUNDRED AND TWENTY（120）CARTONS OF SHOES”。商品名称要填写具体名称，不得使用概括性描述，如服装、食品（GARMENT、FOOD）等。如果是散装货物，在商品名称后加注“IN BULK”（散装）。有时信用证要求在所有单据上加注合同号码、信用证号等，可加注在此栏内。

本栏中当所有的商品信息填制完毕后，应在其下方加上表示结束的符号“***”，以防止添加内容。

8. 商品编码（H.S. Code）

商品编码是根据海关合作理事会《商品名称及编码协调制度》的分类标准对每一种商品确定的商品编号。我国商务部和海关总署根据 H.S.分类编制了《中华人民共和国海关进出口商品规范申报目录》，规定了商品名称和编码。

此栏要求填写实际商品名称的 H.S.编码，此编码应与报关单中显示的 H.S.编码一致。如果同一证书包含几种商品，则应将相应的编码全部填写。此栏不得留空。

9. 数量或重量（Quantity or Weight）

此栏要求填写出口货物的数量或重量。依据发票和货运单据的有关数量、毛重、规范的计量单位（用英文或缩写）来填写。如果计量单位为重量，应表明毛重或净重，一般填写毛重，如“G.W.600KGS”。

10. 发票号码及日期（Number and Date of Invoice）

此栏填写实际商业发票的号码及日期，发票日期不得迟于出货日期。

为避免对月份、日期的误解，月份一律用英文表述，如 2020 年 3 月 15 日，表述为“Mar. 15, 2020”。发票号与发票日期分行填制，一般第一行为发票号，第二行为日期。此栏不得留空。

11. 出口商声明（Declaration by the Exporter）

此栏填写出口商的名称、申报地点及日期。出口商在此声明空白处由已在签证机构注册的人员签名，并加盖有中、英文公章。此栏日期不得早于本证第 10 栏内的发票日期。

12. 签证机构证明（Certification）

此栏填写签证地点、日期，并由签证机构签字盖章。签发日期不得早于发票日期和申请日期。签证机构证明已事先印制，签证机构签证人经审核后在此栏（正本）签名，并盖签证印章，两者不能重叠。

小思考

什么是后发证

通常情况下，一般原产地证书的签发日期应早于货物的出运日期，如因特殊原因签发日期迟于出运日期的产地证称为后发证。

办理后发证时，签证机构经审核，在原产地证书的第 5 栏（for Certifying Authority Use Only）加注“ISSUED RETROSPECTIVELY”，并盖章后签发原产地证书。

办理后发证时，第 11 栏的申领日期和第 12 栏的签发日期应为重发证书的实际申请日期和签发日期。

任务操作

根据任务情境 3.4.2，信用证中关于一般原产地证书的规定有：

DOCUMENTS REQUIRED:

…

+CERTIFICATE OF ORIGIN CERTIFYING THAT THE GOODS EXPORTED ARE OF CHINESE ORIGIN TO BE DULY CERTIFIED BY THE CHINA COUNCIL FOR THE PROMOTION OF INTERNATIONAL TRADE.

ADDITIONAL CONDITIONS:

…

3）ALL DOCUMENTS REQUIRED UNDER THIS DOCUMENTARY CREDIT SHOULD BE ISSUED IN ARABIC AND/OR ENGLISH.

4）ALL DOCUMENTS REQUIRED UNDER THIS DOCUMENTARY CREDIT MUST MENTION THIS LC NUMBER AND THE ISSUING BANK NAME.

张璐根据上述信用证规定和实际发运情况申请的一般原产地证书如下。

【样单Ⅲ-4-4】一般原产地证书

一般原产地证书

1. Exporter **GOOD FRIEND ARTS CRAFTS IMP. &EXP.CO.** **301 SAN TIAO XIANG , CHAOZHOU, GUANGDONG, CHINA**	Certificate No.: CERTIFICATE OF ORIGIN OF THE PEOPLE'S REPUBLIC OF CHINA
2. Consignee **INTERNATIONAL TRADING AND RE-EXPORT CO.** **（ZERKA FREE ZONE） P.O. BOX1147.AMMAN JORDAN**	
3. Means of Transport and Route **FROM CHAOZHOU,CHINA TO AQABA , JORDAN BY SEA**	5. for Certifying Authority Use Only
4. Country/Region of Destination **JORDAN**	

续表

6. Marks and Numbers	7. Number and Kind of Packages; Description of Goods	8. H.S. Code	9. Quantity	10. Number and Date of Invoice
ITRC AQABA C/Nos.1-800	**EIGHT HUNDRED （800）CARTONS OF** **"EVA" SLIPPER MODEL D027 SIZE 36-40** **"EVA" SLIPPER MODEL D002 SIZE 30-35** ** **DOC.CREDIT No.: DCFJOM970603** **ISSUING BANK: BRITISH BANK OF THE MIDDLE EAST, JEBEL HUSSEIN, AMMAN, JORDAN.**	**6405.2000** **6405.2000**	**24 000PAIRS** **24 000PAIRS**	**FAC190808** **Jul. 1, 2019**
11. Declaration by the Exporter The undersigned hereby declares that the above details and statements are correct; that all the goods were produced in China and that they comply with the rules of origin of the People's Republic of China. **GOOD FRIEND ARTS CRAFTS IMP. &EXP.CO.** 盖章 张璐 **CHAOZHOU　Jul. 8,2019** Place and date, signature and stamp of certifying authority	12. Certification It is hereby certified that the declaration by the exporter is correct. **CHINA COUNCIL FOR THE PROMOTION OF INTERNATIONAL TRADE** 盖章 张明 **CHAOZHOU　Jul. 9, 2019** Place and date, signature and stamp of certifying authority			

任务情境3.4.3

缮制普惠制原产地证书

滨海进出口有限公司与加拿大 PETRICO INTERNATIONAL TRADING CORP.签约出口陶瓷产品一批，买方开来的信用证部分内容如下所示。

【样单Ⅲ-4-5】信用证

...

ISSUING BANK: STANDARD CHARTERED BANK, LONDON
ADVISING BANK: BANK OF CHINA GUANGZHOU
APPLICANT: PETRICO INTERNATIONAL TRADING CORP.
UO SHEPPARD ARENUE EAST SUITE 406 WILLOWDALE TORONTO CANADA
BENEFICIARY: BINHAI IMP. & EXP. CO., LTD.
RM. NA34. ZIJINGYUAN HOTEL OF ZHONGSHAN UNIVERSITY, GUANGZHOU CHINA
FORM OF L/C: IRREVOCABLE
L/C No: 001/19/14020X
ISSUE DATE: 2019.02.22
EXPIRY DATE/PLACE: 190430 IN COUNTRY OF BENEFICIARY

续表

L/C AMOUNT: USD78000.00 CIF TORONTO AVAILABLE WITH/BY: FREELY AVAILABLE BY NEGOTIATION DRAFTS: AT SIGHT DRAWN ON OURSELVES TRANSPORT DETAILS: FROM CHINESE PORT NOT LATER THAN 15TH APRIL 2019 TO TORONTO, CANADA DESCRIPTION OF GOODS: ART No. CS245 CERAMIC CUP 6000 DOZS USD12.00/DOZ ART No. CS246 CERAMIC PLATE 1000 DOZS USD6.00/DOZ DOCUMENTS REQUIRED: +SIGNED COMMERCIAL INVOICES IN 3 COPIES SHOWING THE GOODS ARE OF CHINA ORIGIN. +PACKING LIST IN 3 COPIES. +CERTIFICATE OF ORIGIN FORM A DULY NOTARIZED IN SIX COPIES. +CERTIFICATE ISSUED BY BEFICIARY STATING THAT GOODS HAS BEEN SHIPPED BEFORE APRIL 15,2019 AND ALL THE REQUIRED DOCUMENTS HAVE BEEN FAXED TO THE APPLICANT IN ONE WEEK AFTER SHIPPING DATE. ADDITIONAL CONDITIONS: CONSIGNEE: BIG TREE BUSINESS CO., LTD. SUNRISE STREET EAST, TORONTO, CANADA …

滨海进出口有限公司审核信用证确认无误后即办理备货、租船订舱等相关手续，并确认了该货物的下列信息。

（1）运输方式为海运，在中国香港转运，装运日期：MAR. 20，2019；运费 8886 美元，保险费 858 美元。

（2）发票号码为 19XW10，出票日期：MAR.12，2019。

（3）所有货物均为完全中国自产，纸箱包装，总毛重 2400KGS。

唛头：BIG TREE/ TORONTO/ C/Nos.1-1000

审核上述信用证得知：该笔交易需要提供 CERTIFICATE OF ORIGIN FORM A，即普惠制原产地证书。我国普惠制原产地证书的唯一审核机构是中国海关，于是公司单证员于货物发运前向中国海关申请此证。

任务要求

1．正确理解情境任务 3.4.3 中信用证的规定。

2．准确缮制普惠制产地证书。

支撑知识

3.4.3 普惠制原产地证书

一、普惠制原产地证书概述

普惠制是发达国家给予发展中国家出口制成品或半制成品（包括某些初级产品）的一种普遍的、非歧视性的、非互惠的关税优惠制度。普惠制原产地证书（Generalized System of Preferences

Certificate of Origin FORM A)，简称 GSP FORM A 证书，通常根据普惠制给惠国原产地规则要求进行签发，它是受惠国货物出口到给惠国时享受普惠制关税优惠待遇的官方凭证。自 2015 年欧盟宣布中国普惠制毕业后，给予中国普惠制优惠的国家还有俄罗斯、白俄罗斯、乌克兰、哈萨克斯坦等国家。

在我国，普惠制原产地证书由中国海关负责普惠制产地证书的签发和统计。出口商向给惠国出口“可受惠商品”时，不论贸易合同或信用证中是否要求提供 GSP FORMA 证书，都应申领此证，并在向进口商或进口方银行交单时一并递交，方便进口商享受普惠制关税优惠政策。

根据我国规定，出口企业须于货物出运前或出运时，向海关申请普惠制原产地证书。

二、普惠制原产地证书格式 A 的内容和缮制规范

普惠制原产地证书格式 A 共有 12 项内容，格式详见【样单Ⅲ-4-6】。证书右上角标题栏已填制签证机构所编制的证书号（Certificate No.），在标题横线上必须填上中华人民共和国签发的英文字样，即 Issued in “THE PEOPLE’S REPUBLIC OF CHINA ”。其余栏目的缮制规范如下。

1. 出口商的名称、地址和国家，即 Goods Consigned from(Export’s Business Name, Address, Country)

此栏具有强制性，应填写中国境内出口商的英文名称及详细地址。英文名称占一行，地址需另起一行。

在信用证支付方式下，填写信用证中受益人的英文全称、详细地址、国别。

2. 收货人名称、地址和国家，即 Goods Consigned to (Consignee’s Name, Address, Country)

此栏填写本批货物最终目的地的给惠国收货人的英文名称、详细地址、国别。英文名称占一行，地址需另起一行。

在信用证支付方式下，证书的收货人一般填写开证申请人。如果最终收货人不明确，则可填写提单通知人或发票抬头人。银行接受开证申请人、提单通知人、发票抬头人等作为收货人。一般银行也接受下列表述：“TO WHOM IT MAY CONCERN.” 但不可将中间商的名称填入此栏，收货人所在国家应为给惠国。

3. 运输方式和路线，即 Means of Transport and Route (as Far as Known)

此栏填写本批货物最终装运港、目的港或到货地点的名称，并说明运输方式（如海运、陆运、空运等）。通常按下列格式填制，如“SHIPMENT FROM SHANTOU TO HAMBURG BY VESSEL”。对转运商品应在其后加注转运港，如“VIA HONGKONG”或“W/T HONGKANG”；对输往内陆给惠国的商品，由于这些国家没有海岸，海运都须经第三国转运至该国，在填写时应注明从×××港口经转×××港口抵达给惠国，如“FROM SHANGHAI TO HAMBURG BY VESSEL W/T HONGKONG IN TRANSIT TO SWITZERLAND”。

此栏一般还应填明预定自中国出口的日期，此日期必须真实，不得伪造，如“ON/AFTER APRIL 16，2016 FROM SHANGHAI TO NEW YORK VIA SINGAPORE BY SEA”。

4. 供官方使用 (For Official Use)

此栏在正常情况下留空。下列特殊情况，签证当局在此栏加注相关内容。

（1）货物已出口，签证日期迟于出货日期，签发“后发”证书时，此栏盖上“ISSUED RETROSPECTIVELY”红色印章。

（2）证书遗失、被盗或损毁，签发“副本”证书时盖上“DUPLICATE”红色印章，并在

此栏注明原证书的编号和签证日期，并声明原发证书作废，其文字为“THIS CERTIFICATE IS IN REPLACEMENT OF CERTIFICATE OF ORIGIN NO... DATED ...WHICH IS CANCELLED”。

5. 商品顺序号（Item No.）

如果同一批出口货物有不同种类的商品品种，则按每一项商品归类品种后，用阿拉伯数字“1”“2”“3”……依序填入此栏；单项商品，此栏填“1”或省略不填。

6. 唛头及包装号（Marks and Number on Packages）

此栏填写货物外包装上的唛头，无唛头的填制“N/M”或“NO MARK”。

7. 包装件数及种类；货物描述（Number and Kind of Packages; Description of Goods）

此栏与一般原产地证书相应栏的填法相同。

8. 原产地标准，即 Origin Criterion（See Notes Overleaf）

此栏文字最少，但却是国外海关审核的核心项目。对含有进口成分的商品，因情况复杂，国外要求严格，并且极易弄错而造成退证查询，应认真审核、仔细填制。此栏须根据原产地标准填写相应的代码字母“P”或“Y”。

“P”：如果出口商品完全是中国原产，不含有任何进口成分，则不论其出口至哪个给惠国，此栏都应填“P”。

“Y”：出口至俄罗斯、白俄罗斯、哈萨克斯坦、乌克兰含有进口成分的商品，此栏应填“Y”，并在其后加注进口原料和部件价值在出口产品离岸价格中所占的百分比（百分比应低于 50%）。

目前，欧盟、日本等发达国家已不再给予我国的出口商品普惠制待遇。

9. 毛重和其他数量（Gross Weight or Other Quantity）

此栏与一般原产地证书相应栏的填法相同。

10. 发票的日期和号码（Number and Date of Invoice）

此栏与一般原产地证书相应栏的填法相同。

11. 签证当局的证明（Certification）

签证机构证明事先已印制，内容为“兹证明出口商的声明是正确无误的，本批货已由承运人运出”。

此栏应由海关一并加注四项内容：

- 海关公章；
- 海关授权人或手签人的手签；
- 签证日期（注意，该日期不得早于本证第 10 栏内的发票日期）；
- 签发具体地点、城市、国别。

12. 出口商声明（Declaration by the Exporter）

出口商声明“兹由出口商声明以上所列内容正确无误”已印就，须填写以下内容。

（1）生产国：在生产国横线上填写“CHINA”。

（2）进口国：在进口国横线上填最终进口国，进口国必须与第 3 栏的国别一致，如转运内陆目的地，应与内陆目的地的国别一致。

（3）申报日期、地点及申报单位签署。此栏应一并填制以下四项内容：

- 出口公司公章；
- 出口公司授权人或手签人的手签；

- 签证日期（注意，该日期不得早于本证第 10 栏内的发票日期）；
- 签发具体地点、城市、国别。

任务操作

根据任务情境 3.4.3，单证员缮制的普惠制原产地证书如下。

【样单Ⅲ-4-6】普惠制原产地证格式 A（GSP FORM A）

<table>
<tr><td colspan="3">1．Goods Consigned from （Exporter's Business Name, Address, Country）</td><td colspan="2">Certificate No.</td><td>580511478</td></tr>
<tr><td colspan="3">BINHAI IMP. & EXP. CO., LTD.
RM. NA34. ZIJINGYUAN HOTEL OF ZHONGSHAN UNIVERSITY, GUANGZHOU CHINA.</td><td colspan="3">GENERALIZED SYSTEM OF PREFERENCES
CERTIFICATE OF ORIGIN
（Combined declaration and certificate）</td></tr>
<tr><td colspan="3">2．Goods Consigned to （Consignee's Name, Address, Country）</td><td colspan="3">FORM A</td></tr>
<tr><td colspan="3" rowspan="2">BIG TREE BUSINESS CO., LTD.
SUNRISE STREET EAST, TORONTO, CANADA.</td><td>Issued in</td><td colspan="2">THE PEOPLE'S REPUBLIC OF CHINA
（country）</td></tr>
<tr><td colspan="3">See Notes overleaf</td></tr>
<tr><td colspan="3">3．Means of Transport and Route （as Far as Known）</td><td colspan="3">4．For Official Use</td></tr>
<tr><td colspan="3">FROM GUANGZHOU,CHINA TO TORONTO,CANADA VIA HONGKONG BY VESSEL</td><td colspan="3"></td></tr>
<tr><td>5. Item No.</td><td>6．Marks and Number on Packages</td><td>7．Number and Kind of Packages; Description of Goods</td><td>8．Origin Criterion (See Notes Overleaf)</td><td>9．Gross Weight or Other Quantity</td><td>10．Number and Date of Invoice</td></tr>
<tr><td>1</td><td>BIG TREE/
TORONTO
C/Nos.1-1000</td><td>ONE THOUSAND （1000） CARTONS OF CERAMIC CUPS & PLATES
************************</td><td>"P"</td><td>GW:2400KGS</td><td>19XW10
Mar.12.2019</td></tr>
<tr><td colspan="3">11．Certification
It is hereby certified, on the basis of control carried out, that the declaration by the exporter is correct.

中国海关盖章</td><td colspan="3">12．Declaration by the Exporter
The undersigned hereby declares that the above details and statements are correct, that all the goods were.
produced in CHINA （country）
and that they comply with the origin requirements specified for those goods in the Generalized System of Preferences for goods exported to
CANADA
（country）</td></tr>
<tr><td colspan="3">GUANGZHOU Mar. 13，2019 徐辉签字</td><td colspan="3">XUWANG BUSINESS COMPUTING CO., LTD.盖章
GUANGZHOU Mar. 12，2019 张鲁签字</td></tr>
<tr><td colspan="3">Place and date, signature and stamp of certifying authority</td><td colspan="3">Place and date, signature and stamp of authorized signatory</td></tr>
</table>

3.4.4 区域性优惠原产地证书

一、区域性优惠原产地证书概述

区域性优惠原产地证书是签订有区域性优惠贸易协定（或安排）的成员国之间享受关税减免优惠的凭证。我国与其他国家签订了多个区域优惠贸易协定，如《中国－东盟全面经济合作框架协议》《亚太贸易协定》《中国－巴基斯坦自由贸易协定》等。凭相应的区域优惠原产地证书通关，可享受其国家在协定中对产品承诺的降税优惠，部分货物甚至是零关税。因此，区域性优惠原产地证书在国际贸易中被称为“有价证券”。

二、区域性优惠原产地证书的种类

常见的区域性优惠原产地证书如下。

（1）《亚太贸易协定》原产地证书（FORM B）；

（2）中国—东盟自由贸易区原产地证书（FORM E）；

（3）中国—巴基斯坦自由贸易区原产地证书（FORM P）；

（4）中国—智利自由贸易区原产地证书（FORM F）；

（5）中国—新西兰自由贸易区原产地证书（FORM N）；

（6）中国—新加坡自由贸易区优惠原产地证书（FORM X）；

（7）中国—瑞士自由贸易协定原产地证书（FORM S）；

（8）中国—秘鲁自由贸易区优惠原产地证书（中国—秘鲁 FTA 证书）；

（9）中国—哥斯达黎加自由贸易区优惠原产地证书（FORM L）；

（10）中国—韩国自由贸易协定原产地证书（FORM K）。

三、《中国—东盟全面经济合作框架协议》项下原产地 FORM E 证书的格式及填制规范

东盟目前是我国第二大经济贸易伙伴区，下面以 2019 年 8 月 20 日起执行的新版《中国—东盟全面经济合作框架协议》项下原产地 FORM E 证书为例，介绍其填制规范。该证书的格式见【样单III-4-7】。

原产地证书号：标题栏（右上角），填上海关规定的证书号。

1. 出口商的名称、地址、国家

填写在中国境内的出口商或生产商名称、地址、国家等。出口商或生产商必须是已办理原产地证备案的企业，且公司英文名称应与备案一致。此栏显示生产商（不是出口商）信息时，应在第 11 栏加盖生产商的中英文章，同时需在第 7 栏加注出口商的名称、地址。

2. 收货人的名称、地址、国家

此栏是带有强制性的，应填东盟最终收货人名称、地址、国家。例如：

XXX CO.，LTD.，
LAN GE XXX，F-2000，
SURABAYA，INDONESIA

3. 运输方式及路线

此栏按照实际情况填写。

离港日期（Departure date）：OCT. 26, 2019。

船舶名称/飞机等（Vessel's name/Aircraft etc）：KMCT ULA V.46S。

卸货口岸（Port of discharge）：SURABAYA，INDONESIA。

4. 供官方使用（进口方海关使用）

由进口方的海关当局在该栏简要说明根据协定是否给予优惠待遇。申请单位应将此栏留空。

5. 商品顺序号

在收货人、运输条件相同的情况下，如同批出口货物有不同品种，则可按不同品种分列"1""2""3"……以此类推。

6. 唛头及包装号

填写与货物外包装上及发票上一致的唛头。唛头不得出现中国以外的国家或地区制造的字样，也不能出现中国香港、中国澳门、中国台湾原产地字样（如：MADE IN MACAO CHINA，MADE IN HONGKONG CHINA，MADE IN TAIWAN CHINA）；如货物无唛头应填无唛头（"N/M"或"NO MARK"）；如唛头为图文等较复杂的内容，此栏打上"SEE ATTACHMENT"，申请单位用空白纸制作带图文的唛头附页，签证机构加盖签证印章；对于多页证书的情况，续页一律使用FORM E 证书格式，不得用白纸作为证书续页。

7. 包装数量及种类，商品描述及 H.S.编码

包装数量必须用英文和阿拉伯数字同时表示，填写货物的具体包装种类（如"CASE""CARTON""BAG"等）。如果无包装，应填明货物出运时的状态，如"NUDE CARGO"（裸装货）、"IN BULK"（散装货）、"HANGING GARMENTS"（挂装）等。

商品名称必须具体填明，应详细到可以准确判定该商品。如果信用证、合同中品名笼统或拼写错误，应在括号内加注具体描述或正确品名。商品名称后需填写商品的 6 位 H.S.编码。

商品名称及 H.S.编码等项列完后，应在最后一行下方加上表示结束的符号（***），以防止加填伪造内容。国外信用证要求填写合同号码、信用证号码、转口商出具的发票号等，可加填在结束符下的空白处。例如：

SIX HUNDRED（600）CTNS OF SHRIMPS　　H.S.：030613

****

L/C No.:XXL456812

出口至东盟成员国的货物在进口国海关报关时，如果使用第三方发票，应在本栏目空白处注明开具发票的公司名称及所在国家和地区等信息，例如"THE THIRD PARTY：ALTEAD CO.,LTD.，HONGKONG"。第三方必须为中国关境以外的第三方公司，不得为中国关境内公司。

8. 原产地标准

此栏为原产地证书的核心栏目，填写要求如下。

（1）完全获得的，填写"WO"（适用于农林渔牧矿产品）。

（2）在一方境内由取得原产资格的材料生产的，填写"PE"（适用于农林渔牧矿以外的完全生产产品）。

（3）由非原产材料生产的产品：

- 符合区域价值成分标准的，即单一国家成分或中国—东盟自贸区累计成分大于等于产品

离岸价40%的，应填写增值的百分比，例如“40%”，同时，第9栏需加注货物FOB值；

- 符合税则归类改变标准的，填写“CTH”（Change to Heading 的简写）。

（4）符合特定产品规则的产品：

- 列入特定原产地规则清单，但采用完全获得原产地规则的，填写“WO”；
- 列入特定原产地规则清单，但采用区域价值成分原产地规则的，填写“PSR”（Product Specific Rule 的简写），同时，第9栏需加注货物FOB值；
- 列入特定原产地规则清单，但采用除以上两种原产地规则以外的，填写“PSR”。

原产地标准填制方法总结如表3-1所示。

表3-1　原产地标准填制方法总结

在出口国生产或制造的情况	第8栏填入
1．完全生产或获得的产品	“WO”
2．仅由一个或多个成员的原产材料生产的产品	“PE”
3．用非原产材料生产的产品	—
（1）符合区域价值成分标准的	中国—东盟累计增值的百分比，例如40%（同时第9栏需加注货物FOB值）
（2）符合税则归类改变标准的（4位税号改变）	“CTH”
4．列入特定原产地规则清单的产品	—
（1）完全获得或生产的产品	“WO”
（2）采用区域价值成分原产地规则的产品	“PSR”（同时第9栏需加注货物FOB值）
（3）符合产品特定原产地标准（PSR）的产品	“PSR”

9．毛重、净重或其他数量及价格（FOB）（仅采用区域价值成分标准时填制价格）

此栏应填写商品的正常计量单位，如“PCS”“PAIRS”“SETS”等。货物以重量计的，填毛重或净重时，需加注“G.W.”（GROSS WEIGHT）或“N.W.”（NET WEIGHT）。

对于原产地标准采用区域价值成分标准的情况，此栏需填写产品FOB值，其他情况无须填写金额。

10．发票号码及日期

此栏不得留空，发票号码、日期必须与正式商业发票一致，月份一般用英文缩写JAN、FEB、MAR等表示；发票日期不能迟于提单日期和申报日期；涉及第三方的，应注明第三方发票号。

11．出口商声明

生产国国名应填写“CHINA”，进口国国名必须是东盟成员国，一般与最终收货人或目的港的国别一致。签证国家包括文莱、柬埔寨、印度尼西亚、老挝、马来西亚、缅甸、菲律宾、新加坡、泰国、越南。

此栏还应填写申报地点、日期，申请单位应在此栏加盖印章并授权专人在此栏签字。生产企业（非出口商）作为申请单位时，此栏加盖生产企业印章。如“QINGDAO，CHINA OCT.26，2019”。

12．签证机构证明

此栏应由签证机构加盖中英文签证印章并填写签证地点、日期、授权签证人员签字。

印章应加盖清晰，不能与签名重叠。签名必须与经总署统一向东盟备案的签证人员签名一致，签名必须清楚，且与备案笔迹保持一致。

如属重发证书，签证机构在此栏填写“CERTIFIED TRUE COPY OF THE ORIGINAL CERTIFICATE OF ORIGIN NUMBER____DATED____)”。如“QINGDAO，CHINA OCT.26，2019”。

13. 此栏为后发、流动、展览证书和第三方发票等四项内容的勾选项目。

（1）后发证书。申报日期迟于出运日期三天，勾选“Issued Retroactively”。

（2）涉及流动证书，勾选“Movement Certificate”。

（3）展览证书。当产品由出口方运至另一方展览并在展览期间或展览后销售给一方时，勾选“Exhibition”。展览的名称及地址应在第2栏中注明。

（4）第三方发票。当发票由第三方开具时，勾选“Third Party Invoice”。

【样单Ⅲ-4-7】《中国—东盟全面合作框架协议》项下原产地 FORM E 证书

ORIGINAL

<table>
<tr><td colspan="3">1. Products Consigned from （Exporter's Business Name, Address, Country）</td><td colspan="3">Reference No. 580511478
ASEAN-CHINA FREE TRADE AREA
PREFERENTIAL TARIFF
(Combined Declaration and Certificate)
FORM E</td></tr>
<tr><td colspan="3">2. Products Consigned to （Consignee's Name, Address, Country）</td><td colspan="3">Issued in THE PEOPLE'S REPUBLIC OF CHINA
See Overleaf Notes</td></tr>
<tr><td colspan="3">3. Means of Transport and Route （as Far as Known）
Departure date
Vessel's name/Aircraft ect.
Port of Discharge</td><td colspan="3">4. For Official Use
☐ Preferential Treatment Given
☐ Preferential Treatment Not Given (Please state reasons)
……………………………………………………
Signature of Authorized Signatory of the importing Party</td></tr>
<tr><td>5. Item Number</td><td>6. Marks and Number on Packages</td><td>7. Number and type of Packages; Description of Products(including quantity where appropriate and H.S. number in six digit code)</td><td>8. Origin Criterion (See Notes Overleaf)</td><td>9. Gross Weight or Other Quantity and value (FOB)only when RCV Criterion is applied</td><td>10. Number and Date of Invoice</td></tr>
<tr><td></td><td></td><td></td><td></td><td></td><td></td></tr>
<tr><td colspan="3">11. Declaration by the Exporter
The undersigned hereby declares that the above details and statements are correct, that all the goods were produced in ____________ （country）
and that they comply with the origin requirements specified for those goods in the Rules of Origin for the ACFTA for the products exported to (________________).

Place and date, signature and stamp of authorized signatory</td><td colspan="3" rowspan="2">12. Certification
It is hereby certified, on the basis of control carried out, that the declaration by the exporter is correct.

Place and date, signature and stamp of certifying authority</td></tr>
<tr><td colspan="3">☐ Issued Retroactively ☐ Exhibition
☐ Movement Certificate ☐ Third Party Invoice</td></tr>
</table>

3.4.5 检验证书

一、概述

检验证书（Inspection Certificate），是由政府机构或公证机构对进出口商品检验检疫或鉴定后，根据不同的检验结果或鉴定项目出具并且签署的书面声明，证明货物已检验并评述检验结果的书面单证。其作用表现在以下几个方面。

- 证明履约情况，便利交接货物；
- 作为议付货款的一种单据；
- 作为进出口海关放行的依据；
- 解决进出口商品责任归属的依据；
- 对外索赔的依据。

常见的检验检疫证书的种类如下：

- 《品质证书》（QUALITY CERTIFICATE）；
- 《数量检验证书》（QUANTITY CERTIFICATE）；
- 《植物检疫证书》（PHYTOSANITARY CERTIFICATE）；
- 《熏蒸/消毒证书》（FUMIGATION/DISINFECTION CERTIFICATE）；
- 《包装检验证书》（INSPECTION CERTIFICATE OF PACKING）。

二、检验证书的内容与缮制规范

不同种类的检验证书，因其本身所需要证明的内容不同，以及各国标准不一而有所区别。一般包括以下内容。

（1）出证机关、地点及证书的名称。如果信用证并未规定出证机关，则由出口商决定。如果信用证规定由主管当局（Competent Authority）出证，则应根据具体情况由有关的检验检疫机构出具。检验证书的出证地点应在货物装船口岸，除非信用证另有规定。检验证书的名称应与合同或信用证规定相符。

（2）发货人。一般填写出口商的名称（中、英文）。在信用证支付方式下通常为信用证的受益人；托收方式下为委托人，即合同的出口方。

（3）收货人。在信用证支付方式下按照信用证的规定填写，一般为开证申请人，除非信用证另有规定，一般不必填写或用“—”表示。如出口商为中间商，收货人一栏可填写“TO WHOM IT MAY CONCERN”或“TO ORDER”。托收方式下为委托人，即合同的买方。

（4）品名、报验数量、重量、包装种类及数量、到达口岸、运输工具、唛头等项目，应与商业发票及提单上所描述的内容完全一致。货物名称可以用统称。

（5）检验结果。此栏是检验证书中最重要的一项，在此栏中记载报验货物经检验的现状。货物现状能够衡量货物是否符合合同或信用证规定，也是交接货物或索赔、理赔时具有法律效力的证明。

（6）签证日期。检验证书的出具日期为实际检验检疫日期，应不迟于提单日期。如出口货物为鲜货等保质期很短的商品，最好在提单日之前一两天或与提单日期相同；否则，检验过早不能证明装运时货物的质量。

（7）签字盖章。由主管机关盖章并由检验该批货物的检验员手签。

如果信用证指定检验机构，则应由信用证指定的检验机构盖章并签字；如果信用证没有特别指定检验机构，任何检验机构均可出具，并须盖章和签署。

数量证书样本如下。

【样单Ⅲ-4-8】数量证书

数量证书　　　　编号 No.:

QUANTITY CERTIFICATE

发货人

Consignor:

收货人

Consignee:

品名　　　　　　标记及号码

Description of Goods:　　　　Marks & Nos.:

报检数量/重量

Quantity/Weight Declared:

包装种类及数量

Number and Type of Packages:

运输工具

Means of Conveyance:

检验结果

Results of Inspection:

我们已尽所知和最大能力实施上述检验，不能因为我们签发本证书而免除卖方或其他方根据合同和法律所承担的产品数量责任和其他责任。

All inspection is carried out conscientiously to the best of our knowledge and ability. This certificate does not in any respect absolve the seller and other related parties from his contractual and legal obligations especially when product quantity is concerned.

印章　　　签证地点　　　签证日期

Official Stamp:　　Place of Issue:　　Date of Issue:

授权签字人签字

Authorized Signature:

任务实训

实训 3.4.1　知识巩固

一、单项选择题

1．海关发票是根据某些（　　）海关的规定，由（　　）按照规定格式填制的一种发票。

A．进口国　进口商　　B．出口国　出口商

C．进口国　出口商　　D．出口国　出口商

2．海关发票的抬头一般应是（　　）。

A．开证申请人　B．受益人　C．进口地的收货人　D．进口国海关

3．“GSP FORM A”产地证书表示（　　）。

A．一般原产地证书　　B．普惠制原产地证书
C．欧共体纺织品专用产地证书　　D．对美国出口纺织品说明书

4．普惠制原产地证书中的运输方式和路线一栏应按信用证规定填写，如中途转运，应注明转运地，不知转运地的，则用（　　）表示。

A．“W/T”　　B．“NO”　　C．“N/M”　　D．“N/N”

5．出口到俄罗斯的 FORM A 证书中 Origin Criterion 栏目，如果出口商品完全是中国原产的，不含进口成分，应填写（　　）。

A．“W”　　B．“P”　　C．“Y”　　D．“F”

6．出口到东盟国家的 FORM E 证书中 Origin Criterion 栏目，如果出口商品完全是中国自产的，不含进口成分，应填写（　　）。

A．“WO”　　B．“P”　　C．“Y”　　D．“F”

7．出口到东盟国家的 FORM E 证书中 Origin Criterion 栏目填写“CTH”，表示（　　）。

A．非原产材料，符合区域价值成分标准　　B．完全获得标准
C．非原产材料，符合税则归类改变标准　　D．符合特定产品原产地标准

8．原产地证书中，商品名称栏目中的所有商品填完后，应在其后添加（　　）表示结束。

A．******　　B．++++++　　C．……　　D.。。。。。。

9．原产国的基本含义是货物的（　　）。

A．出口国　　B．起运国　　C．制造国　　D．消费国

10．我国向某些发达国家的出口业务中，要求出口方提供 GSP FORM A 证书，我国授权签发该证书的机构是（　　）。

A．商会　　B．行业工会　　C．贸促会　　D．海关

二、多项选择题

1．海关发票是根据某些进口国海关的规定，由出口商填制的一种特定格式的发票，它可供进口商凭以向海关办理进口报关、纳税等手续。它的作用有（　　）。

A．进口国的海关用以估价完税或征收差别待遇关税
B．海关发票上与其他单据的相同项目必须相互一致
C．有的海关发票必须有证明人（Witness）签字，且应用手签，证明人与单据签名者不能为同一人，也不能是其他货运单据上的签字人
D．编制统计资料用

2．下列关于海关发票的描述中，正确的是（　　）。

A．出口商填写的单据　　B．进口商填写的单据
C．出口人向出口地海关报关时提供的单据　　D．进口人向进口地海关报关时提供的单据
E．进口国海关进行估价征税，征收差别关税或反倾销税的依据

3．下列（　　）中商品名称一栏中，可以加列信用证规定的订单号、合同号等内容。

A．一般原产地证书　　B．提单　　C．保险单　　D．GSP 产地证书

4．我国签发一般原产地证书的机构有（　　）。

A．中国国际贸易促进委员会　　B．中国海关
C．检验检疫局　　D．外汇管理局

5．中国海关可以签发的原产地证书有（　　）。

A．一般原产地证书　　B．GSP FORM A

C．区域性优惠原产地证书　　　　　　　　D．专用原产地证书

三、翻译题

1．CERTIFICATE OF ORIGIN ISSUED BY THE CHAMBER OF COMMERCE CERTIFYING THAT GOODS ARE OF CHINESE ORIGIN ONE ORIGINAL AND ONE COPY, THE ORIGINAL LEGALIZED BY THE A.U.E REPRESENTATION IN CHINA.

2．CERTIFICATE OF ORIGIN G.S.P FORM A ONE ORIGINAL AND ONE COPY, EVIDENCING CHINA AS ORIGIN OF GOODS.

3．QUALITY CERTIFICATE IN FOUR COPIES.

4. FOR EACH SET OF DOCUMENTS, BENEFICIARY'S CERTIFCATE CONFIRMING THEIR ACCEPTANCE AND/OR NON-ACCEPTANCE OF ALL THE AMENDMENTS MADE UNDER THIS CREDIT QUOTING THE RELEVANT AMENDMENT NUMBER IS REQUIRED, IF THIS CREDIT HAS NOT BEEN AMENDED, SUCH CERTIFICATE IS NOT REQUIRED.

5. ORIGINAL OF CERTIFICATE OF ORIGIN TEXTILE PRODUCTS ISSUED AND SIGNED BY A CHAMBER OF COMMERCE OR SIMILAR AUTHORITIES.

实训 3.4.2　能力实训

一、实训要求：根据下述材料填制一般原产地证书。

二、实训材料

1．参照本书项目 3 任务 3.1 中的“实训 3.1.2 能力训练”的实训材料

2．补充材料

产地证书编号：CCIPT094910022

H.S. CODE: 50020011

【样单Ⅲ-4-9】一般原产地证书

<table>
<tr><td colspan="2">1. Exporter（full name and address）</td><td colspan="3" rowspan="2">CERTIFICATE No.
CERTIFICATE OF ORIGIN
OF
THE PEOPLE'S REPUBLIC OF CHINA</td></tr>
<tr><td colspan="2">2. Consignee（full name, address, country）</td></tr>
<tr><td colspan="2">3. Means of transport and route</td><td colspan="3" rowspan="2">5. For certifying authority use only</td></tr>
<tr><td colspan="2">4. Country / region of destination</td></tr>
<tr><td>6. Marks and numbers</td><td>7. Number and kind of packages description of goods</td><td>8. H.S. Code</td><td>9. Quantity</td><td>10. Number and date of invoices</td></tr>
<tr><td colspan="2">11. Declaration by the exporter
The undersigned hereby declares that the above details and statement are correct; that all the goods were produced in China and that they comply with the Rules of Origin of the People's Republic of China.</td><td colspan="3">12. Certification
It is hereby certified that the declaration by the exporter is correct.</td></tr>
<tr><td colspan="2">Place and date, signature and stamp of authorized signatory</td><td colspan="3">Place and date, signature and stamp of certifying authority</td></tr>
</table>

任务 3.5　缮制附属单据

学习目标

通过学习，要求完成以下任务：

1. 掌握附属单据的种类、内容及缮制规范；
2. 准确缮制装运通知和受益人证明等。

任务情境3.5.1

缮制装运通知

好友工艺品进出口有限公司与约旦 INTERNATIONAL TRADING AND RE-EXPORT CO. 签约出口拖鞋（Slipper）。该公司根据买方信用证及时发运了货物，货物发运后立即向买方发送装运通知，并将装运通知复印件和其他信用证要求的单据一起向议付行提示交单议付。

其他参考资料参见项目 3 任务 3.4 的任务情境二中的详细资料。

任务要求

1. 熟悉信用证中对装运通知的相关规定。
2. 缮制装运通知。

支撑知识

结汇单证除前面讲述的商业单据、运输单据、保险单据、官方单据以外，买方在合同和信用证中还可能规定一些其他附属单据，如装运通知、受益人证明、轮船公司证明等。

3.5.1　装运通知

一、装运通知的作用

装运通知（Shipping Advice）是受益人根据信用证的规定在一定时间内通过传真、邮寄或电传等方式，将货物的装船情况通知开证申请人、申请人的指定人或保险公司的单据。

装运通知是出口商在货物装船后给进口方的通知，其目的是让进口商了解货物已经装船发运，以便准备付款接货。在 FOB、CFR 等条件下成交的合同，进口方自行办理货物保险，装运通知书应在装船后立即发出，以便进口商办理投保手续。在 CIF、CIP 价格条件下，装运通知也可使买方了解货物装运情况，以便准备接货或筹措资金。买方为了避免因卖方疏忽未及时发出通知，所以一般在信用证中明确规定，卖方必须按时发出装运通知，同时规定装运通知的内容，并规定在议付时必须提供该装运通知的副本，与其他单据一起向银行议付。在这种情况下，装运通知也是提交银行结汇的单据之一。装运通知书并无统一格式，但其内容一定要符合信用证的规定。

二、装运通知的内容和缮制规范

装运通知的内容如下。

（1）单据名称。应有“装运通知”或信用证规定的名称。

（2）签发日期。签发日期不能超过信用证规定的日期。例如，信用证规定“WITHIN TWO DAYS AFTER SHIPMENT DATE”，则必须在装船后两天内发出。如果信用证规定“IMMEDIATELY AFTER SHIPMENT”，则应在提单后三天之内发出。另外还应在信用证规定的时间内签发制作该装运通知的日期。

（3）通知对象。通知对象应符合信用证的规定。使用其他结算方式时，一般为进口商。

（4）通知内容。装运通知的内容应符合信用证的规定，按实际装运货物情况，一般包括合同号、品名、件数、金额、运输工具、起运地、目的地、提单号、开航日期等，并应与其他单据保持一致。

（5）签署。如果信用证规定“BENEFICIARY CERTIFIED COPY OF SHIPPING ADVICE”，那么受益人必须在该通知上签字盖章。

需要指出的是，在制作装运通知单据时，必须注意根据进口商的具体要求，列明正确的签发人名称，如果信用证规定要有手签、商会认证等特殊要求，应严格照办，不能疏忽。

任务操作

根据任务3.4中任务情境3.4.2中的信用证对装运通知的规定：“INSURANCE COVERED BY THE APPLICANT, DETAILS OF THE SHIPMENT UNDER THIS CREDIT MUST BE ADVISED BY BENEFICIARY WITHIN TWO DAYS AFTER SHIPMENT BY TELEX OR FAX （IF AVAILABLE） OR BY AIRMAIL DIRECT TO THE APPLICANT AND TO M/S ARAB L/FE AND ACCIDENT INSURANCE COMPANY: TELEX No.22048, FAX No.693188 OR FAX No.754345, REFERING TO COVER NOTE No:567812FH, COPIES OF SUCH ADVICE SHOULD ACCOMPANY DOCUMENTS PRESENTED FOR NEGOTIATION.”“ALL DOCUMENTS REQUIRED UNDER THIS DOCUMENTARY CREDIT MUST MENTION THIS LC NUMBER AND THE ISSUING BANK NAME.”受益人需要提供装运通知，而且该通知必须致开证人及保险公司两个客户。

任务操作其他资料如下。

好友工艺品进出口有限公司从货代公司得知货物的发运日期为2019年7月12日，从潮州港装运，装运船只为YINGHUANG V.4。

唛头：

ITIC

AQABA

C/Nos.1-800

缮制的装运通知如下。

【样单Ⅲ-5-1】装运通知

GOOD FRIEND ARTS AND CRAFTS IMP. & EXP. CO.
301 SAN TIAO XIANG , CHAOZHOU, GUANGDONG, CHINA
SHIPPING ADVICE

TO:
INTERNATIONAL TRADING AND RE-EXPORT CO. DATE:Jul. 13，2019
P.O.BOX1147.A

M/S ARAB L/FE AND ACCIDENT INSURANCE COMPANY
TEL No.22048, FAX No.693188/754345
COVER NOTE No:567812FH

RE: L/C No. DCFJOM970603，ISSUING BANK: BRITISH BANK OF THE MIDDLE EAST,JEBEL HUSSEIN, AMMAN, JORDAN.
WE HEREBY INFORM YOU THAT THE GOODS UNDER THE INVOICE No. FAC0408 HAVE BEEN SHIPPED.THE DETAILS OF THE SHIPPMENT ARE AS FOLLOWS：
COMMODITY：24000 PAIRS “EVA” SLIPPER MODEL D027 SIZE 36-40
24000 PAIRS “EVA” SLIPPER MODEL D002 SIZE 30-35
PACKAGE：800CTNS
AMOUNT：USD24720.00
PORT OF LOADING：CHAOZHOU,CHINA
PORT OF DESTINATION：AQABA,JORDAN
DATE OF SHIPPMENT：Jul. 12, 2019
VESSEL’S NAME:YINGHUANG V.4
SHIPPING MARK:
ITIC
AQABA
C/Nos.1-800

GOOD FRIEND ARTS and CRAFTS IMP.&EXP CO.
×××（签署盖章）

任务情境3.5.2

缮制受益人证明

滨海进出口有限公司与加拿大 PETRICO INTERNATIONAL TRADING CORP.签约出口陶瓷杯碟产品一批（详情参见任务 3.4 缮制官方单据的任务情境 3.4.3）。

任务要求

缮制受益人证明。

支撑知识

3.5.2 受益人证明

受益人证明（Beneficiary’s Certificate）是一种由受益人自己出具的证明，以便证明自己履行了信用证规定的条款，如证明所交货物的品质、运输包装处理、按照要求寄单等。受益人证明书的内容如下。

（1）单据名称。单据名称应有“受益人证明”或信用证规定的名称。

（2）与其他单据的关联。为了与其他单据有关联，应注意标明发票号码或其他号码。

（3）证明内容。证明书中的内容需要与信用证中规定的内容一致。

（4）签发日期。一般而言，签发日期需要与所证明的内容相匹配。如果证明副本单据必须在装运后两天内寄给开证申请人，那么受益人证明的签发日期最好在这段时间内。

（5）签署。该项应由受益人签署。

任务操作

根据任务情境 3.5.2，信用证对受益人证明的规定“CERTIFICATE ISSUED BY BEFICIARY STATING THAT GOODS HAS BEEN SHIPPED BEFORE APRIL 15,2019 AND ALL THE REQUIRED DOCUMENTS HAVE BEEN FAXED TO THE APPLICANT IN ONE WEEK AFTER SHIPPING DATE.”

缮制的证明如下。

【样单Ⅲ-5-2】受益人证明

BINHAI IMP.& EXP. CO., LTD.
RM. NA34. ZIJINGYUAN HOTEL OF ZHONGSHAN UNIVERSITY, GUANGZHOU CHINA

CERTIFICATE

TO MESSERS:	DATE:Mar.21,2019
PETRICO INTERNATIONAL TRADING CORP	PLACE:GUANGZHOU, CHINA

RE: L/C No.: 001/19/14020X,INVOICE No: 12XW10

WE HEREBY CERTIFY THAT THE GOODS HAVE BEEN SHIPPED ON Mar.20, 2019 AND ALL THE REQUIRED DOCUMENTS HAVE BEEN FAXED TO YOU IN ONE WEEK AFTER SHIPPING DATE.

BINHAI IMP. & EXP., CO. LTD.
×××（签署盖章）

任务实训

实训 3.5.1　知识巩固

翻译下列句子

1．BENEFICIARY’S CERTIFICATE CERTIFYING THAT EACH COPY OF SHIPPING DOCUMENTS HAS BEEN FAXED TO THE APPLICANT WITHIN 48 HOURS AFTER SHIPMENT.

2. BENEFICIARY TO INTIMATE ONE SET OF NON-NEGOTIABLE DOCUMENTS DIRECTLY TO APPLICANT IMMEDIATELY ON SHIPMENT AND BENEFICIARY'S CERTIFICATE TO THIS EFFECT MUST ACCOMPANY THE DOCUMENTS.

实训 3.5.2　能力实训

实训要求 1：缮制受益人证明。

实训材料 1：见任务 3.1 缮制商业单据中的任务情境 3.1.1。

实训要求 2：缮制装运通知。

实训材料 2：见任务 3.1 缮制商业单据中的任务实训之实训 3.1.2 中的能力实训资料。

任务 3.6 缮制资金单据

学习目标

通过学习，要求完成以下任务：
1. 掌握汇票的含义、种类、使用及填制规范；
2. 正确填制信用证方式下的汇票；
3. 正确填制托收方式下的汇票。

任务情境3.6.1

信用证项下缮制汇票

2018 年 12 月，花海园艺进出口有限公司与塞浦路斯某公司签订一份木制产品的出口合同，合同号为 E18FD121，买方于 2019 年 1 月开来信用证，花海园艺进出口有限公司经过认真审核无误，于 2019 年 2 月 12 日将货物发运，随后该公司单证员张璐及时缮制好单据，并于 2019 年 2 月 20 日向银行办理交单议付。在信用证中，要求受益人提供汇票。

详细材料参见本教材项目 3 之任务 3.1 缮制商业单据之任务情境 3.1.1。

任务要求

缮制汇票。

支撑知识

资金单据（Financial Documents）是指具有货币的属性，用于收款的单据。资金单据严格来讲属于票据，包括汇票、本票、支票等。其中，汇票是国际贸易中最常用的资金单据。

3.6.1 汇票的定义

《中华人民共和国票据法》第十九条规定了汇票的定义和种类：汇票是出票人签发的，委托付款人在见票时或者在指定日期无条件支付确定的金额给收款人或者持票人的票据。汇票分为银行汇票和商业汇票。

《英国票据法》规定：A bill of exchange is an unconditional order in writing addressed by one person （the Drawer）to another（the Drawee）signed by the person giving it requiring the person to whom it is addressed （the Drawee），who when he signs becomes the Acceptor to pay on demand，or at a fixed or determinable future time a sum certain in money to or to the order of a specified person，or to bearer（the Payee）. 即汇票是一人向另一人签发的，要求即期或定期或在将来可以确定的时间，

向某人或其指定人或持票人支付一定金额的无条件书面支付命令。

一份汇票有三个当事人，即出票人（Drawer）、付款人（Drawee, Payer）和收款人（Payee）。出票人是开立汇票并交付汇票的人；付款人是由出票人在汇票中记名指定，接受票据提示并进行支付的当事人，又称“受票人”；收款人是从出票人手中获得票据并持票向付款人收款的当事人。

在国际贸易结算中，汇票通常由出口方开立，以进口方或受进口方委托的银行为付款人，并指定与其有往来业务的银行为收款人。

3.6.2 汇票的种类

1. 按照出票人的不同，汇票分为银行汇票和商业汇票

（1）银行汇票（Banker's Draft）。银行出具的汇票就是银行汇票，通常银行汇票的付款人也是银行。

（2）商业汇票（Trade Bill）。商业汇票的出票人是商号或个人，付款人可以是商号、个人，也可以是银行。在国际贸易结算中，出口商向国外进口商收取货款时签发的汇票属于商业汇票。

2. 按照付款期限的不同，汇票分为即期汇票和远期汇票

（1）即期汇票（Sight Bill or Demand Draft），是指持票人向付款人提示后，对方立即付款，又称“见票即付”汇票。

（2）远期汇票（Time Bill or Usance Drafe），是出票在一定期限或特定日期付款的汇票。

在实际业务中，远期汇票的付款日期主要有以下几种规定方式：

- 见票后若干天付款（At ... days after sight）；
- 出票日后若干天付款（At ... days after date）；
- 提单签发日后若干天付款（At ... days after date of B/L）；
- 某一特定日期付款（Fixed Date）。

其中，第一种方式最为常用，第三种次之，第二种和第四种则比较少见。

3. 按照有无随附单据，汇票分为光票和跟单汇票

（1）光票（Clean Bill）是不附带货运单据的汇票。银行汇票多是光票。

（2）跟单汇票（Documentary Bill）是附带货运单据的汇票。商业汇票一般多为跟单汇票。

4. 按照承兑人的不同，远期汇票分为银行承兑汇票和商业承兑汇票

（1）银行承兑汇票（Banker's Acceptance Bill）是由银行承兑的远期汇票。

（2）商业承兑汇票（Trader's Acceptance Bill）是由商号或个人承兑的远期汇票。

银行承兑汇票是建立在银行信用基础之上的，商业承兑汇票是建立在商业信用基础之上的。因此，银行承兑汇票信用度高于商业承兑汇票。

5. 按照使用货币的不同，汇票分为本国货币汇票和外国货币汇票

（1）本国货币汇票（Home Money Bill）的票面金额为本国货币。

（2）外国货币汇票（Foreign Money Bill）的票面金额为外国货币，付款时一般换算成本国货币付给收款人。

6. 按照流通地域的不同，汇票分为国内汇票和国外汇票

（1）国内汇票（Inland Bill）的出票、付款和流通均在一国之内。

（2）国外汇票（Foreign Bill）其中一方的出票和付款地点在国外或双方均在国外，而汇票可在两国以上的范围内流通。

3.6.3　汇票的使用

汇票的使用一般要经过出票、提示、付款等几个环节，远期汇票在到期付款前还要经过承兑这一环节。如果汇票需要流通转让，通常需要经过背书。如果汇票遭到拒付，收款人还要制作拒绝证书，依法行使追索权。

1. 出票（Issue）

出票是指出票人签发票据并将其交付给收款人的行为。出票包括开票和交付。开票（To Draw）是指出票人按照汇票上必须填写的项目开立汇票，并签字盖章；交付（Delivery）是指将开立的汇票交给持票人（即收款人）。汇票经过交付才算完成出票行为，汇票才开始生效。

出票人出票后，即须承担保证该汇票必然会被承兑或付款的责任，该汇票如得不到承兑或付款，出票人应当向持票人清偿被拒绝的汇票金额和自到期日或提示付款日至清偿日止的利息，以及由此产生的一切费用。出票是汇票的主要票据行为。

2. 提示（Presentation）

收款人或持票人将汇票提交付款人要求其付款或承兑的行为，称为提示。付款人看到汇票，称为见票（Sight）。提示可分为两种。

（1）提示承兑（Presentation for Acceptance）是指远期汇票持票人向付款人出示汇票，要求付款人承诺到期付款的行为。

（2）提示付款（Presentation for Payment）是指汇票持票人向付款人或承兑人出示汇票要求付款的行为。

提示承兑和提示付款均应在法定期限内进行，对此，各国的规定不一，如《中华人民共和国票据法》规定，即期和见票后定期付款的汇票应自出票后一个月内提示；定期付款或出票后定期付款的汇票应在到期日前向付款人提示承兑；已经承兑的远期汇票的提示付款期限为到期日前10日内。

3. 承兑（Acceptance）

承兑是指付款人对远期汇票表示承担到期付款责任的行为。承兑的手续是由付款人在汇票正面写上“承兑”（Accepted）字样，注明承兑的日期，并由付款人签字，交还持票人。付款人对汇票做出承兑，即成为承兑人（Acceptor），并成为汇票的主债务人，而出票人便成为汇票的次债务人。

4. 付款（Payment）

付款是指付款人向持票人支付汇票金额的行为，即期汇票在持票人提示汇票时，付款人见票即付。远期汇票在付款人承兑汇票后，于汇票到期日持票人提示时付款。付款后，汇票上的一切债权债务即告终止。持票人获得付款后，应在汇票上签收，并将汇票交给付款人作为收据存档。

5. 背书（Endorsement）

背书是转让汇票权利的一种法定手续，即由汇票持有人在汇票背面签上自己的名字和日期，或者再加上受让人的名字，并将汇票交给受让人的行为。经背书后，汇票的收款权利便转移给受让人。转让人成为背书人（Endorser），被转让人成为被背书人（Endorsee）。被转让人可以再加背书，再次转让，因此，一张汇票可以多次转让。对受让人来说，所有在他以前的背书人及原出票人都是他的“前手”，而对出让人来说，所有在他让与以后的受让人都是他的“后手”，“前手”对“后手”负有担保汇票必然会被承兑或付款的责任。

背书的方式可分为空白背书、特别背书、限制性背书等。

（1）空白背书（Endorsement in Blank）又称不记名背书，是指背书人在背书时，只在汇票背面签名，但不指定被背书人，即不写明受让人。经过这种背书后的汇票不但可以自由流通，而且可以无背书转让。

（2）特别背书（Special Endorsement）又称记名背书，是指背书人不仅在票据背面签名，还指定被背书人或其指定人。这种经特别背书的汇票，被背书人还可再次背书转让。例如，付给A公司（Pay to A Co.）；付给A公司的指定人（Pay to the Order of A Co.）；付给A公司或其指定人（Pay to A Co. or Order）。

（3）限制性背书（Restrictive Endorsement），又称不可转让背书，是指背书人对被背书人的指示带有限制性的词语。例如，仅付A公司（Pay to A Co. Only）；付给A公司，不可转让（Pay to A Co. Not Transferable）等。此种背书只能由指定的被背书人凭票取款，不能再次转让。在国际贸易结算中，限制性背书较少使用。

6. 拒付（Dishonor）

拒付又称退票，包括拒绝承兑（Dishonor by Non-acceptance）和拒绝付款（Dishonor by Non-payment）两项。持票人以汇票提示，被承兑人拒绝承兑，或者到期被付款人拒付，都应做成拒绝证书。拒绝证书（Protest）是由持票人在法定期限内要求付款地的公证人或其他有权出具证书的机构签发的证明付款人拒绝承兑或拒付的法律文件。持票人在取得拒绝证书后不需要再做付款提示，即可向“前手”行使追索权。

7. 追索（Recourse）

按照各国票据法规定，票据的各债务人对持票人负连带责任。当票据被付款人拒付或被承兑人拒绝承兑后，最后的持有人有权向所有“前手”中的一人或全体行使追索权，一直追索到出票人。追索权（Rights of Recourse）是指汇票遭到拒付，持票人对其“前手”（背书人、出票人）有请求其偿还汇票金额及费用的权利。在国外，行使追索权通常要求持票人提供拒绝证书，持票人凭以向“前手”追索。

3.6.4 汇票的内容及格式

根据各国票据法的规定，汇票必须要项齐全，否则法律上不予承认，受票人有权拒付。《中华人民共和国票据法》第二十二条规定，汇票必须记载下列事项：

（1）标明“汇票”字样；（2）无条件支付的委托；（3）确定的金额；（4）付款人名称；（5）收款人名称；（6）出票日期；（7）出票人签章。汇票上未记载前款规定事项之一的，汇票无效。

《中华人民共和国票据法》还规定：汇票上记载付款日期、付款地、出票地等事项的，应当清楚、明确。汇票上未记载付款日期的，为见票即付。汇票上未记载付款地的，付款人的营业场所、住所或经常居住地为付款地。汇票上未记载出票地的，出票人的营业场所、住所或经常居住地为出票地。

另外，汇票上可以记载除规定事项以外的其他出票事项，但是该记载事项不具有汇票的效力。

各银行和外贸公司的汇票格式不完全相同，但汇票的项目和内容基本上是一致的，下面附两种汇票格式作为参考。

【样单Ⅲ-6-1】汇票格式一

No. ____(1)____　　Date____(2)____　YanTai, China

Exchange for____(3)____

At____(4)____ Sight of this FIRST of exchange （Second of exchange being unpaid） pay to____(5)____

The sum of____(6)____

value received and charge to account

Drawn under____(7)____

To____(8)____

____(9)____

【样单Ⅲ-6-2】汇票格式二

Drawn under____(1)____　　____(13)____

L/C No.____(2)____　L/C date____(3)____

Payable with interest @____(4)____% per annum

No.____(5)____

Exchange for____(6)____　　Date____(7)____China

At____(8)____ sight of this FIRST of exchange（Second of exchange being unpaid）pay to____(9)____

The sum of____(10)____

To ____(11)____　　____(12)____

汇票属于资金单据，经过付款人承兑的汇票是一种有价证券，可以代替货币转让或流通。为了防止丢失，商业汇票一般一式两联，即 First of Exchange（第一正本联）和 Second of Exchange（第二正本联）。两张汇票具有同等效力，付款人只需付其中一张，先到先付，后到无效（即付一不付二，付二不付一）。同时，银行在寄送单据时一般将两张正本汇票分两个连续的邮次寄往国外，以防在一个邮次中全部丢失。

3.6.5 信用证项下汇票的缮制规范

下面以【样单Ⅲ-6-2】汇票格式二为例，说明汇票各栏目的填写方法。

（1）出票依据（Drawn Under）。信用证项下汇票的出票依据应列明根据××银行于××日期开立的××号信用证开立等字样。该示例汇票中，在 Drawn under 后面的空白处只需填写开证银行的名称即可。开证行的名称应填写全称，除非信用证内汇票条款中允许写开证行的缩写。

（2）信用证号码（L/C No.）。此栏填写信用证的号码。

（3）开证日期（L/C Date）。此栏应正确填上信用证开立的日期。开证日期与开证行名称、信用证号码共同构成了信用证项下的汇票的出票依据。

（4）年息（Payable with interest@_% per annum）。应由结汇银行填写，用以清算企业与银行间的利息费用。

（5）汇票编号（No.）。我国出口贸易多用发票号码当作汇票号码填制，因为商业发票是出口结算单证中的核心单据。一笔交易的汇票号码与商业发票号码一致，便于核对。

（6）小写金额（Exchange for）。在 Exchange for 后边的空白处填写该笔交易应支付的总金额，由货币名称缩写及阿拉伯数字组成。例如，USD2598.00。金额数要求保留小数点后两位，货币名称应与信用证规定和发票上的货币一致，汇票金额的多少应根据信用证的具体规定而填制。

（7）出票日期和地点（Date and Place）。此栏填写汇票的开立日期和地点。汇票的出票日期通常在全套单据的日期中是最晚的一个日期，但不得晚于信用证规定的交单期和信用证的议付有效日期。

（8）付款期限（Tenor）。在汇票中用“At…sight”表示。常见的汇票付款期限有两种，即期付款和远期付款。

即期付款（Sight Draft）：即见票即付。填制即期汇票时，一般在 At 和 sight 之间的横线上打上“…”或“***”，不可以空白不填，防止被其他人填上天数而变成远期付款汇票。

远期付款（Time Draft）：表示在将来的某个时间付款。填制远期汇票时，应在 At 和 sight 之间的横线上填上付款天数，并注明起算日。

常见的远期汇票付款期限填制规范如下。

- 见票后若干天付款。例如，某信用证规定见票后 30 天付款，则在填制汇票时，在汇票的 At 和 sight 之间填上“30DAYS”即可。
- 发票日后若干天付款。例如，某信用证规定发票日后 60 天付款，则在填制汇票时，应在汇票的 At 和 sight 之间填上“60DAYS”，并将 sight 字样更换为“AFTER INVOICE DATE”，再在其后写上具体的发票日期。
- 提单日后若干天付款。例如，某信用证规定提单日后 90 天付款，则在填制汇票时，应在汇票的 At 和 sight 之间填上“90DAYS”，并将 sight 字样更换为“AFTER B/L DATE”，并在其后填写具体的提单日期。
- 其他规定远期付款。例如，某信用证规定“L/C IS AVAILABLE WITH US BY PAYMENT AT 90DAYS AFTER RECEIPT OF FULL SET OF DOCUMENTS AT OUR COUNTERS”，则在填制汇票时，应在汇票的 At 和 sight 之间填上“90DAYS AFTER RECEIPT OF FULL SET OF DOCUMENTS AT YOUR COUNTERS”，并去掉 sight 字样。注意：信用证规定“OUR COUNTERS”（我方柜台）在汇票上应调整为“YOUR COUNTERS”。

（9）收款人（Pay to…）。此栏通常根据信用证的规定填写议付行的名称和地址。例如，某信用证规定“CREDIT AVAILABLE WITH THE ADVISING BANK BY NEGOTIATION AGAINST PRESENTATION OF YOUR DRAFTS AT SIGHT DRAWN ON US FOR FULL INVOICE VALUE”，此规定表示由通知行议付，故在此栏填制通知行的名称和地址。

汇票的收款人栏目俗称“抬头”，通常有以下三种填写方法。

- 限制性抬头：如“PAY TO ××× ONLY”（仅付给×××）或再加上“NOT NEGOTIABLE”或“NOT TRANSFERABLE”（不准流通），这种汇票不能流通，只有指定的收款人×××才能接受票款。
- 指示抬头：如“PAY TO THE ORDER OF ×××”（由×××指定），这种汇票可由收款人背书转让。
- 持票人或来人抬头：如“PAY BEARER”（给来人），这种汇票转让时无须背书，仅将汇票交给受让人即可。

信用证下的汇票收款人，目前在我国一般都制成由议付行指示抬头。

（10）大写金额（The Sum of）。大写金额应与小写金额完全一致，由小写金额翻译而成，格式通常是“SAY ... ONLY”，顶格填制，先填写货币名称全称（复数形式），再填写确定的英文金额数据。如“USD23 978.55”应翻译成“SAY US DOLLARS TWENTY THREE THOUSAND NINE HUNDRED SEVENTY EIGHT AND CENTS FIFTY-FIVE ONLY”。其中，小数点后数字0.55 的表达方法有以下几种：①CENTS FIFTY-FIVE；②POINT FIFTY-FIVE；③55%或 55/100。

（11）付款人（To）。该栏目填写汇票的付款人名称和地址。信用证项下，汇票的付款人应是开证行或开证行指定的付款行，而不是开证申请人。例如，某信用证规定“DRAWEE:ABC BANK”，则填制汇票时，付款人栏目应填“ABC BANK”。

（12）出票人。汇票上没有出票人栏，但习惯上在右下角空白处盖上出票人全称印章和其负责人手签印章。出票人一般为出口公司。

（13）特殊条款。汇票上也没有特殊条款一栏，但如信用证规定汇票中要标注某些特殊条款时，可以将特殊条款打印在汇票的右上角空白处。

例如，某信用证规定“THE NUMBER OF B/L MUST BE INDICATED IN THE DRAFT”。则在填制汇票时，须在汇票的右上角打上“B/L No. :×××”。

知识拓展

汇票金额与发票金额的关系

1．汇票金额 = 发票金额

除非信用证另有规定，一般情况下，汇票金额与发票金额一致。例如，某信用证规定：“DRAFT…FOR 100% OF INVOICE VALUE”或“DRAFT AT SIGHT…FOR FULL INVOICE COST / VALUE”，此时，汇票金额 = 发票金额。

2．汇票金额 < 发票金额

当发票金额含佣金或折扣，而信用证规定汇票金额须扣除佣金或折扣时，汇票金额会小于发票金额。例如，某信用证规定“INVOICE SHOWING CIF VALUE INCLUDING 3% COMMISSION，AT THE TIME OF NEGOTIATION 3% COMMISSION MUST BE DEDUCTED FROM DRAWINGS UNDER THIS CREDIT”，此时，汇票金额是扣除 3%佣金后的金额，小于发票金额。

3．当一笔交易采用部分信用证付款和部分托收付款时，通常需要开具两套汇票。这两套汇票的金额应分别按照信用证和托收的支付比例计算填制，且两者之和等于发票金额。例如，某销售合同规定“30% OF INVOICE VALUE PAYABLE BY D/P AT SIGHT，70% PAYABLE BY L/C AT 60DAYS AFTER SIHGT…”，则需要出具两套汇票，一套汇票的金额是发票金额的 30%，另一套汇票的金额是发票金额的 70%。

任务操作

根据任务情境 3.6.1，单证员张璐缮制的汇票如下。

【样单Ⅲ-6-3】信用证项下汇票

No. 19SHGD302　　　　Date Feb.20, 2019 QINGDAO,CHINA

Exchange for USD6115.00

At 30 DAYS AFTER SIGHT of this FIRST of exchange （Second of exchange being uppaid） pay to THE ORDER OF BANK OF CHINA, QINGDAO BRANCH.

The sum of SAY US DOLLARS SIX THOUSAND ONE HUNDRED AND FIFTEEN ONLY Value Received

Drawn under CYPRUS POPULAR BANK LTD., LARNAKA　L/C No.: 286/13/10016　DATED Jan.05,2019

To LIKICY2N×××

CYPRUS POPULAR BANK LTD.

LARNAKA

HUAHAI GARDEN PRODUCTS IMP. AND EXP. CO., LTD.

ZhangLu（签署盖章）

任务情境3.6.2

托收项下缮制汇票

华润贸易有限公司（HUARUN TRADING CO.,LTD. #10 JIANSHE ROAD,YANTAI, CHINA）与韩国 CHEON WOON PRECISION IND. CO., LTD. 378-7, PUNGMU-DONG, SEOUL, KOREA 签订一份玻璃器皿（Glass Ware）出口合同，合同号为 CW181121，合同规定：“装运期为 2018 年 12 月，付款方式为 D/P At Sight。”

华润贸易有限公司于 2018 年 12 月 8 日办妥装船手续。12 月 10 日，备好商业发票等单据和汇票向中国银行烟台支行办理托收。发票号码为 RX6080800，发票金额为 USD3857.28。出口公司签字人为王华。

任务要求

缮制托收项下的汇票。

支撑知识

3.6.6　托收项下汇票的缮制规范

托收项下汇票在以下四个栏目的缮制与信用证项下汇票的缮制有区别。

（1）付款期限（At sight）。托收项下，在 At 与 sight 之间填写合同规定的付款期限。另外，一般还要在 At 之前注明交单方式，即“D/P”或“D/A”。

（2）收款人（Pay to the Order of…）。托收项下，汇票的收款人一般是托收行。

（3）出票依据（Drawn Under）。托收项下，一般在 Drawn Under 后面填写“CONTRACT No．×× AGAINST SHIPMENT OF …（QUANTITY）OF…（COMMODITY） FOR

COLLECTION”等内容。即该汇票的出票依据是“根据××号合同项下装运××数量的××商品办理托收”。

（4）付款人（To）。托收项下，汇票的付款人应填写进口方的公司全称及详细地址。

除上述四项以外，其他栏目的填制可参考信用证项下汇票的缮制规范。

任务操作

根据任务情境 3.6.2，单证员缮制的汇票如下。

【样单Ⅲ-6-4】托收项下汇票

No.RX6080800

Exchange for USD3857.28　　Date: Dec. 10,2018 YanTai, China

D/P　At**** sight of this FIRST of exchange （Second of exchange being unpaid）

Pay to the order of BANK OF CHINA, YANTAI BRANCH.

The sum of SAY US DOLLARS THREE THOUSAND EIGHT HUNDRED FIFTY SEVEN AND CENTS TWENTY EIGHT ONLY

Drawn under CONTRACT No.CW181121 AGAINST SHIPMENT OF GLASS-WARE FOR COLLECTION

To CHEON WOON PRECISION IND. CO.,LTD.

378-7,PUNGMU-DONG,SEOUL ,KOREA

HUARUN TRADING CO.,LTD.

WANGHUA（签字盖章）

任务实训

实训 3.6.1　知识巩固

一、单项选择题

1．某公司签发一张汇票，上面注明“At 60days after B/L date”，这张汇票是（　　）。

A．即期汇票　　B．光票　　C．远期汇票　　D．跟单汇票

2．信用证规定到期日为 2018 年 5 月 15 日，最迟装运日为 2018 年 4 月 30 日，如果提单出单日为 2018 年 4 月 10 日，则受益人最迟交单日应为 2018 年（　　）。

A．4 月 30 日　　B．4 月 10 日　　C．5 月 15 日　　D．5 月 1 日

3．信用证上若未注明汇票的付款人，根据《UCP600》中的规定，汇票的付款人应是（　　）。

A．开证申请人　　B．开证行　　C．议付行　　D．出口人

4．在进出口贸易中，一般而言，（　　）的日期是全套单据中最晚的，但不得晚于信用证规定的交单日和到期日。

A．发票　　B．提单　　C．汇票　　D．保险单

5．信用证项下已经被议付的汇票，如果遭到了拒付，则（　　）可以向受益人行使追索权。

A．开证行　　B．保兑行　　C．议付行　　D．付款行

6．在远期信用证中，承兑是（　　）对远期汇票表示承担到期付款责任的行为。

A．出票人　B．议付行　C．背书人　D．开证行

7．信用证方式下的汇票是（　　）开立的，属于（　　）。

A．进口商、商业汇票　B．出口商、银行汇票

C．出口商、商业汇票　D．进口商、银行汇票

8．一张有效的信用证，必须规定一个（　　）。

A．装运期　B．有效期　C．交单期　D．议付期

9．出票人是银行，受票人也是银行的汇票是（　　）。

A．商业汇票　B．银行汇票　C．光票　D．跟单汇票

10．Usance Draft 指（　　）。

A．即期汇票　B．远期汇票　C．光票　D．跟单汇票

11．托收方式下的汇票是（　　）开立的，属于（　　）。

A．进口商、商业汇票　B．出口商、银行汇票

C．出口商、商业汇票　D．进口商、银行汇票

12．下列（　　）信用证，不需要提供汇票。

A．即期付款　B．议付　C．延期付款　D．承兑

13．汇票的（　　）栏目，通常被称为“抬头”。

A．付款人　B．出票人　C．收款人　D．付款时间

14．以下（　　）抬头的汇票，须经背书方可转让。

A．限制性　B．指示性　C．来人　D．持票人

15．持票人将汇票提交付款人要求其付款或承兑的行为是（　　）。

A．出票　B．承兑　C．提示　D．背书

二、多项选择题

1．下列说法正确的有（　　）。

A．汇票的抬头是买方　B．发票的抬头是卖方

C．提单的抬头是收货人　D．CIF 合同下的保险单的抬头是卖方

2．汇票的抬头限定“PAY TO ABC CO.ONLY”，表明（　　）。

A．限付给 ABC CO.　B．凭 ABC CO.指示

C．可以转让　D．不能转让

3．在信用证项下的汇票，其出票依据一般要填写的内容包括（　　）。

A．开证行名称　B．开证申请人名称　C．信用证号码　D．开证日期

4．在实际业务中，远期汇票付款时间的规定办法有（　　）。

A．见票后若干天付款　B．出票后若干天付款

C．提单签发日后若干天付款　D．指定日期付款

5．按照有无随附单据，汇票可分为（　　）。

A．即期汇票　B．远期汇票　C．光票　D．跟单汇票

6．汇票的基本当事人有（　　）。

A．出票人　B．背书人　C．付款人　D．收款人

7．下列说法中，正确的有（　　）。

A．汇票有即期和远期之分　B．汇票的基本当事人有两个

C．远期汇票由银行承兑后可以贴现　　D．汇票的付款人是出票人

8．汇票的票据行为有（　　）。

A．出票　　B．承兑　　C．提示　　D．付款

9．汇票的抬头具体有（　　）。

A．限制性抬头　　B．指示性抬头　　C．来人或持票人抬头　D．记名抬头

10．根据《中华人民共和国票据法》规定，汇票必须记载的事项，除表明“汇票”字样、无条件支付命令和确定的金额以外，还必须有（　　）。

A．付款人名称　　B．收款人名称　　C．出票日期　　D．出票人签章

三、翻译题

1．THIS CREDIT IS AVAILABLE WITH THE HONGKONG AND SHANGHAI BANKING CORPORATION,SHANGHAI BY NEGOTIATION AGAINST BENEFICIARY'S DRAFTS DRAWN UNDER THIS L/C AT SIGHT BASIS.

2．THE DRAFTS AT 60 DAYS SIGHT DRAWN ON BANK OF TOKYO LTD., TOKYO BRANCH. USANCE DRAFTS DRAWN UNDER THIS L/C ARE TO BE NEGOTIATED AT SIGHT BASIS. DISCOUNT CHARGES AND ACCEPTANCE COMMISSION ARE FOR ACCOUNT OF ACCOUNTEE.

3．DRAFT AT 30 DAYS AFTER SIGHT FOR FULL INVOICE VALUE ON BANK OF CHINA.

四、简答题

某信用证规定“DOCUMENTARY CREDIT IS AVAILABLE WITH YOURSELVES BY PAYMENT AGAINST PRESENTATION OF THE DOCUMENTS DETAILED HEREIN”，无汇票的其他规定。请问该信用证项下议付时，需要提供汇票吗？

实训 3.6.2　能力实训

一、实训要求：根据下述材料缮制汇票。

二、实训材料

1．信用证资料

【样单Ⅲ-6-5】信用证资料

TO:	2153BKCHCNBJA94094610
FROM:	1453 23 ABNABERRXXXX46343 ABNABEBRXXXX *ABN AMRO BANK N.V. * BRUSSELS
SEQUANCE OF TOTAL	27:1/1
FORM OF DOCUMENTARY CREDIT	40A: IRREVOCABLE
DOCUMENTARY CREDIT NUMBER	20:23456
DATE OF ISSUE	31C:2019.02.30
DATE AND PLACE OF EXPIRY	31D: 2019.06.30 CHINA
APPLICANT	50: ABC COMPANY, BRUSSELS, BELGIUM
BENEFICIARY	59: DEF COMPANY, QINGDAO, CHINA
CURRENCY CODE, AMOUNT	32B: USD102 000.00
AVAILABLE WITH…BY…	41D: ANY BANK BY MIXED PAYMENT
DRAFTS AT	42M: AT 30 DAYS AFTER SHIPMENT DATE FOR 70PCT OF INVOICE VALUE AT SIGHT FOR 30PCT OF INVOICE VALUE
DRAWEE:	42D: OUR NEW YORK BRANCH.
PARTIAL SHIPMENTS	43P: NOT ALLOWED
PRESENTATION PERIOD	48: 15 DAYS AFTER SHIPMENT DATE

2. 其他资料

发票号码：QD 1966

发票金额：USD102 000.00

出口商 2019 年 4 月 20 日向议付行 BANK OF CHINA, QINGDAO BRANCH 交单，出口商的授权签字人为杨山。

装运日期为 2019 年 4 月 16 日。

【样单Ⅲ-6-6】空白汇票 1

BILL OF EXCHANGE

凭 不可撤销信用证
Drawn Under Irrevocable L/C No.

日期 支 取 按息付款
Date Payable With interest @ %

号码 汇票金额
No. Exchange for

见票 日 后 (本 汇 票 之 副 本 未 付) 付 交
At sight of this FIRST of Exchange (Second of Exchange Being unpaid) Pay to the order of

金额
The sum of

此致
To

【样单Ⅲ-6-7】空白汇票 2

BILL OF EXCHANGE

凭 不可撤销信用证
Drawn Under Irrevocable L/C No.

日期 支 取 按息付款
Date Payable With interest @ %

号码 汇票金额
No. Exchange for

见票 日 后 (本 汇 票 之 副 本 未 付) 付 交
At sight of this FIRST of Exchange (Second of Exchange Being unpaid) Pay to the order of

金额
The sum of

此致
To

任务 3.7 审核结汇单据

学习目标

通过学习，要求完成以下任务：

1. 掌握审核单据的依据、方法及各单据的审核要点；
2. 根据合同、信用证等审核结汇单据，找出单据的不符点；
3. 掌握不符单据的处理方法。

任务情境3.7.1

2019 年 8 月，德创进出口有限公司与德国 INTERCOM IMPORT & EXPORT CO.,LTD.公司签订出口合同，合同规定用信用证方式结算。买方于 2019 年 8 月开立信用证（详见样单Ⅲ-7-1），德创进出口有限公司审证无误，于 2019 年 9 月 1 日将货物发运，随后该公司单证员张璐缮制了相关单据。

1. 信用证

【样单Ⅲ-7-1】信用证

SEQUENCE OF TOTAL	*27	1 / 1
FORM OF DOC. CREDIT	*40A	NON-TRANSFERABLE
APPLICABLE RULES	40E	UCP LATEST VERSION
DOC. CREDIT NUMBER	*20	4006LC129336
DATE OF ISSUE	31C	2019.08.01
EXPIRY	*31D	DATE 2019.10.05 PLACE CHINA
APPLICANT	*50	INTERCOM IMPORT & EXPORT CO.,LTD. 123 FRIEDRICH-EBERT STREET,HAMBURG GERMANY
BENEFICIARY	*59	DECHUANG IMPORT & EXPORT CO.,LTD. HONGHU ROAD 16#,SHANGHAI P.R.CHINA
AMOUNT	*32B	CURRENCY USD AMOUNT 32 400.00
POS./NEG.TOL.(%)	39 A	03/03
AVAILABLE WITH/BY	*41D	ANY BANK IN CHINA BY NEGOTIATION AGAINST THE DOCUMENTS DETAILED HEREIN AND BENEFICIARY'S DRAFT AT 30 DAYS AFTER SIGHT DRAWN ON US UNDER L/C No. 4006LC129336 FOR 100PCT OF THE INVOICE VALUE
DRAWEE	42A	THE CHARTERED BANK AG HAMBURG
PARTIAL SHIPMENTS	43P	NOT ALLOWED
TRANSSHIPMENT	43T	NOT ALLOWED
PORT OF LOADING	44E	CHINA PORT
PORT OF DISCHARGE	44F	HAMBURG
LATEST SHIPMENT	44C	AT THE LATEST SEPT.10,2019

续表

GOODS DESCRIPT.	45A	
		4439 CHINA BLACK TEA BAT.8000KGS @ USD4.05/KG CIFC3% HAMBURG (1x20'FCL/200 PAPER SACKS) PACKED IN PAPER SACKS. PALLETIZED AND CONTAINERIZED AS PER THE SALES CONFIRMATION No.BT7095 THE PRICE IS TO BE UNDERSTOOD PER KILO NET SHIPPED WEIGHT CIF HAMBURG LESS 3 PERCENT COMMISSION
DOCS REQUIRED	46A	
		+ SIGNED COMMERCIAL INVOICE IN 4-FOLD. + PACKING LIST IN TRIPLICATE. + FULL SET OF CLEAN ON BOARD MARINE BILL OF LADING MADE OUT TO THE ORDER, MARKED FREIGHT PREPAID AND NOTIFY APPLICANT. + GSP CERTIFICATE OF ORIGIN FORM A, CERTIFYING GOODS OF ORIGIN IN CHINA, ISSUED BY COMPETENT AUTHORITIES. + INSURANCE POLICY OR CERTIFICATE COVERING ALL RISKS AND WAR RISK, INCLUDING WAREHOUSE TO WAREHOUSE CLAUSE, ISSUED FOR AT LEAST 110 % OF CIF-VALUE.
ADDITIONAL CONDITION	47A	
		IF BILL OF LADING IS REQUIRED ABOVE, PLEASE FORWARD DOCUMENT IN TWO MAILS, ORIGINALS SEND BY COURIER AND DUPLICATES BY REGISTERED AIRMAIL
DETAILS OF CHARGES	71B	BANK CHARGES EXCLUDING ISSUING BANKS ARE FOR ACCOUNT OF BENEFICIARY
PRESENTATION PERIOD	48	DOCUMENTS TO BE PRESENTED WITHIN 15 DAYS FROM SHIPMENT DATE
CONFIRMATION	*49	WITHOUT
INSTRUCTIONS	78	DISCREPANT DOCUMENTS, IF ACCEPTABLE, WILL BE SUBJECT TO A DISCREPANCY HANDLING FEE OF USD 50.00 OR EQUIVALENT WHICH WILL BE FOR ACCOUNT OF BENEFICIARY SPECIAL NOTE: ISSUING BANK WILL DISCOUNT ACCEPTANCES ON REQUEST, FOR A/C OF BENEFICIARY (UNLESS OTHERWISE STATED) AT APPROPRIATE LIBOR RATE PLUS 1.00 PERCENT MARGIN
SEND. TO REC. INFO.	72	L/C IS SUBJECT TO UCP DC ICC IN USE PLEASE ADVICE URGENTLY TO BEN
TRAILER		ORDER IS <MAC:> <PAC:> <ENC:> <CHK:> <TNG:> <PDE:>

2. 补充资料

> 发票号码：WHC-19Y2988
>
> 发票日期：2019.08.15
>
> FORM A 号码：GZ7/80067/0158
>
> 船名：SUISU/SENTOR V.001
>
> 产品原材料情况：完全自产品
>
> 集装箱号码：TEXU3730336/20’
>
> 装运港：SHANGHAI
>
> 毛重：40.7KGS/PAPER SACK
>
> 净重：40KGS/PAPER SACK
>
> 总尺码：24CBM
>
> 提单号码：GSG09-723858
>
> 提单日期：2019.09.01
>
> 唛头：H&L/HAMBURG C/Nos. 1-200
>
> 包装：200 PAPER SACKS

单证员张璐根据上述材料缮制的汇票和其他单据如下。

【样单Ⅲ-7-2】汇票

BILL OF EXCHANGE

凭
Drawn Under　THE CHARTERED BANK AG HAMBURG　　不可撤销信用证 Irrevocable L/C　No.　4006LC129336

日期 Date　AUG. 1, 2019　　支取 Payable With　按息付款 interest @　　%

号码 No.　WHC-19Y2988　　汇票金额 Exchange for　USD32 400.00　　上海 Shanghai　　SEPT.15, 2019

见票 At　--------　日后（本汇票之副本未付）付交 sight of this FIRST of Exchange (Second of Exchange Being unpaid) Pay to the order of　BANK OF COMMUNICATIONS, SHANGHAI

金额 The sum of　**SAY US .DOLLARS THIRTY TWO THOUSAND FOUR HUNDRED ONLY.**

此致 To　Intercom Import & Export Co., Ltd.
123 FRIEDRICH-EBERT STREET,HAMBURG

Dechuang Import & Export Co., Ltd.
ZHANGLU (STAMP)

【样单Ⅲ-7-3】商业发票

<table>
<tr><td colspan="5">德创进出口有限公司
Dechuang Import & Export Co., Ltd.
HongHu Road 16#,SHANGHAI P.R. China</td></tr>
<tr><td colspan="3" rowspan="3">**COMMERCIAL INVOICE**</td><td>**Date**</td><td>2019.08.15</td></tr>
<tr><td>**Invoice No.**</td><td>WHC-19Y2988</td></tr>
<tr><td>**S/C No.**</td><td>BT7095</td></tr>
<tr><td>**Messrs**</td><td colspan="4">Intercom Import & Export Co., Ltd.
123 FRIEDRICH-EBERT STREET,HAMBURG GERMANY</td></tr>
<tr><td colspan="5">**Terms of Payment: L/C AT SIGHT**</td></tr>
<tr><td>**Marks and Numbers**</td><td>**Description & Quantity**</td><td>**Quantity**</td><td>**Unit Price**</td><td>**Amount**</td></tr>
<tr><td>H&L
HAMBURG
C/Nos.1-200</td><td>4439 CHINA BLACK TEA</td><td>8000KGS</td><td>USD 4.05</td><td>USD32 400.00</td></tr>
<tr><td colspan="3">**TOTAL 8000KGS**</td><td></td><td>USD32 400.00</td></tr>
<tr><td colspan="5">TOTAL QUANTITY:8000 KGS PACKING:200 PAPER SACKS
TOTAL WEIGHT:N.W.:8000 KGS G.W.:8140 KGS
TOTAL US DOLLARS THIRTY TWO THOUSAND FOUR HUNDRED ONLY.
PACKING: IN PAPER SACKS, PALLETIZED AND CONTAINERIZED INTO 1x20' FCL.</td></tr>
</table>

【样单Ⅲ-7-4】装箱单

<table>
<tr><td colspan="6">德创进出口有限公司
Dechuang Import & Export Co.,Ltd.
HongHu Road 16#,SHANGHAI P.R.China
DATE: 2019.08.15
INVOICE No.: WHC-19Y2988</td></tr>
<tr><td colspan="6">**PACKING LIST**</td></tr>
<tr><td>**PORT OF LOADING**</td><td colspan="2"></td><td>**PORT OF DISCHARGE**</td><td colspan="2">HAMBURG,GERMANY</td></tr>
<tr><td>**S/C No.**</td><td>BT7095</td><td>**L/C No.**</td><td colspan="3">4006LC129336</td></tr>
<tr><td>**Shipping Marks**</td><td>**Descriptions of Goods**</td><td>**Quantity**</td><td>**G.W.**</td><td>**N.W.**</td><td></td></tr>
<tr><td>H&L
HAMBURG
C/Nos.1-200</td><td>4439 CHINA BLACK TEA
200 PAPER SACKS</td><td>8000KGS</td><td>40.7KGS/PAPER SACK</td><td>40KGS/PAPER SACK</td><td></td></tr>
<tr><td colspan="2">**TOTAL**</td><td>8000KGS</td><td>8140 KGS</td><td>8000 KGS</td><td></td></tr>
<tr><td>**SAY TOTAL**</td><td colspan="5">TWO THOUSAND PAPER SACKS ONLY</td></tr>
</table>

【样单Ⅲ-7-5】GSP 原产地证书 FORM A

ORIGINAL

1. Goods consigned from (Exporter's business name, address, country)	Reference No. GZ7/80067/0158
DECHUANG IMPORT & EXPORT CO.,LTD. HONGHU ROAD 16#,SHANGHAI P.R. CHINA	**GENERALIZED SYSTEM OF PREFERENCES** **CERTIFICATE OF ORIGIN** (Combined declaration and certificate)
2. Goods consigned to (Consignee's name, address, country)	**FORM A**
INTERCOM IMPORT & EXPORT CO.,LTD. 123 FRIEDRICH-EBERT STREET,HAMBURG	Issued in **THE PEOPLE'S REPUBLIC OF CHINA** (country) See Notes overleaf
3. Means of transport and route (as far as known)	4. For official use
ON/AFTER AUGUST 15,2019 FROM QINGDAO PORT TO HAMBURG, GERMANY BY VESSEL	

5. Item number	6. Marks and numbers of packages	7. Number and kind of packages; description of goods	8. Origin criterion (see Notes overleaf)	9. Gross weight or other quantity	10. Number and date of invoices
1	H&L HAMBURG C/Nos.1-200	EIGHT THOUSAND (8000) KGS OF 4439 CHINA BLACK TEA ******************************	"P" ******	8140KGS ************* TOTAL: 8140KGS	WHC-19Y2988 AUG. 15,2019

11. Certification It is hereby certified, on the basis of control carried out, that the declaration by the exporter is correct.	12. Declaration by the exporter The undersigned hereby declares that the above details and statements are correct, that all the goods were. produced in CHINA (country) and that they comply with the origin requirements specified for those goods in the Generalized System of Preferences for goods exported to GERMANY (country)
SHANGHAI, CHINA AUG.20, 2019	SHANGHAI, CHINA AUG.20, 2019
-- Place and date, signature and stamp of certifying authority	-- Place and date, signature and stamp of authorized signatory

【样单Ⅲ-7-6】保险单

中国人民保险公司上海分公司

The People's Insurance Company of China ShangHai Branch

总公司设于北京　　一九四九年创立

The People's Insurance （Property） Company of China,Ltd.

货 物 运 输 保 险 单

CARGO TRANSPORTATION INSURANCE POLICY

发票号码(Invoice No.) 信用证号(Credit No.)	**WHC-19Y2988** 4006LC129336	保险单号次 Policy No.	
被保险人（Insured）	DECHUANG IMPORT & EXPORT CO.,LTD. HONGHU ROAD 16#,SHANGHAI P.R.CHINA		

中国人民保险公司（以下简称本公司）根据被保险人的要求，及其所缴付约定的保险费，按照本保险单承担险别和背面所载条款与下列特别条款承保下列货物运输保险，特签发本保险单。

This policy of Insurance witnesses that the People's Insurance （Property） Company of China, Ltd. （hereinafter called "The Company" ）, at the request of the Insured and in consideration of the agreed premium paid by the Insured, undertakes to insure the undermentioned goods in transportation subject to conditions of the Policy as per the Clauses printed overleaf and other special clauses attached hereon.

货物标记 Marks of Goods	包装及数量 Quantity	保险货物项目 Descriptions of Goods	保险金额 Amount Insured
H&L HAMBURG C/Nos.1-200	200 PAPER SACKS 8000KGS	4439 CHINA BLACK TEA	USD32 400.00

总保险金额 Total Amount Insured	US DOLLARS THIRTY TWO THOUSAND FOUR HUNDRED ONLY

保费 Premium		运输工具 Per Conveyance S.S.	SUISU/SENTOR V.001	开航日期 Slg. on or abt	AS PER B/L
起运港 From	SHANGHAI PORT	目的港 To	HAMBURG		

承保险别
Conditions

ALL RISKS AND WAR RISK,INCLUDING WAREHOUSE TO WAREHOUSE CLAUSE

所保货物，如发生本保险单项下可能引起索赔的损失或损坏，应立即通知本公司下述代理人查勘。如有索赔，应向本公司提交保险单正本（本保险单共有 2 份正本）及有关文件。如一份正本已用于索赔，其余正本则自动失效。

In the event of loss or damage which may result in a claim under this Policy, immediate notice must be given to the Company's Agent as mentioned hereunder. Claims, if any, one of the Original Policy which has been issued in TWO original （s） together with the relevant documents shall be surrendered to the Company. If one of the Original Policy has been accomplished, the others to be void.

赔款偿付地点 Claim Payable at	GERMANY IN EUR		
日期 Date	Sept. 1,2019	在 At	The People's Insurance （Property） Company of China,Ltd (STAMP)
地址 Address			

【样单Ⅲ-7-7】提单

Shipper Insert Name, Address DECHUANG IMPORT & EXPORT CO.,LTD. HONGHU ROAD 16#,SHANGHAI　P.R.CHINA	B/L No. ：GSG09-723858 中远集装箱运输有限公司 COSCO CONTAINER LINES TLX: 33057 COSCO CN FAX: +86(021) 6545 8984 ORIGINAL Port-to-Port or Combined Transport
Consignee Insert Name, Address INTERCOM IMPORT & EXPORT CO.,LTD. 123 FRIEDRICH-EBERT STREET,HAMBURG, GERMANY	
Notify Party Insert Name, Address INTERCOM IMPORT & EXPORT CO.,LTD. 123 FRIEDRICH-EBERT STREET,HAMBURG,GERMANY	**BILL OF LADING**

Combined Transport * Pre - carriage by	Combined Transport* Place of Receipt	
Ocean Vessel Voy. No. SUISU/SENTOR V.001	Port of Loading SHANGHAI PORT	
Port of Discharge HAMBURG, GERMANY	Combined Transport * Place of Delivery	

Marks & Nos. Container / Seal No.	No. of Containers or Packages	Description of Goods	Gross Weight (KGS)	Measurement
H&L HAMBURG C/Nos.1-200	200 PAPER SACKS	4439 CHINA BLACK TEA SHIPPED ON BOARD	8140KGS	24CBM

Description of Contents for Shipper's Use Only (Not part of This B/L Contract)

Total Number of containers and/or packages (in words)

SAY: TWO HUNDRED PAPER SACKS ONLY

Freight & Charges	Revenue Tons	Rate	Per	Prepaid	Collect
Declared Value Charge					

Ex. Rate	Prepaid at	Payable at	Place and date of issue
			SHANGHAI, CHINA
	Total Prepaid	No. of Original B(s)/L	Signed for the Carrier,
		THREE	COSCO CONTAINER LINES

LADEN ON BOARD THE VESSEL

DATE		BY

任务要求

根据提供的信用证及补充资料审核全套结汇单据，指出单据的所有不符点。

支撑知识

出口商按买卖合同约定发运货物后，应及时制作单据办理交单结汇。出口商向银行交单前必须审核单据，保证单证符合“正确、完整、及时、简明、清晰”的原则要求。

3.7.1 信用证结算方式下的审单依据

1. 根据信用证条款审单

信用证是根据买卖双方的交易合同开立的，是各相关当事人结算货款应当遵循的契约性文件。在信用证方式下审核单据时，各有关当事人应按照信用证所规定的条件、条款，逐条对照，以确定单据是否满足信用证的规定。具体操作时，应遵循表面一致性和内容相符性两条原则。

（1）遵循表面一致性原则，即“单证一致”。受益人提交的单据名称、内容、形式、份数、种类等表面上必须与信用证规定一致。例如，某信用证将货物描述为“ATTACHES SANITARY WARE”（卫生洁具附件），而出口商公司内部管理体系将其命名为“EXPANSION BOLT”（膨胀螺栓）。为满足表面一致性原则，相关单据中货物描述应该是“ATTACHES SANITARY WARE”，或者“ATTACHES SANITARY WARE（EXPANSION BOLT）”，而不能描述为“EXPANSION BOLT”。如果有的单据因某种特殊作用，如清关报税时需显示具体货名，则必须将信用证所规定的“ATTACHES SANITARY WARE”显示在单据上，再在其后加注具体货名。

（2）遵循内容相符性原则，即“单单一致”。所提交单据之间在货物名称与描述、数量、金额等方面相一致，各个单据之间不存在相互矛盾之处。

另外，在审单时应注意避免照搬、照抄信用证的原话，只要内容相符即可。信用证的有关人称指向、时态、语态等，转到单据上时，应做相应的调整，以避免不必要的误会。

2. 按照《跟单信用证统一惯例》的规定审单

《跟单信用证统一惯例》是有关信用证的国际贸易惯例，被大多数国家和地区接受和使用。《跟单信用证统一惯例》所体现的国际标准银行惯例是各银行处理结算业务遵循的基本准则，出口商应按照《跟单信用证统一惯例》的要求，合理、审慎地审核信用证要求的所有单据，以确定其表面上是否与信用证条款相符。

3. 结合信用证上下文内容审单

信用证的内容是完整、互为联系的。其中要求的条件、单据等是相辅相成、前后一致的。审单时应结合上下文内容进行，避免片面、孤立地看待某一条款。例如，某信用证要求提交的单据中有一项是“CERTIFICATE OF ORIGIN”（产地证书），而在后文中又要求受益人将正本“GSP CERTIFICATE OF ORIGIN FORM A”（普惠制产地证书正本）寄交开证申请人。结合上下文内容，我们就能判断信用证要求向银行提交的是副本“GSP CERTIFICATE OF ORIGIN FORM A”（普惠制产地证书），而非一般的产地证书。

4. 按照合情、合理、合法的原则审单

合情、合理、合法是指审单员应根据自己所掌握的国际贸易结算知识，对各种单据的完整性和准确性，做出合乎情理的判断。例如，普惠制产地证书是给惠国赋予受惠国出口货物减免关税的一种优惠凭证，其“收货人”一栏，应填写最终买主。如果信用证未做明确规定，则应根据提单的收货人、通知人及货至目的地的最终买主做出合理的选择。

3.7.2 审核单据的方法

1. 纵横审单法

纵横审单法是指将单据和信用证进行对照审核的方法，具体可分为纵向审单法和横向审单法两种。

纵向审单法是指以信用证为中心，按照信用证的要求逐一对相关单据进行审核，逐字逐句进行核对，审核是否存在不一致的方法。这也是“单证一致”的重要体现。

横向审单法是指单据之间进行审核，以发票为中心，单据和单据之间逐一核对的方法。这也是“单单一致”原则的重要体现。

在实践中，这两种方法相互配合使用，最终达到“单证一致、单单一致”的要求，从而顺利收回货款。

2. 先形式审查后内容审查审单法

信用证通常要求提交单据的种类和份数，在审核单据内容之前，可以先进行形式的审查。例如，是否提交了信用证要求的单据种类、份数等，然后再进行实质内容的核对。

3. 先共有项目后特殊项目审单法

共有项目与特殊项目主要是针对各个单据内容而言的。单据与单据之间在内容上有相同点。如发票号码、运输唛头、货物描述、货物数量等内容在大多数单据中都存在，除此之外，有些单据还有一些特殊内容，也就是其他单据所不具有的内容。在审核单据的时候，先审核共有内容再审核其他特殊内容，就可以大大提到效率，避免重复审核。

4. 先数字后文字审单法

单据内容可分为数字和文字两部分。数字内容包括单价、总价、数量、毛净重、尺码、日期等，数字更便于审核，数字审核完之后再进行文字审核。

3.7.3 审核单据的要点

一、总体审单要点

审核单据的总体要点如下。

（1）检查规定的单证是否齐全，所需单证的份数是否符合信用证的要求。

（2）检查所提供的文件名称和类型是否符合要求。

（3）需要认证的单证是否按规定进行了认证。

（4）单据之间的货物描述、数量、重量、体积、运输标志等是否一致。

（5）单据出具或提交的日期是否符合要求。

二、分单据审核要点

1. 汇票

审核汇票时要注意以下几项内容。

（1）汇票金额应按照信用证的规定填制，大小写一致，填写规范。

（2）汇票上的货币名称应与商业发票、信用证上的货币名称一致。

（3）汇票付款期限应与信用证规定相符。

（4）汇票付款人应为开证行或指定的付款行。

（5）汇票出票人应为信用证受益人，通常为出口商，且应与信用证受益人名称相符。

（6）汇票须由出票人签字盖章，无出票人签字盖章的汇票视为无效汇票。

（7）必要时汇票应被正确背书。

（8）出票条款是否正确。

（9）汇票出票日期必须在信用证有效期内，不应早于发票日期。

2. 商业发票

审核商业发票时要注意以下几项内容。

（1）商业发票应由信用证受益人开立，即出票人应与受益人名称、地址一致。

（2）商业发票上商品的名称、数量、单价、包装、价格条件、合同号码等描述，必须与信用证严格一致。

（3）商业发票抬头应为开证申请人，抬头人应与信用证开证申请人名称、地址一致。

（4）商业发票日期可以早于开证日期，但不得迟于最迟交单期和信用证到期日。

（5）商业发票一般不需要签字，除非信用证另有规定。

（6）商业发票上的装运港、卸货港、唛头、数量、重量、尺码应与其他单据所列一致。

（7）商业发票的单价、贸易条件应与信用证相符。

（8）商业发票上的金额不得超出信用证的金额，应按实际发运的货物金额填制。如果信用证的数量、金额前面有“ABOUT/ CIRCA”类似含义的字样，可按10%的增减幅度掌握。

（9）信用证要求标明和证明的内容不能遗漏，也不能机械地照搬信用证的证明词句。

（10）佣金或折扣的处理要与信用证规定相符。

（11）提交的正副本份数必须符合信用证的要求。

3. 包装单据

审核包装单据时要注意以下几项内容。

（1）名称应与信用证规定一致。

（2）单据所列货物、件数、质量、体积、数量等应与其他单据一致。

（3）不要出现单价、总金额。

（4）内容要与货物的实际包装完全相符。

4. 保险单据

审核保险单据时要注意以下几项内容。

（1）保险单据的类型应与信用证要求相一致，除非信用证另有规定，银行不接受由保险经纪人签发的暂保单（Cover Note）。

（2）在CIF、CIP贸易条件下，被保险人是卖方或受益人，应做成空白背书，使保险单据成为可流通形式。

（3）保险单据必须使用与信用证相同的货币开立，除非信用证另有规定，最低保险金额应为CIF或CIP价格的110%。

（4）保险金额大小写要一致。

（5）保险单的签发日期不应晚于提单签发日。

（6）承保险别应符合信用证规定。当信用证规定投保“一切险”时，保险单上含有“任何一切险”批注或条文时，不论其有无“一切险”的标题，根据《UCP600》中的规定，银行都可以接受该单据。

（7）赔偿地点应符合信用证规定，一般是在进口国家。

（8）保险单上所列船名、航线、港口、起运日期应与提单一致。

（9）保险单据上有关货物名称、数量、唛头等应与发票、提单及其他货运单据一致。

（10）除非信用证另有规定，保险单可以转让，并由被保险人背书。

（11）信用证要求提供保险单（Insurance Policy）时，不得以保险凭证（Insurance Certificate）代替，反之则可以。

5. 海运提单

审核海运提单时要注意以下几项内容。

（1）提单必须按信用证规定的份数全套提交，如信用证未规定份数，则一份也可视作全套。

（2）提单的抬头人应按信用证要求进行填写，如是“TO ORDER”或“TO ORDER OF SHIPPER”的抬头，应审核发货人是否进行了有效背书。

（3）提单被通知人的名称、地址应与信用证规定相符。

（4）提单上的发货人应与信用证受益人一致。

（5）提单应注明承运人名称，并经承运人或其代理人签名，或者船长或其代理人签名。

（6）提单上不应有不良批注。除非信用证特别规定，提单应为清洁已装船提单。若为备运提单，则必须加上装船注记（Shipped on Board）并由船方签署。如有货装舱面（On Deck）字样，则不应接受。

（7）如价格条件为“CFR”或“CIF”等，运费栏应注明“FREIGHT PREPAID”；如价格条件为“FOB”或“FCA”等，运费栏应注明“FREIGHT TO COLLECT”。

（8）提单的出单日期不得迟于信用证所规定的最迟装运日期。

（9）提单商品栏目中不允许记载信用证上未列明的商品。

（10）提单上所载件数、唛头、数量、船名、航次等应与发票相一致、货物描述可用总称，但不得与发票上的货物描述相抵触。

（11）装运港与卸货港应符合信用证规定。

（12）提单上的文字如有更改，提单上应有提单签署人的签字或签发提单公司的签章。

6. 产地证书

审核产地证书时要注意以下几项内容。

（1）签署机构应与信用证规定相符。

（2）收货人不得填写中间商的名称及国别、地区。

（3）货物描述应与信用证、发票及其他单据一致，不能过于笼统，货物描述结束时须在其下方添加表示结束的休止符号“******”。

（4）货物件数的大小写要一致。

（5）唛头不能简单写成“AS PER INVOICE No. ×××”。

（6）确保产地证书记载的产地国家符合信用证要求。

（7）发票日期、申请日期、签发日期、装运日期应符合逻辑关系。

（8）信用证中对产地证书的其他要求不能遗漏。

7. 其他单据

审核其他单据时要注意以下几项内容。

（1）单据名称应与信用证相符。

（2）内容应详尽，与信用证规定相符，与关联单据无矛盾。

（3）证明文句内容不能盲目机械地照抄信用证内容。

（4）出单日期应符合信用证或惯例的规定，与关联单据无矛盾。

3.7.4 规避单据不符的方法

1. 全面审核信用证，规避信用证本身的缺陷

下列几种情况容易造成单据不符。

（1）信用证中含有软条款。软条款会使出口商无法执行信用证，或者不能获得信用证项下要求的单据。例如，信用证规定由开证申请人或其代表签字的检验证，如果开证申请人既不验货又不出具相关证书，将导致出口商无法提交此单据，不符点单据因而产生。

（2）信用证本身内容含糊或自相矛盾。信用证本身内容含糊或自相矛盾主要是开证行在开出信用证时考虑不周全、开证申请人的疏忽或故意导致的。例如，信用证要求全套正本提单，而同时规定 1/3 提单直接邮寄给开证申请人。

（3）信用证修改也有可能造成单据不符。这类不符点的产生通常是由于开证行疏漏和受益人忽略对修改内容以外条款的审查引起的。例如，信用证修改书要求将海运提单修改成空运单，而受益人证明未规定将相关的邮寄提单改成邮寄空运单。

（4）信用证条款与实际操作有冲突。在实务中往往出现信用证的某些规定在实际操作中无法执行。例如，在转让信用证和背对背信用证中经常遇到一个条款，“除发票外其他任何单据均不允许出现发票号码”，当信用证同时要求提交普惠制产地证书时就会遇到问题，因为根据相关惯例，普惠制产地证书必须注明发票号码。

2. 提高单证员的业务知识和操作能力

单证员业务知识的局限性是导致单据不符的直接原因，也是最常见的原因之一。由于企业业务范围的限制，可能会出现与一个地区的业务较多，而与其他地区的业务较少的情况，由于每个地区的信用证名字和特点不同，就会出现一些制单员对一些信用证不太熟悉的情况。

此外，单证员的操作疏忽也是产生单据不符的主要原因，小到打字错误引起的误解，大到填写错误造成实质性的不符。例如，某信用证规定了唛头，而唛头内容恰好需要跨页显示，开证行即在前一页的末行加注“P.T.O.”字样，公司制单员对此也未深究，把“P.T.O.”也包括在单据的唛头中，导致开证行拒付。P.T.O.是 Please Turn Over 的缩写，意为“请见反面”。该不符点的造成纯粹是因为制单员的不求甚解。

3. 熟悉国际惯例的规定

某些船公司、保险公司及商检机构等部门，对国际惯例不熟悉、误解和疏忽也会造成单据不符。一般情况下，这些部门出具的单据往往是信用证要求的重要单据，如果不相符，将会产生较大的影响。例如，有船公司在签发提单时操作不规范，在表明身份时使用“AS AGENT FOR CARRIER OF B/L TITLE”或“AS AGENT FOR THE CARRIER SHOWED IN B/L TITLE”，意为“作为提单抬头所表明的承运人的代理”，按此意可推断提单抬头中表明了承运人的名称，但往往抬头中除船公司名称外，并未明确表明该公司即为承运人。从信用证的角度考虑，这种提单存在隐患，开证行有可能认定单据不符合要求。

4. 避免履约过程中的失误

信用证项下的受益人要认真履行合同，在规定的时间内按质按量地备货、生产、发运尤为重要。如果由于公司经营造成失误，导致货物无法在规定的时间内产出，或者产出的货物存在质量缺陷，或者备货不足，或者赶不上规定的船期，都有可能导致单据不符合信用证的要求。

总之，不符点的产生原因是多方面的，在国际贸易交易的每一个环节中，从最初的谈判到对信用证的审核，从货物的生产、储运到制单、审单，都要时刻留心，早加防范。

任务操作

根据任务情境 3.7.1，单证员张璐制好单据后，公司审单人员经过认真审核，发现单据存在如下不符点。

1. 汇票

（1）付款期限填制错误，应该是见票后 30 天付款，不是即期付款。

（2）付款人填制错误，应该是开证行“THE CHARTERED BANK AG HAMBURG”。

（3）汇票的大小写金额填制都错误，应该是 USD31 428.00。

2. 商业发票

（1）缺少含佣金的贸易术语，应在发票的单价或金额栏目上标明“CIFC3% HAMBURG”。

（2）缺少佣金的金额，应在发票上标明“LESS C3% USD972.00”。

（3）发票的总金额大小写填写错误，应为扣除佣金后的金额，即 USD31 428.00。

（4）商业发票没有签署。

3. 装箱单

（1）装运港未填写，应为“SHANGHAI PORT”。

（2）包装件数大写翻译错误，应为“TWO HUNDRED”，而不是“TWO THOUSAND”

4. GSP 产地证书 FORM A

（1）单据第 2 项缺进口方的国家名，应增加“GERMANY”。

（2）单据第 3 项填写的日期有误，应该为“Sept.1, 2019”，装运港填制错误，“QINGDAO PORT”应该为“SHANGHAI PORT”。

（3）单据第 7 项填写内容有误，应改为“TWO HUNDRED (200) PAPER SACKS OF 4439 CHINA BLACK TEA”。

5. 保险单

（1）保险金额大小写都错误，应为发票金额的 110%。

（2）赔偿货币应为美元。

6. 海运提单

（1）提单抬头填写有误，应改为“TO THE ORDER”。

（2）提单上未标注“FREIGHT PREPAID”。

（3）提单上未填写签发日期，应为“SEPT. 1, 2019”。

单证员张璐根据审核结果及时修改了单据，并在信用证规定的交单期内向银行交单结汇。

任务实训

实训 3.7.1　知识巩固

一、单项选择题

1. 信用证项下审核商业发票时，发票的抬头应该是（　　）。

A. 出口商　　B. 进口商　　C. 开证行　　D. 通知行

2. 托收项下审核汇票时，汇票的付款人应该是（　　）。

A. 出口商　　B. 进口商　　C. 托收行　　D. 代收行

3. 信用证项下审核汇票时，汇票的付款人应该是（　　）。

A. 出口商　　B. 进口商　　C. 开证行　　D. 议付行

4. 审核提单时，指示性提单的抬头不应该填（　　）。

A. TO ORDER　　B. TO THE ORDER OF SHIPPER

C. TO ORDER OF ×× BANK　　D. 收货人的公司名称

5. 审核保险单时，保险金额应该按照发票金额的（　　）计算填写。

A. 100%　　B. 110%　　C. 120%　　D. 130%

二、多项选择题

1. 信用证支付方式下单据的审核依据是（　　）。

A. L/C　　B.《UCP600》　　C.《ISBP745》　　D. 外贸合同

2. 下列（　　）批注的提单属于不清洁提单。

A. 2 BAGES TORN　　B. RUSTY PACKAGE　　C. 10 CASES SHORT SHIPPED

3. 出口商审核单据的标准是（　　）。

A. 单据与信用证相符　　B. 单据与贸易合同相符

C. 单据与单据之间相符　　D. 单据与所代表的货物相符

4. 审单工作中，银行将审查（　　）。

A. 单据的完整性　　B. 信用证与合同是否相符

C. 货物与合同是否相符　　D. 单证是否相符

5. 以下属于审核汇票要点的是（　　）。

A. 确定收款人应该是受益人或交单银行　　B. 确定汇票载有正确的信用证参考号码

C. 确定金额不超过信用证可以使用的金额　　D. 确定金额大小写是否一致

三、判断题

1. 审核单据时，如果发现信用证与合同不一致，应以合同为准。（　　）

2. 银行对信用证未规定的单据不予审核。（　　）

3．信用证规定装运港为“CHINESE PORT”，缮制提单时，装运港一栏应照填“CHINESE PORT”，以免造成单证不符。（　　）

4．清洁提单必须在提单表面显示“CLEAN”字样。（　　）

5．CIF 条件下，提单上应该注明 “FREIGHT TO COLLECT”。（　　）

四、案例分析

2018 年，山东青岛市 A 水产品出口公司（简称 A 公司）出口一批冷冻海鲜产品至加拿大。9 月 22 日，A 公司收到加拿大买方银行开立的 SWIFT 信用证。信用证中的装运条款规定“Port of loading: Chinese port, port of discharge: Toronto,Canada.Transhipment: allowed.”（从中国港口运至加拿大多伦多，允许转运）；单据条款中规定“Full set of clean on board ocean bill of lading made out to order and endorsed in blank, notifying applicant.”（全套清洁已装船海运提单，做成空白抬头，空白背书，通知开证申请人）；“…Weight list in duplicate”（重量单一式两份）。

A 公司按照信用证要求备妥了货物，并与货代公司联系预订从青岛到多伦多的舱位。货代公司称：“在目前有效船期中只有至蒙特利尔（Montreal）的船只，没有直达舱位。”经双方协商，最后承运人同意将货物运到蒙特利尔后，再由承运人通过铁路将货物运至多伦多，并出具从中国港口至多伦多全程的提单。A 公司按时装运后，于 10 月 15 日向议付行办理交单收款。10 月 19 日，青岛的通知行接到开证行的如下电文。

（1）你方提交的重量单上既无单据的信头名称，又无出单人的签章，无法证实该单据由何人出具；

（2）你方提交的提单栏目中“Port of discharge”（卸货港）栏为“Montreal”（蒙特利尔）；“Final Destination”（最终目的地）栏为“Toronto, Canada”（加拿大多伦多），不符合我行 L/C 的要求。

A 公司接到开证行的上述电文后，经查留底单据并召集有关人员研究认为：关于重量单出单人问题，信用证仅规定一式两份，并没有做其他要求。对于提单问题，L/C 规定从中国港口至加拿大多伦多，提单也表示了最终目的地为加拿大多伦多，而且 L/C 允许中途转运。所以开证行所提出的不符点根本不存在，随即于 10 月 22 日回电如下。

（1）关于我方重量单出单人和签章问题，贵方 L/C 仅规定重量单一式两份，并无其他进一步的要求。根据《UCP600》第十四条（f）款：“如果信用证要求提示运输单据、保险单据和商业发票以外的单据，但未规定该单据由何人出具或单据的内容，如信用证对此未做规定，只要所提交单据的内容看来满足其功能需要且其他方面与第十四条（d）款相符，银行将对提示的单据予以接受。”《UCP600》第十四条（d）款规定：“单据中内容的描述不必与信用证、信用证对该项单据的描述以及国际标准银行实务完全一致，但不得与该项单据中的内容、其他规定的单据或信用证相冲突。”我方提交的重量单的内容并未与所提交的其他单据的内容矛盾，而贵方信用证又没有对重量单的出单人和其他项目做任何要求和规定，所以我方提交的一式两份的重量单已满足了信用证的要求，不存在单证不符情况。

（2）关于提单目的港问题，贵方 L/C 规定从中国港口装运至加拿大多伦多。我方提单也表示了从中国上海港至加拿大多伦多，只是中途在蒙特利尔转运，而贵方信用证也允许转运，所以我方认为提单不存在与信用证不符的情况。

A 公司发出上述电文后，期待开证行的付款消息，但 10 月 24 日又接到开证行的以下回电。

“22 日电悉。关于第×××号信用证项下的你方提交的单据存在不符的事项，我们认为：信用证对提单规定‘全套清洁已装船海运提单……’，又对目的港规定‘从中国港口装运至加拿大多伦多’。即该批货物必须以海运方式从中国港装运至加拿大多伦多。你方提单海运是中国港至蒙特利尔，所以不符合我行 L/C 规定。我行已与申请人联系，其也不能接受。”

A 公司根据开证行的意见，又与通知行有关专家研究，认为该提单的目的港的确不符合信用证要求。

A 公司与买方进一步商洽，最后降价 10%，买方同意接受单据和货物而结案。

根据上述案例回答下列问题：

1．案例中 A 公司遭受损失的原因是什么？

2．我们应该从中吸取什么教训？

实训 3.7.2　能力实训

一、实训要求：根据实训材料审核发票和装箱单，找出所有的不符点。

二、实训材料

1．购货合同

【样单Ⅲ-7-8】 购货合同

<table>
<tr><td colspan="3">PURCHASE CONFIRMATION</td></tr>
<tr><td rowspan="2"></td><td>Date</td><td>Feb. 28, 2019</td></tr>
<tr><td>S/C No.</td><td>1904JSSC1010</td></tr>
<tr><td>The Seller:</td><td colspan="2">The Buyer:</td></tr>
<tr><td>JIANGSU SUCCESS COMPANY
36 GARDEN STREET,NANJING
CHINA
TEL: (86)2545××××
FAX: (86)2565××××</td><td colspan="2">SUMITOMO CORPORATION
2 HOTOTSUBASHI,CHIYADA-KU,
TOKYO,JAPAN
TEL: (81)06 2212××××
FAX: (81)06 2212××××</td></tr>
<tr><td colspan="3">The buyer and the Seller agree to sell the under-mentioned goods subject to the terms and conditions as stipulated hereinafter:</td></tr>
<tr><td colspan="3">1.Commodity: CHINESE ROYAL JELLY
Decenoic Acid 2.1% MIN
Moisture: 67% MAX
Quantity: 700KGS
Unit price: JPY4510.00 Per KG net CIP Narita Airport
Total value: JPY3 157 000.00 Less 2.5% Discount JPY 78 925.00
Net value: JPY 3 078 075.00
2.Price term: CIP Narita Airport
3.Terms of payment: Irrevocable L/C 90 days date after
4. Packing: In 1 KG/Plastic Bottle 10 KGS/Carton in Refrigerated Container
5. Original G.S.P Form A
6. Time of Shipment: End of March, 2019
7. Shipping marks: Summit in triangle/Purchase Order Number/Invoice Number/Airport of Destination/ Carton Number
8. Port of Loading: Any Chinese Airport
9. Port of Destination: Narita Airport
10. Remarks:</td></tr>
<tr><td>The Seller:
秦蓝
(sign)</td><td colspan="2">The Buyer:
宫本佐田
(sign)</td></tr>
</table>

2. 信用证

【样单Ⅲ-7-9】 信用证

APPLICATION HEADER	O 700 1417 970214FKBKJPJTAXXX 1343 337998 97021 1317	
	*MITSUI BANK LIMITED *TOKYO	
SEQUENCE OF TOTAL	*27	1 / 1
FORM OF DOC. CREDIT	*40 A	NON-TRANSFERABLE
APPLICABLE RULES	40E	UCP LATEST VERSION
DOC. CREDIT NUMBER	* 20	4028D
DATE OF ISSUE	31 C	2019.03.14
EXPIRY	*31D	DATE 20190515 PLACE CHINA
APPLICANT	*50	SUMITOMO CORPORATION 2 HOTOTSUBASHI, CHIYADA-KU TOKYO, JAPAN
BENEFICIARY	*59	JIANGSU SUCCESS COMPANY 36 GARDEN STREET NANJING, CHINA
AMOUNT*	32 B	CURRENCY JPY AMOUNT 3 078 075.00
POS./NEG.TOL.(%)	39 A	03/03
AVAILABLE WITH/BY*	41 D	ANY BANK IN CHINA,BY NEGOTIATION
DRAFTS AT...	42 C	FRAFT AT 90 DAYS DATE AFTER FOR FULL INVOICE COST
DRAWEE	42 A	*MITSUI BANK LIMITED *NEW YORK
PARTIAL SHIPMENTS	43 P	NOT ALLOWED
TRANSSHIPMENT	43 T	NOT ALLOWED
PORT OF LOADING	44 E	ANY CHINESE AIRPORT
PORT OF DISCHARGE	44 F	NARITA AIRPORT
LATEST SHIPMENT	44 C	2019.03.31
GOODS DESCRIPT.	45 A	700 KGS NET OF CHINESE ROYAL JELLY PACKING IN 1KG/PLASTIC BOTTLE 10KGS/CARTON IN REFRIGERATED CONTAINER AT JPY4510.00 PER KG NET LESS DISCOUNT 2.5 PERCENT TRADE TERM CIP NARITA AIRPORT
DOCS REQUIRED	46 A	(1) COMMERCIAL INVOCIE IN 5 COPIES INDICATING THE CARGO SHOULD BE KEPT-18 DEGREES CENTIGRADE DURING SHIPMENT AND SHOWING APPLICANT'S REF No.MCCI-04-0120 WHICH MUST BE GIVEN ON ALL OTHER DOCUMENTS. (2) FULL SET OF AIR WAYBILL CONSIGNED TO SUMITOMO CORPIRATION TOKYO AND MARKED FREIGHT PREPAID AND SHOWING SAME NAMES AS NOTIFY PARTY AS CONSIGNEE AND INDICATING ACTUAL FLIGHT DATE. (3) PACKING LIST IN DUPLICATE. (4) FULL SET OF INSURANCE POLICIES OR CERTIFICATES ENDORSED IN BLANK FOR 110 PCT INVOICE VALUE COVERING THE INSTITUTE CARGO CLAUSES (ALL RISKS) AND CIVIL COMMOTIONS CLAUSES AND I.O.P CLAIMS ARE PAYABLE IN JAPAN IN CURRENCY OF DRAFTS.INSURANCE TO BE EFFECTED BY SHIPPER. (5) ORIGINAL G.S.P FORM A CERTIFICATE OF NO ANTIBIOTICS AND COPIES OF CERTIFICATE OF QUALITY ALSO REQUIRED.
DETAILS OF CHARGES	71 B	ALL BANKING CHARGES ARE FOR ACCOUNT OF THE APPLICANT
PRESENTATION PERIOD	48	DRAFTS/DOCUMENTS MUST BE PRESENTED WITHIN 15 DAYS AFTER DATE OF TRANSPORT DOCUMENTS BUT WITHIN THE VALIDITY OF THE CREDIT
CONFIRMATION	*49	WITHOUT

续表

REIMBURSING BANK	53	*MITSUI BANK LIMITED *NEW YORK
INSTRUCTIONS	78	THE NEGOTIATING BANK MUST FORWARD TO US (INTERNATIONAL OPERATIONS ADMINISTRATION DIVISION 1-1, NIHONBASHI MUROMACHI 2-CHOME CHUO-KU TOKYO) ALL DOCUMENTS IN ONE REGISTERED AIRMAIL AND TO THE DRAWEE BANK THE DRAFTS TOGETHER WITH COMPLIANCE CERTICATE ALL DRAFTS DRAWN HERE UNDER MUST INDICATE NUMBER,DATE AND NAME OF ISSUING BANK OF THIS CREDIT
SEND. TO REC. INFO.	72	L/C IS SUBJECT TO UCP DC ICC IN USE PLEASE ADVISE URGENTLY TO BEN
ADDITIONAL COND*	47B	+SHIPPING MARKS SHOULD INCLUDE SUMIT IN TRIANGLE, PURCHASE ORDER No., AIRPIRT OF DESTINATION, CARTON No. +TRANSPORT DOCUMENTS WHICH BEAR REFERENCE BY STAMP OR OTHERWISE TO COSTS ADDITIONAL TO THE FREIGHT ARE NOT ACCEPTABLE. +ORIGINAL CERTIFICATE OF QUALITY CERTIFYING MOISTURE 67.00 PCT MAX AND DECENOIC ACID MIN,2.1 PCT ISSUED BY ENTRY-EXIT INSPECTION AND QUARANTINE OF PEOPLE'S REPUBLIC OF CHINA SHOULD BE ATTACHED TO THE CARGO AND A BENEFICIARIE'S CERTIFICATE TO THAT EFFECT IS REQUIRED. +DRAFTS TO ENFACE SAME DATE AS AIR WAYBILL AND WILL BE PAYABLE AT A FIXED DATE.
TRAILER		ORDER IS <MAC:> <PAC:> <ENC:> <CHK:> <TNG:> <PDE:>

3．其他资料

发票号码：H2455683 发票日期：MARCH 20, 2019
毛重：15KGS/CARTON 净重：10KGS/CARTON 商品总尺码：3.40CBM

单证员填制的发票和装箱单如下。

【样单Ⅲ-7-10】发票

JIANGSU SUCCESS COMPANY
36GARDEN STREET,NANJING,CHINA

INVOICE

Messrs	SUMITOMO CORPORATION 2 HOTOTSUBASHI,CHIYADA-KU, TOKYO,JAPAN	Date	Mar. 20, 2019
		Invoice No.	H2455683
		S/C No.	1904JSSC1010
		L/C No.	4028D

L/C AT SIGHT

Marks and Numbers	**Description**	**Packages**	**Quantity**	**Unit Price**	**Amount**
SUMMIT IN TRIANGLE P.O.No.0904JS SC1010 INV.No. H2455683 NARITA C/Nos.1-70	CHINESE ROYAL JELLY Decenoic Acid 2.1% MIN Moisture: 67% MAX	70CTNS	700KGS	@4510 PER KG NET LESS 2.5% DISCOUNT	CIP NARITA AIRPORT JPY3 157 000.00 JPY 78 925.00
					JPY 3 078 075.00

PACKING : 1KG/PLASTIC BOTTLE 10 KGS/CARTON
APPLICANT'S REF No.MCCI-04-0120

JIANGSU SUCCESS COMPANY

【样单Ⅲ-7-11】装箱单

JIANGSU SUCCESS COMPANY
36GARDEN STREET,NANJING,CHINA

PACKING LIST

Messrs	SUMITOMO CORPORATION 2 HOTOTSUBASHI,CHIYADA-KU, TOKYO,JAPAN		**Date**	Mar. 20, 2019	
			Invoice No.:	H2455683	
Marks and Numbers	**Description**	**Quantity**	**G.W.**	**N.W.**	**MEASUREMENT**
SUMMIT IN TRIANGLE P.O.No.0904JSSC 1010 INV.No. H2455683 NARITA C/Nos.1-70	CHINESE ROYAL JELLY Decenoic Acid 2.1% MIN Moisture: 67% MAX	700 BOTTLES	1050KGS	700KGS	3.40CBM
		700 BOTTLES	1050KGS	700KGS	3.40CBM

PACKING: IN 1KG/PLASTIC BOTTLE 10 KGS/CARTON
GROSS WEIGHT: 15KGS/CARTON
NET WEIGHT: 10KGS/CARTON

JIANGSU SUCCESS COMPANY

请找出上述单据的所有不符点。

1．发票的不符点：

2．装箱单的不符点：

项目 4　缮制托运单据

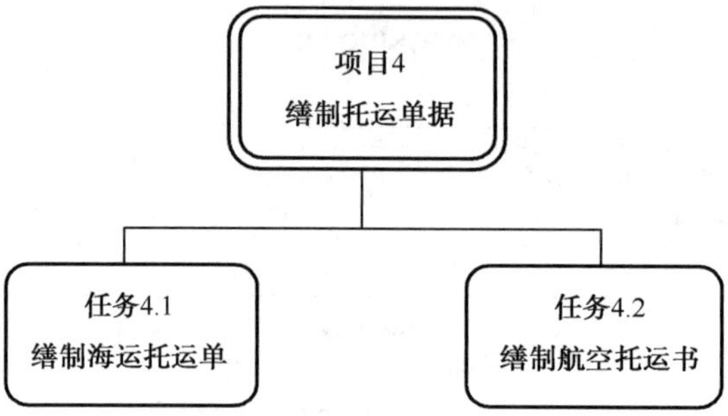

任务 4.1　缮制海运托运单

学习目标

通过学习，要求完成以下任务：

1．熟悉出口订舱的流程；

2．能够缮制订舱委托书；

3．能够办理出口货物订舱。

任务情境4.1.1

印诚公司与美国 BAMA SEA PRODUCTS. INC.签约出口一批中国虾。2019 年 8 月 1 日，买方银行开来信用证，要求货物最迟于 2019 年 8 月 31 日交货。印诚公司按信用证规定备货的同时，委托当地纽世达货运代理有限公司代为订舱。

2019 年 8 月 2 日，印诚公司单证员晓雯根据货物出货信息，制作订舱委托书，并随附商业发票、装箱单等单据，委托纽世达货运代理有限公司办理订舱手续。

【样单Ⅳ-1-1】信用证资料

DOC L/C No.: ALBN2019DI4568

ISSUING BANK: FIRST ALABAMA BANK

106 ST. FRANCIS STREET MOBILE ALABAMA 36602 USA

BENEFICIARY: YINCHENG CORP.

176 JIANSHE ROAD YANTAI, CHINA

TELEX: 93052 IECTA CN ， TEL: 86-535-685××××

FAX: 86-535-685××××

APPLICANT: BAMA SEA PRODUCTS. INC.

1499 BEACH DRIVE S.E.ST PELERSBURG. FL 33701, USA

ADVISING BANK: THE BANK OF CHINA YANTAI BRANCH

837 NANDAJIE ROAD, YANTAI, CHINA

TELEX: 93132 BEAXM CN FAX: 86-535-506××××

DATE: AUGUST 1, 2019

FORM OF DC: IRREVOCABLE L/C AT SIGHT

AMOUNT: USD 183 400.00

PARTIAL SHIPMENT: PERMITTED

TRANSSHIPMENT: PERMITTED ONLY FROM QINGDAO CHINA FOR TRANSPORTATION TO LONG BEACH, CA. USA. WITH FINAL PORT OF DESTINATION TAMPA, FL, USA

SHIPMENT OF: 36 000KGS BIG HARD SHELL SHRIMP, PACKED 6x2KGS/CTN AS PER S/C No. YC201206

CONSISTING OF:

KGS.	SIZE（MM）	UNIT PRICE(/KGS)	TOTAL
4000	71/90	USD6.60	USD26 400.00
6000	91/110	USD6.35	USD38 100.00
6000	111/130	USD5.45	USD32 700.00
8000	131/150	USD4.55	USD36 400.00
12 000	151/200	USD4.15	USD49 800.00

TOTAL AMOUNT OF USD183 400.00 CFR TAMPA FL. USA

THE LATEST SHIPMENT DATE IS AUGUST 31. 2019

DOCUMENTARY REQUIREMENTS：

1)FULL SET（3/3） CLEAN ON BOARD COMBINED TRANSPORT BILLS OF LADING CONSIGNED TO ORDER MARKED “FREIGHT PREPAID” NOTIFYING WILLIAMS CLARKE, INC., 603 NORTH FRIES AVENUE, WILMINGTON, CA 90744, USA. AND MUST INDICATE CONTAINER(S) NUMBER AND STATE THAT CONTAINER(S) HAS BEEN MAINTAINED AT ZERO DEGREES FAHRENHEIT OR BELOW. IF COMBINED TRANSPORT BILL OF LADING IS PRESENTED, MUST BE INDICATE VESSEL NAME.

2) BILLS OF LADING MUST ALL FREIGHT CHARGES PREPAID, INCLUDING FUEL ADJUSTMENT FEES (FAF)…

…

晓雯填制的出口货物订舱委托书如下。

【样单Ⅳ-1-2】出口货物订舱委托书

<table>
<tr><td colspan="6">出口货物订舱委托书
日期：2019 年 8 月 2 日</td></tr>
<tr><td colspan="2">装运港：</td><td colspan="2">目的港：</td><td colspan="2">装运日期：</td></tr>
<tr><td colspan="2">QINGDAO,CHINA</td><td colspan="2">TAMPA, FL,USA</td><td colspan="2">2019 年 8 月 31 日前</td></tr>
<tr><td>唛头及号码</td><td>件数及包装</td><td>货名及型号</td><td>毛重（千克）</td><td>净重（千克）</td><td>体积（CBM）</td></tr>
<tr><td>BAMA
TAMPA, FL,USA
C/Nos.1-3000</td><td>3000 纸箱</td><td>BIG HARD SHELL SHRIMP</td><td>37 500</td><td>36 000</td><td>86</td></tr>
</table>

<table>
<tr><td>SHIPPER</td><td colspan="2">需正本提单__3__份，副本__3__份</td></tr>
<tr><td rowspan="2">YINCHENG CORP.
176 JIANSHE ROAD YANTAI, CHINA</td><td colspan="2">可否转船：__可__ 可否分批：__可__</td></tr>
<tr><td>合同号：
YC201206</td><td>信用证号：
ALBN2019DI4568</td></tr>
<tr><td>CONSIGNEE:</td><td>成交条件：CFR</td><td>运费：预付</td></tr>
<tr><td rowspan="2">TO ORDER</td><td colspan="2">成交金额：USD183 400.00</td></tr>
<tr><td colspan="2">核销单号：</td></tr>
<tr><td>NOTIFY:</td><td colspan="2">箱量 volume
20’（2） 40’（ ）
40’ HQ( ) CFS( )</td></tr>
<tr><td rowspan="3">WILLIAMS CLARKE, INC., 603 NORTH FRIES AVENUE, WILMINGTON, CA 90744,USA</td><td colspan="2">装箱地址：山东烟台建设路 176 号</td></tr>
<tr><td>联系人：晓雯</td><td>电话：0535-685××××</td></tr>
<tr><td colspan="2">公司开户行：中国银行烟台分行
账号：××××××××××××××××</td></tr>
<tr><td>委托人要求：</td><td colspan="2" rowspan="2">委托单位：
印诚公司</td></tr>
<tr><td>1．请订 2019 年 8 月 15 日船期，2*20，CY/CY
2．提单上显示以下内容：
（1）CONTAINER(S) NUMBER.
（2）CONTAINER(S) HAVE BEEN MAINTAINED AT ZERO DEGREES FAHRENHEIT OR BELOW.</td></tr>
</table>

任务要求

填制海运托运单。

支撑知识

4.1.1　海运出口托运程序

一、非集装箱货物的出口托运

以 CIF 或 CFR 条件成交的国际贸易合同，应由卖方安排运输。卖方在做好出运前的准备工作，货证都已齐全的情况下，即可办理托运手续。出口托运程序如下。

（1）托运订舱。托运人（卖方）根据合同规定和货物实际出运情况填制订舱委托书（Shipping Note）（见【样单Ⅳ-1-2】），向货运代理公司办理委托订舱手续。货运代理公司根据货主的具体要求按航线分类整理后，填制托运单（Shipping Order 或 Booking Note）向船公司或其代理订舱。卖方也可直接向船公司或其代理订舱。当船公司或其代理签发装货单后，订舱工作即告完成，意味着托运人和承运人之间的运输合同已经成立。

（2）货物集中港区。当船舶到港装货计划确定后，按照港区入货通知并在规定的期限内，由托运人办妥集运手续，将出口货物及时运至港区集中，等待装船。要特别注意与港区、船公司及有关的运输公司或铁路等单位保持密切联系，按时完成入货，防止工作脱节而影响装船进度。

（3）报关。货物集中于港区后，凭出口货物报关单及装货单、发票、装箱单、外销合同等随附单证向海关申报出口，经海关关员查验合格放行后方可装船。

（4）装船。装船前，理货员代表船方，收集经海关放行货物的装货单，经过整理后，按照积载图和舱单，分批接货装船。装船过程中，托运人委托的货运代理应派人到现场监装，随时掌握装船进度并处理临时发生的问题。装货完毕，理货组长要与船方大副共同签署收货单，交与托运人。理货员如发现某批次货物有缺陷或包装不良，即在收货单上批注，并由大副签署，以确定船货双方的责任。但作为托运人，应尽量争取不在收货单上批注以取得清洁提单。

（5）装船完毕后托运人除向收货人发出装船通知外，即可凭收货单向船公司或其代理换取已装船提单，这时运输工作即告一段落。

二、集装箱运输货物的出口托运

集装箱运输货物出口托运程序如下。

（1）托运订舱。发货人根据贸易合同或信用证条款的规定，在货物装运前一定时间内委托货运代理公司填制集装箱货物托运单（Container Booking Note）向承运人订舱。实际业务中，货运代理公司大多以集装箱场站收据联单作为集装箱货物的托运单。

集装箱场站、船公司或其代理接受订舱后在其中的托运联上加填船名、航次及编号，并在第五联装货单（Shipping Order）上加盖签载章，表示确认订舱，然后将第二至四联留存，第五联以下全部退还货代公司，货代公司将第五联、第五联附页、第六联、第七联共计四联分拆，作为报关单证使用，第九联或第十联交货主作配舱回执，其余供内部各环节使用。

（2）接受订舱。船公司或其代理公司根据货主对航线、船舶、运输、港口条件、运输时间等方面的要求，决定接受与否。若接受申请，便会在托运单或场站收据上签章，注明船名、航次和提单号。与此同时，还要着手编制订舱清单，然后分送集装箱堆场（CY）、集装箱货运站（CFS）等有关部门，据以安排空箱及办理货运交接手续。

所谓订舱清单（Booking List），是指船公司或其代理根据众多的订舱单上所记载的内容，分别根据不同的货物交接地、装卸地汇制的一览表。

（3）提取空箱。船公司或其代理在接受订舱后，即签发集装箱空箱提交单交给托运人，托运人再由自己或委托有业务合作关系的车队到集装箱堆场或内陆集装箱站提取空箱。提取空箱时，须办理缴纳提箱押金及换领集装箱设备交接单的手续。

集装箱设备交接单，是集装箱进出港区、场站时，用箱人、运箱人与管箱人之间交接集装箱及设备的凭证，兼具交接凭证和发放凭证两种功能，对集装箱运输特别是箱务管理起着重大作用。

（4）装箱集港。如为拼箱货，发货人将不足一整箱的货物交至货运站，由货运站根据订舱清单和场站收据负责装箱，然后由装箱人编制集装箱装箱单（Container Load Plan，CLP）；如为整箱货，由发货人自行负责装箱，并将已加海关封志的整箱货运到 CY。CY 根据订舱清单核对场站收据（Dock Receipt，D/R）及装箱单验收货物。CY 验收货物和/或箱子后，即在场站收据上签字，并将签署后的场站收据（D/R）交还给发货人。

集装箱装箱单是详细记录集装箱内货物的具体名称、数量、尺码、重量、标志等内容的单据，在以集装箱为单位的货物运输中是非常重要的一份单据。

（5）报关放行。货物集中到港区后，货代公司或货主即准备好报关单证向海关申报出口，海关只有在收到港区的到货证明后才开始受理报关，经海关关员查验合格，在装货单上签章放行后方可装船。

（6）装船。出口货物经海关放行后，理货员代表船方，按照积载图和舱单，分批接货装船。舱单又称载货清单（Manifest），是船方或其代理人对其全船所载货物编造的清单。按海关的有关规定，舱单由船舶代理人根据装货单填制，用于海关进行验货放行或监督装卸工作。货物全部装船后，由理货长核正，经船长签证后交海关一份，作为统计出口货物的依据。

（7）换取提单。货代公司或发货人凭经签署的场站收据，在支付了海运费及其他港杂费后，即可向船公司或其代理换取提单（Bill of Lading）。发货人取得提单后，即可以和其他商业单据一起递交给银行等待结汇。

4.1.2　海运托运单

一、海运托运单的含义

托运单（Booking Note，B/N）是托运人或其货运代理人根据贸易合同和信用证条款内容填制的，向承运人或其代理办理货物托运的单据。

海运出口货物托运单（简称海运托运单）是缮制提单的主要背景资料，是船公司制作提单的依据，如果海运托运单缮制有差错、延误等，就会影响其他单证的流转。

二、海运托运单的缮制规范

海运托运单的格式依各船公司的具体情况不同而不同，但内容基本一致，主要分为散货运输托运单和集装箱货物托运单两种，通常集装箱货物托运单较散货运输托运单复杂，在此重点介绍集装箱货物托运单（见【样单Ⅳ-1-3】）。

（1）托运人（Shipper）。一般情况下，填写出口公司的英文名称和地址、电话。信用证方式下，一般填写信用证的受益人，如果信用证规定允许以第三方（Third Party）为发货人，可填写货运代理公司的名称。

（2）收货人（Consignee）。在信用证支付的条件下，对收货人的规定常有两种表示方法。

记名收货人：直接将收货人的名称、地址完整地表示出来。此时，收货人即合同的买方。但记名收货人的单据不能转让，这给货物的买卖流通设置了障碍。故记名收货人的表示方法不常使用。

指示收货人：将收货人以“to Order”“to Order of Shipper”“to Order of ××× Bank”的形式表示出来。此种单据可以转让。

承运人一般不接受一票货物有两个或两个以上的收货人。如果实际业务中有两个或两个以上的收货人，托运单中的收货人栏中填写第一收货人，第二收货人填写在被通知人栏内。

（3）被通知人（Notify Party）。信用证支付方式下，此栏填写信用证中规定的被通知人名称和地址。被通知人的选择与确定的权利属于合同的买方或买方代理人。有时买方确定本人为被通知人，有时将自己的代理人或其他与买方联系较密切的人确定为被通知人。

被通知人的职责是及时接受船方发出的到货通知并将该通知转告实际的收货人，被通知人无权提货。

在托收支付的条件下，一般合同不规定收货人和被通知人，这时可以有两种填写方法：

- 空白收货人栏，被通知人栏填写买方名称与地址；
- 收货人栏中空白抬头，被通知人栏填写买方的名称和地址。

在托收或其他收支方式下，也可能出现与信用证内容相同的情况，在这时，填写方法可参照信用证情况下的填写方法。

在极少数交易中，可能出现要求空白收货人栏和被通知人栏。这是因为提出要求的一方准备买卖在途货物。制作单据时要在副本单据的被通知人栏中填写买方或开证申请人的名称与地址。承运该批货物的船方将承担货物卖出前的风险。

（4）装运港（Port of Loading）。填写货物的实际装运港名称，注意重名港口的现象，必要时加上港口所在国家或地区的名称。如果从内陆点送货到港口，则收货地不一定是装运港。

（5）目的港（Port of Discharge）。填写货物被最后卸离船舶的港口名称。名称须明确具体，并与信用证描述一致，如有同名港，须在港口名称后注明国家、地区或州、城市。如信用证规定目的港为选择港（Optional Ports），则应是同一航线上的、同一航次挂靠的基本港。

（6）目的地（Place of Delivery）。填写货物最终目的地的城市名称、国名。如果是港到港的运输，则此栏不填。

（7）运输标志（Shipping Marks）。填写信用证或合同规定的唛头，如买卖合同或信用证中没有规定唛头，可填写“N/M”。也可自行选择一个合适的唛头。在选择唛头时，要充分考虑买方提货的方便、买方的利益和买方所在国的要求，包括商业习惯、港口规定、文化传统及政府的有关政策。

（8）件数及包装（Quantity & Kind of Package）。填写最大外包装的件数。

（9）货物说明（Description of Goods）。填写商品的名称和规格，允许只写大类名称或统称。但是不能与信用证的规定相矛盾，如果同时出口不同的商品，应分别填写，不允许只填写其中的一种数量较多、金额较大的商品。

（10）毛重（Gross Weight）。填写货物的总毛重。如果一次装运的货物中有几种不同的包装材料或完全不同的货物，那么在填写这一栏时，应先分别计算并填写每一种包装材料或每项货物的毛重，然后合计全部的毛重。在计算重量时，要求使用统一的计量单位。常用的计量单位是千克。

（11）尺码（Measurement）。填写一批货的尺码总数，一般单位为立方米。总尺码不仅应包括各件货物尺码之和，还应包括件与件之间堆放时的合理空隙所占的体积。

（12）装运日（Time of Shipment）。填写合同或信用证中规定的最迟装运日。

（13）转船（Transhipment）。填写“允许”或“不允许”。

（14）分批（Partial Shipment）。按照合同或信用证条款填写。只能在“允许”或“不允许”两者中取其一。如果信用证或合同规定分若干批，或者对分批有进一步的说明，不要将这些说明填入此栏，而应将这些说明填入“特别条款类”栏中。

（15）运费（Freight）。一般不显示具体运费，只填写“运费到付”或“运费预付/已付”。

（16）提单正本份数。提单正本份数一般为一式三份，三份正本提单同时有效。

任务操作

根据任务情境4.1.1，整批货被装在两个集装箱中，箱号分别为EASU982341、EARU520142，将由YINHU A3032号船舶于2019年8月30日装运。

货代公司填制的海运托运单如下。

【样单Ⅳ-1-3】海运托运单

Shipper YINCHENG CORP. 176 JIANSHE ROAD YANTAI, CHINA	D/R No.(编号)
Consignee TO ORDER	集装箱货物托运单 （货主留底） 第一联
Notify Party WILLIAMS CLARKE, INC., 603 NORTH FRIES AVENUE, WILMINGTON, CA 90744, USA.	

Pre-carriage by	Place of Receipt
Ocean Vessel Voy.No. YINHU A3032	Port of Loading QINGDAO, CHINA

Port of Discharge TAMPA, FL, USA.	Place of Delivery	Final destination for the merchant's reference

Marks & Nos. Container No. Seal No.	Nos. and Kind of Containers or Packages	Description of Goods	Gross Weight (kg)	Measurement （CBM）
BAMA TAMPA, FL,USA C/Nos.:1-3000 EASU982341 EARU520142	3000CTNS	BIG HARD SHELL SHRIMP	37 500	86

Total number of containers or packages (in words)	SAY THREE THOUSAND CARTONS ONLY.

Freight &Charges	Revenue Tons	Rate	Per	Prepaid	Collect
FREIGHT PREPAID					

Ex Rate	Prepaid at	Payable at	Place of Issue YANTAI
	Total Prepaid	No. of Original B(s)/L : THREE(3)	

Service Type on Receiving √-CY, -CFS, -DOOR	Service Type on Delivery √-CY, -CFS, -DOOR	Reefer Temperature Required	oF	oC

TYPE OF GOODS	Ordinary, √ Reefer, Dangerous, auto Liquid , Live Animal, Bulk	危险品	Class : Property: IMDG Code page: UN No.

转船：允许	分批：允许
装期：2019.8.30 之前	有效期：
金额：USD183400.00	
制单日期：2019.8.20	

任务实训

实训 4.1.1　知识巩固

一、单项选择题

1．当信用证与有关合同发生冲突时，卖方安排运输及缮制有关单据应以（　　）为准。

A．实际情况　　B．合同

C．信用证　　D．视具体情况而定

2．经过背书才能转让的提单是（　　）。

A．指示提单　　B．不记名提单

C．记名提单　　D．限制抬头提单

3．签发联运提单（Through　B/L）的承运人的责任是（　　）。

A．只对第一程运输的货损负责

B．对全程运输的货损负责

C．只对自己实际运输这一段运程的货损负责

D．视具体情况而定

4．下列单证中，被称为“下货纸”的是（　　）。

A．提单　　B．装货单

C．收货单　　D．提货单

5．货物装船后，受益人凭以换取提单的单据是（　　）。

A．装货单　　B．收货单

C．下货纸　　D．托运单

二、判断题

1．提单是承运人或其代理人签发的货物收据，也具有物权凭证的作用。（　　）

2．所有运输单据都是发货人交货给承运人的依据，都是物权凭证，可以凭以向目的地代理人提货。（　　）

3．一艘轮船在同一航次上分别于大连、青岛分次装运一批出口货物运往德国。因装运港的装运日期不同，分别签发了不同装运港和装运日期的提单。这种做法在国际惯例中应视为分批装运。（　　）

4．提单的收货人填写“to Order of Shipper”，提单需要做背书。（　　）

5．空白抬头、空白背书的提单既不填写收货人名称，也不需要背书，为可转让的提单。（　　）

实训 4.1.2　能力实训

一、实训项目：填制海运托运单。

二、实训材料

【样单Ⅳ-1-4】信用证（部分）

L/C No.: 2019DBYF118
ISSUING DATE:JUNE 1，2019
EXPIRY DATE: JULY 5, 2019 IN BENEFICIARY'S COUNTRY
DOCUMENTS REQUIRED:
…
+FULL SET OF CLEAN ON BOARD OCEAN MARINE BILL OF LADING MADE OUT TO ORDER AND BLANK ENDORSED MARKED "FREIGHT PREPAID" AND NOTIFY APPLICANT.
…

【样单Ⅳ-1-5】合同

SALES CONFIRMATION

No.: GE1003010
DATE: APRIL 2, 2019

Sellers:
YAGE GARMENTS IMP. & EXP. CORPORATION
291 CHANGJIANG ROAD, QINGDAO, SHANDONG CHINA
TEL: 86-0532-637×××× FAX: 86-0532-637××××
Buyers:
S.W. TRADING CO., LTD.
283 WATER ROAD DUBAI UNITED ARAB EMIRATES P.O. BOX 1147
TEL: +971 4 216 ×××× FAX: +971 4 216 ××××
Dear Sirs:
We hereby confirm having sold to you the following goods on the terms and conditions as specified below:

(1)NAME OF COMMODITY AND SPECIFICATION	(2)QUANTITY	(3)UNIT PRICE	(4)AMOUNT
LADIES SKIRTS	6000DOZS	CFR DUBAI USD46.00/DOZ	USD276 000.00
TOTAL	6000DOZS		USD276 000.00
TOTAL AMOUNT IN WORDS: SAY U S DOLLARS TWO HUNDRED SEVENTYSIX THOUSAND ONLY			

NOTE: WITH 5% MORE OR LESS IN QUANTITY AND AMOUNT ALLOWED
(5) PACKING: PACKED IN STRONG CARTONS
6 DOZ PER CTN
(6)SHIPPING MARK: AT SELLER'S OPTION
(7)TIME OF SHIPMENT: ON OR BEFORE THE END OF JUNE, 2019
(8) FROM QINGDAO TO DUBAI BY SEA
(9) TRANSHIPMENT ALLOWED, PARTIAL SHIPMENT NOT ALLOWED
(10) TERMS OF PAYMENT: 100% OF THE INVOICE VALUE BY L/C AT SIGHT
(11) INSURANCE: TO BE COVERED BY THE BUYER
(12) REMARKS:

Confirmed by:
THE BUYER THE SELLER

【样单Ⅳ-1-6】发票

COMMERCIAL INVOICE

<table>
<tr><td colspan="2" rowspan="3">EXPORTER:
YAGE GARMENTS IMP. & EXP. CORPORATION
291 CHANGJIANG ROAD,
QINGDAO,SHANDONG CHINA
TEL:86-0532-637××××
FAX:86-0532-637××××</td><td colspan="2">INVOICE No.
19YAGEINV 402</td><td>INVOICE DATE
JUNE 10, 2019</td></tr>
<tr><td colspan="2">L/C No.
2019DBYF118</td><td>L/C DATE
JUNE 1, 2019</td></tr>
<tr><td colspan="3">ISSUED BY</td></tr>
<tr><td colspan="2" rowspan="3">TO:
S.W. TRADING CO., LTD.
283 WATER ROAD DUBAI UNITED ARAB EMIRATES P.O. BOX 1147
TEL:+9714 216 ××××
FAX:+9714 216 ××××</td><td colspan="2">CONTRACT No.
GE1003010</td><td>DATE
APRIL 2, 2019</td></tr>
<tr><td colspan="2">FROM
QINGDAO,CHINA</td><td>TO
DUBAI</td></tr>
<tr><td colspan="2">SHIPPED BY
VESSEL</td><td>PRICE TERM
CFR DUBAI</td></tr>
<tr><td>MARKS</td><td>DESCRIPTION OF GOODS</td><td>QUANTITY</td><td>UNIT PRICE</td><td>AMOUNT</td></tr>
<tr><td>S.W.
GE1003010
DUBAI
C/Nos.1-1000</td><td>LADIES SKIRTS</td><td>6000DOZS</td><td>CFR DUBAI
USD46.00/DOZ</td><td>USD276 000.00</td></tr>
<tr><td colspan="2">TOTAL</td><td>6000DOZ</td><td></td><td>USD276 000.00</td></tr>
<tr><td colspan="5">TOTAL AMOUNT IN WORDS: SAY US DOLLARS TWO HUNDRED SEVENTY SIX THOUSAND ONLY
TOTAL PACKAGES:1000 CTNS
G.W.:25 000KGS
N.W.:24 000 KGS
YAGE GARMENTS IMP. & EXP. CORPORATION
赵冬</td></tr>
</table>

【样单Ⅳ-1-7】装箱单

PACKING LIST

EXPORTER: YAGE GARMENTS IMP. & EXP. CORPORATION 291 CHANGJIANG ROAD, QINGDAO, SHANDONG CHINA TEL:86-0532-637×××× FAX:86-0532-637××××	INVOICE No. 19YAGEINV 402	INVOICE DATE JUNE 10, 2019
	FROM QINGDAO,CHINA	TO DUBAI
	SHIPPED BY VESSEL	
TO: S.W. TRADING CO., LTD. 283 WATER ROAD DUBAI UNITED ARAB EMIRATES P.O. BOX 1147 TEL:+971 4 216 ×××× FAX:+971 4 216 ××××	MARKS ： S.W. GE1003010 DUBAI C/Nos.1-1000	

C/Nos.	DESCRIPTION OF GOODS	CTNS	QTY (DOZ)	G.W. (KGS)	N.W. (KGS)	MEAS (CBM)
1-1000	LADIES SKIRTS 6 DOZ PER CTN IN ONE 40' CONTAINER No. EASU982341	1000	6000	@25 25 000	@24 24 000	44
	TOTAL	1000CTNS	6000DOZES	25 000KGS	24 000 KGS	44 CBM

TOTAL PACKAGES:SAY ONE THOUSAND CARTONS ONLY (ONE CONTAINER)

YAGE GARMENTS IMP. & EXP. CORPORATION

赵冬

三、实训任务

根据上述资料缮制如【样单Ⅳ-1-8】所示的海运托运单。

【样单Ⅳ-1-8】海运托运单

<table>
<tr><td colspan="4">Shipper（发货人）</td><td colspan="3">D/R No.（编号）</td></tr>
<tr><td colspan="4">Consignee（收货人）</td><td colspan="3" rowspan="4">集装箱货物托运单
（货主留底）
第一联</td></tr>
<tr><td colspan="4">Notify Party（通知人）</td></tr>
<tr><td colspan="2">Pre-carriage by（前程运输）</td><td colspan="2">Place of Receipt（收货地点）</td></tr>
<tr><td colspan="2">Ocean Vessel（船名）Voy.No.（航次）</td><td colspan="2">Port of Loading（装货港）</td></tr>
<tr><td colspan="2">Port of Discharge（卸货港）</td><td colspan="2">Place of Delivery（交货地点）</td><td colspan="3">Final Destination for the Merchant's Reference（目的地）</td></tr>
<tr><td>Container No.
（集装箱号）</td><td>Seal No.（封志号）
Marks & Nos.</td><td>Nos. of Containers or Pkgs（箱数或件数）</td><td>Kind of Packages;
Description of Goods
（包装种类与货名）</td><td>Gross Weight
（千克）</td><td colspan="2">Measurement
（立方米）</td></tr>
<tr><td></td><td></td><td></td><td></td><td></td><td colspan="2"></td></tr>
<tr><td colspan="2">Total Number of Containers or Packages (in Words)</td><td colspan="5"></td></tr>
<tr><td>Freight &Charges</td><td>Revenue Tons（运费吨）</td><td>Rate（率）</td><td>Per（每）</td><td>Prepaid（预付）</td><td colspan="2">Collect(到付）</td></tr>
<tr><td rowspan="2">Ex Rate
（兑换率）</td><td>Prepaid at（预付地点）</td><td colspan="2">Payable at（到付地点）</td><td colspan="3" rowspan="2">Place of Issue（签发地点）</td></tr>
<tr><td>Total Prepaid
（预付总额）</td><td colspan="2">No. of Original B(s)/L
（正本提单分数）</td></tr>
<tr><td colspan="2">Service Type on Receiving
- CY, -CFS, -DOOR</td><td colspan="2">Service Type on Delivery
- CY, -CFS, -DOOR</td><td>Reefer Temperature Required
（冷藏温度）</td><td>oF</td><td>oC</td></tr>
<tr><td rowspan="2">Type of Goods（种类）</td><td colspan="2">Ordinary, Reefer, Dangerous, Auto
（普通）（冷藏）（危险品）（裸装车辆）</td><td rowspan="2">危险品</td><td colspan="3" rowspan="2">Class :
Property:
IMDG Code Page:
UN No.</td></tr>
<tr><td colspan="2">Liquid , Live Animal, Bulk
（液体）（活动物）（散货）</td></tr>
<tr><td colspan="2">转船：</td><td colspan="2">分批：</td><td colspan="3" rowspan="4"></td></tr>
<tr><td colspan="2">装期：</td><td colspan="2">有效期：</td></tr>
<tr><td colspan="4">金额：</td></tr>
<tr><td colspan="4">制单日期：</td></tr>
</table>

任务 4.2　缮制航空托运书

学习目标

通过学习，要求完成以下任务：

1. 熟悉航空托运书的主要内容。
2. 正确缮制航空托运书。

任务情境4.2.1

鸿达食品进出口有限公司向东京贸易有限公司出口活赤贝一批，合同规定运输方式为空运，装运日期最迟为2019年8月28日。鸿达食品进出口有限公司需要填写国际货物托运书随同发票、装箱单等委托坤达航空货代公司办理托运手续。

任务要求

缮制航空托运书。

支撑知识

4.2.1　航空运输货物托运程序

航空运输货物托运程序如下。

（1）委托运输。出口货物的发货人采用航空方式运输货物时，一般委托航空货代公司向航空公司办理订舱手续。委托人填写委托书，即国际货物托运书，加盖公章，委托货运代理公司承办航空货物的出口运输业务。

航空托运书（Shipper's Letter of Instruction）又称国际货物托运书，是托运人填写的专门用于航空公司或其代理人填写航空运单的一种书面文件，也是据以填写航空货运单的凭据，其上列有填制货运单所需的各项内容，并印有"授权于承运人或其代理人代其在货运单上签字"的文字说明。

（2）预配舱和预订舱。接到货运代理委托后，货运代理人依据发货人的要求选择承运人。承运人确定后，货代公司将为每票货物配上运单号，即预配舱（一般情况下，航空公司会将运单定期发放给与其有运价协议的航空货运代理公司，即运单号掌握在航空公司协议货代手中）。

货运代理人根据预配舱方案，按航班号、日期打印出总运单号、件数、重量、体积等向航空公司进行预订舱。

（3）接受单证和货物。航空货代公司在预定舱位后，从托运人手中接收货物出口所需的一切单证，包括托运单、报检委托书、报关委托书、报检单、报关单、发票、装箱单、合同副本等，认证审核后，再将配好的总运单或分运单及报关单证移交制单部工作人员；接单的同时，从发货人手中接收即将发运的货物存入仓库暂存。

（4）配舱。货物入库后，货代公司核对货物的实际件数、重量、体积等与托运书上预报的数量是否相符，按照各航班机型、高度、数量等进行配载。

（5）订舱。货代公司向航空公司吨控部门领取并填写订舱单，同时提供相应的信息，包括货名、体积、重量、件数、目的地、出运时间及其他运输要求，航空公司根据实际情况安排舱位和航班。订舱后航空公司签发舱位确认书及装货集装器领取凭证，表明舱位订妥。

（6）出口检验及报关放行。货代公司在货物装机前及时代理货物的报检、报关手续。

（7）交接发运。货代公司在预定舱位的航班时间的 24 小时前，向航空公司或机场货运站交单交货。交单就是将随机单据和应由承运人留存的单据给航空公司，交货就是与航空公司或机场货运站办理与单据相符的货物交接手续。

（8）装机出运。货物装机完毕，由航空公司签发航空总运单，航空货运代理公司签发航空分运单。

4.2.2 航空托运书填制规范

航空托运书填制规范如下。

（1）托运人姓名及地址（Shipper's Name and Address）。填写托运人姓名、地址、所在国家及电话、传真、电传号码等。

（2）收货人姓名及地址（Consignee's Name and Address）。填写收货人姓名、地址、所在国家及电话、传真、电传号码等。因为航空运单不可转让，所以此栏不能填写“凭指示”等字样。

（3）代理人名称和城市（Issuing Carrier's Agent and City）。填写货物代理人的姓名和城市全称。

（4）始发站（Airport of Departure）。填写始发站机场名称和所要求的运输路线。实务中一般仅填写起航机场名称或所在城市的全称。

（5）到达站（Airport of Destination）。填写货物运输的最终目的地机场全称。当该城市有多个机场但不知道具体机场名称时，可填写该城市代号。

（6）航班/日期（Flight/Date）。供航空货代公司填写航班号及日期。

（7）已预留吨位（Booked）。用于航空公司安排舱位时使用，但如果托运人有要求，也可以按计费吨位填入。

（8）供运输用的声明价值（Declared Value for Carriage）。提供运输用的声明价值金额，该价值为承运人所负赔偿责任的限额。承运人按有关规定向托运人收取声明价值费，但如果所交运的货物毛重每千克不超过 20 美元（或其等值货币），则无须填写声明价值金额，可在此栏内填入“NVD”（No Value Declared）。

（9）供海关用的声明价值（Declared Value for Customs）。提供给海关的征税依据。当以出口报关单或商业发票作为征税依据时，此栏可空白不填或填写“AS PER INVOICE”；如果货物没有商业价值，此栏应填写“NCV”（No Commercial Value），即没有商业价值。

（10）保险金额（Amount of Insurance）。中国民航各空运企业暂未开展国际航空运输代保险业务，此栏可空白不填。

（11）所附文件（Documents to Accompany Air Waybill）。填写随附在货运单上发往目的地的文件，应填上所附文件的名称。例如，托运人提供的动物证明（Shipper's Certificate for Live Animals）。

（12）件数 No. of Packages。填写货物包装件数。如 10 包即填写“10”。

（13）实际毛重（Actual Gross Weight）。应由承运人或其代理人在称重后填入，如托运人已经填上重量，承运人或其代理人必须进行复核。

（14）运价类别（Rate Class）。可空白不填，由承运人或其代理人填写。针对不同的航空运价，航空公司规定有不同的运价等级代码，运价等级代码有以下几种。

- M（Minimum）：货物的起码运费。
- N（Normal）：45 千克以下的普通货物的运价。
- Q（Quantity）：45 千克以上的普通货物的运价。45 千克被称为重量分界点。
- C（Specific Commodity Rates）：指定商品运价或特种商品运价。
- S（Surcharge）：高于普通货物运价的等级的货物运价。对少数货物，按“N”运价加一定的百分比。
- R（Reduced）：低于普通货物运价的等级的货物运价。对少数货物，按“N”运价给予一定的百分比的折扣。
- U（Unit Load Device Basic Charge or Rate）：集装化设备基本运费或运价。

（15）计费重量（Chargeable Weight）。应由承运人或其代理人在计量过货物的尺寸（以厘米为单位），由承运人或其代理人算出计费重量后填入。该重量可以与货物毛重相同，也可以不同。若属于“M”运价等级或以尺码计费的，则可空白不填。

（16）费率（Rate/Charge）。可空白不填。

（17）运费总额（Total）。可空白不填，该栏数值应为运价与计费重量两栏数值的乘积，如果是起码运费或集装货物基本运费，此栏与运价栏内的数值应一致。

（18）货物品名及数量（含体积或尺寸）（Nature and Quantity of Goods Incl. Dimensions or Volume）。填写合同或信用证中规定的货物名称、数量及尺码等内容，应尽量填写详细，应与出口报关发票和进出口许可证上所列明的相符。填写时应注意：

- 货物的尺码应以厘米为单位，尺寸分别以货物最长、最宽、最高边为基础。表示为长×宽×高。
- 当货物中含有危险货物时，应分别填写，并把危险货物列在第一项。
- 对于集合包装的货物，填写“Consolidation as per Attached List”。
- 当合同或信用证要求标明产地国时，可在此栏内标出。

（19）托运人签字（Shipper's Signature）。托运人须在此栏内签字。

（20）日期（Date）。填托运人或其代理人交货的日期。

任务操作

鸿达食品进出口有限公司单证员填制的国际货物托运书如下。

【样单Ⅳ-2-1】国际货物托运书

国际货物托运书

SHIPPER'S LETTER OF INSTRUCTION

<table>
<tr><td colspan="4">托运人姓名及地址 SHIPPER'S NAME AND ADDRESS

HONGDA　FOODSTAFFS IMP. & EXP. CO., LTD.
77，RENMINROAD, DALIAN,CHINA</td><td colspan="2">托运人账号 SHIPPER'S ACCOUNT No.</td><td colspan="2">供承运人用 FOR CARRIER USE ONLY</td></tr>
<tr><td colspan="4" rowspan="3">收货人姓名及地址 CONSIGNEE'S NAME AND ADDRESS

TOKYO TRADING CO.,LTD.
TEL:×××　　FAX:×××</td><td colspan="2" rowspan="3">收货人账号 CONSIGNEE'S ACCOUNT No.</td><td>航班/日期 FLIGHT/DATE</td><td>航班/日期 FLIGHT/DATE</td></tr>
<tr><td colspan="2">已预留吨位 BOOKED</td></tr>
<tr><td colspan="2">运费 CHARGES
CHARGES PREPAID</td></tr>
<tr><td colspan="6">代理人名称和城市 ISSUING CARRIER'S AGENT AND CITY
KUNDA AIR FLIGHT CO., LTD.，DALIAN</td><td colspan="2">另请通知 ALSO NOTIFY</td></tr>
<tr><td colspan="3">始发站 AIRPORT OF DEPARTURE
DALIAN</td><td colspan="3">到达站 AIRPORT OF DESTINATION
TOKYO</td><td colspan="2">唛头 MARKS
N/M</td></tr>
<tr><td colspan="4">托运人声明的价值 SHIPPER'S DECLARED VALUE</td><td colspan="2" rowspan="2">保险金额 AMOUNT OF INSURANCE</td><td colspan="2" rowspan="2">所附文件 DOCUMENTS TO ACCOMPANY AIR WAYBILL</td></tr>
<tr><td colspan="2">供运输用 FOR CARRIAGE</td><td colspan="2">供海关用 FOR CUSTOMS</td></tr>
<tr><td>件数 No.OF PACKAGES</td><td>实际毛重（千克）ACTUAL GROSS WEIGHT（kg）</td><td>运价类别 RATE CLASS</td><td colspan="2">计费重量（千克）CHARGEABLE WEIGHT（kg）</td><td>费率 RATE / CHARGE</td><td colspan="2">货物品名及数量（包括体积或尺寸）NATURE AND QUANTITY OF GOODS（INCL. DIMENSIONS OR VOLUME）</td></tr>
<tr><td>209CTNS</td><td>3020</td><td></td><td colspan="2"></td><td></td><td colspan="2">LIVING ARKSHELL
DIMS: (80×30×25)CM×209</td></tr>
<tr><td colspan="8">处理情况（包括包装方式、货物标志及号码等）(HANDLING INFORMATION（INCLU. METHOD OF PACKING IDENTIFYING MARKS AND NUMBERS ETC.）</td></tr>
</table>

托运人证实以上所填全部属实并愿意遵守承运人的一切载运章程。

THE SHIPPER CETIFIES THAT THE PARTICULAR ON THE FACE HEREOF ARE CORRECT AND AGREE TO THE CONDITIONS OF CARRIAGE OF THE CARRIER.

托运人签字 SHIPPER'S SIGNATURE	日期 DATE	经手人 AGENT	日期 DATE
HONGDA FOODSTUFFS I&M CO., LTD.	2019.08.25		

任务实训

实训 4.2.1　知识巩固

一、单项选择题

1．航空运输中“NVD”是（　　）的缩写代码。

A．货运单　　B．运费到付

C．无声明价值　　D．托运书

2．航空运输中“NCV”是（　　）的缩写代码。

A．货运单　　B．运费到付

C．无商业价值　　D．托运书

3．航空运费的运价等级“M”是指（　　）。

A．货物的起码运费　　B．45 千克以下普通货物的运价

C．特种货物的运价　　D．45 千克以上普通货物的运价

4．以下不属于航空运输的优势是（　　）。

A．快速　　B．破损率低

C．载重多　　D．运价高

5．托运人用以办理航空托运的单据是（　　）。

A．航空运单　　B．国际货物托运书

C．装货单　　D．提单

二、判断题

1．航空托运单可做成指示性收货人。（　　）

2．航空运单可通过背书进行转让。（　　）

3．在填制航空托运单的目的地机场时，若机场名称不明确，则可填城市名称。（　　）

4．运价等级“Q”表示 45 千克以上的普通货物的运价。（　　）

5．航空托运单上的计费重量就是该货物的毛重。（　　）

实训 4.2.2　能力实训

一、实训项目：填制国际货运托运书。

二、实训材料

1.【样单Ⅳ-2-2】合同

SALES CONFIRMATION

No.:19YAGE118

DATE: APRIL 2, 2019

Sellers:

YAGE GARMENTS IMP. & EXP. CORPORATION

291 CHANGJIANG ROAD, QINGDAO, SHANDONG CHINA

TEL: 86-0532-637××××　　FAX: 86-0532-637××××

Buyers:

GOOD LUCK CO., LTD.

No.123 TRADE STREET P.O. BOX 890 TOKYO, JAPAN

Dear Sirs:

We hereby confirm having sold to you the following goods on the terms and conditions as specified below:

DESCRIPTION OF GOODS	QUANTITY(DOZ)	UNIT PRICE	AMOUNT
MEN'S GLOVES		CPT TOKYO	
ART No. 47506	640(40/CTN)	USD46.00	USD29 440.00
ART No. 47417	360(60/CTN)	USD43.00	USD15 480.00
			TOTAL USD44 920.00
TOTAL AMOUNT IN WORDS: SAY US DOLLARS FORTY FOUR THOUSAND NINE HUNDRED AND TWENTY ONLY.			

Note: WITH 5% MORE OR LESS IN QUANTITY AND AMOUNT ALLOWED

Packing: PACKED IN STRONG CARTONS

ART No.47506 40 DOZ PER CTN

ART No.47417 60 DOZ PER CTN

Shipping mark: AT SELLER'S OPTION

Time of shipment: ON OR BEFORE THE END OF JUNE, 2019

FROM QINGDAO TO TOKYO BY AIR

Terms of payment: 20% OF THE INVOICE VALUE BY T/T IN ADVANCE 80%BY D/P AT SIGHT.

Insurance: TO BE COVERED BY THE BUYER.

Confirmed by:

THE BUYER　　　　THE SELLER

2.【样单Ⅳ-2-3】发票

COMMERCIAL INVOICE

EXPORTER: YAGE GARMENTS IMP. & EXP. CORPORATION 291 CHANGJIANG ROAD, QINGDAO,SHANDONG CHINA TEL:86-0532-637×××× FAX:86-0532-637××××	INVOICE No. 19YAGEINV 386	INVOICE DATE JUN. 10, 2019
	L/C No.	L/C DATE
	ISSUED BY	
TO: GOOD LUCK CO., LTD. No.123 TRADE STREET P.O. BOX 890 TOKYO, JAPAN	CONTRACT No. 19YAGE118	DATE APR. 2, 2019
	FROM QINGDAO,CHINA	TO TOKYO,JAPAN
	SHIPPED BY AIR	PRICE TERM CPT TOKYO

MARKS	DESCRIPTION OF GOODS	QUANTITY	UNIT PRICE	AMOUNT
GOOD LUCK 19YAGE118 TOKYO C/Nos. 1-22	MEN'S GLOVES ART No. 47506 PACKED IN 40 DOZ/CTN	640DOZ	CPT TOKYO @USD46.00/DOZ	USD29 440.00
	ART No. 47417 PACKED IN 60 DOZ/CTN	360DOZ	@USD43.00/DOZ	USD15 480.00
TOTAL		1000DOZ		USD44 920.00

SAY US DOLLARS FORTY FOUR THOUSAND NINE HUNDRED AND TWENTY ONLY

TOTAL PACKAGES:22 CTNS G.W.:263KGS N.W.:238 KGS

YAGE GARMENTS IMP. & EXP. CORPORATION

赵冬

3.【样单Ⅳ-2-4】装箱单

PACKING LIST

EXPORTER: YAGE GARMENTS IMP. & EXP. CORPORATION 291 CHANGJIANG ROAD, QINGDAO,SHANDONG CHINA TEL:86-0532-637×××× FAX:86-0532-637××××	INVOICE No. 19YAGEINV 386 INVOICE DATE JUN. 10, 2019 FROM QINGDAO,CHINA TO TOKYO,JAPAN SHIPPED BY AIR
TO: GOOD LUCK CO., LTD. No.123 TRADE STREET P.O. BOX 890 TOKYO, JAPAN	MARKS ： GOOD LUCK 19YAGE118 TOKYO C/Nos.1-22

C/Nos.	DESCRIPTION OF GOODS	CTN	QTY (DOZ)	G.W. (KGS)	N.W. (KGS)	MEAS (CBM)
	MEN'S GLOVES					
1-16	ART No. 47506 PACKED IN 40 DOZ/CTN	16	@40 640	@11 176	@10 160	@50×35×45CM 1.26
17-22	ART No. 47417 PACKED IN 60 DOZ/CTN	6	@60 360	@14.5 87	@13 78	@50×40×50CM 0.6
TOTAL		22	1000	263	238	1.86

SAY TWENTY TWO CARTONS　ONLY

YAGE GARMENTS IMP. & EXP. CORPORATION

赵冬

三、实训任务

根据提供的资料缮制国际货物托运书。

【样单Ⅳ-2-5】国际货物托运书

国际货物托运书

SHIPPER'S LETTER OF INSTRUCTION

<table>
<tr><td colspan="3">托运人姓名及地址
SHIPPER'S NAME AND ADDRESS</td><td colspan="2">托运人账号 SHIPPER'S
ACCOUNT NUMBER</td><td>供承运人用
FOR CARRIER USE ONLY</td></tr>
<tr><td colspan="3" rowspan="3">收货人姓名及地址
CONSIGNEE'S NAME AND ADDRESS</td><td colspan="2" rowspan="3">收货人账号 CONSIGNEE'S
ACCOUNT NUMBER</td><td>航班/日期 FLIGHT/DATE
航班/日期 FLIGHT/DATE</td></tr>
<tr><td>已预留吨位 BOOKED</td></tr>
<tr><td>运费 CHARGES</td></tr>
<tr><td colspan="5">代理人的名称和城市 ISSUING CARRIER'S AGENT AND CITY</td><td>另请通知 ALSO NOTIFY：</td></tr>
<tr><td colspan="2">始发站 AIRPORT OF DEPARTURE</td><td colspan="3">到达站 AIRPORT OF DESTINATION</td><td>唛头 MARKS</td></tr>
<tr><td colspan="4">托运人声明的价值 SHIPPER'S DECLARED VALUE</td><td rowspan="2">保险金额 AMOUNT OF INSURANCE</td><td rowspan="2">所附文件 DOCUMENTS TO ACCOMPANY AIR WAYBILL</td></tr>
<tr><td colspan="2">供运输用 FOR CARRIAGE</td><td colspan="2">供海关用 FOR CUSTOMS</td></tr>
<tr><td>件数
No. OF PACKAGES</td><td>实际毛重（千克）ACTUAL GROSS WEIGHT（kg）</td><td>运价类别
RATE CLASS</td><td>计费重量（千克）
CHARGEABLE WEIGHT（kg）</td><td>费率
RATE / CHARGE</td><td>货物品名及数量（包括体积或尺寸）
NATURE AND QUANTITY OF GOODS（INCL. DIMENSIONS OR VOLUME）</td></tr>
<tr><td></td><td></td><td></td><td></td><td></td><td></td></tr>
<tr><td colspan="6">处理情况（包括包装方式、货物标志及号码等）
HANDLING INFORMATION（INCLU. METHOD OF PACKING IDENTIFYING MARKS AND NUMBERS ETC.）</td></tr>
</table>

托运人证实以上所填全部属实并愿意遵守承运人的一切载运章程。

THE SHIPPER CERTIFIES THAT THE PARTICULAR ON THE FACE HEREOF ARE CORRECT AND AGREE TO THE CONDITIONS OF CARRIAGE OF THE CARRIER.

托运人签字 SHIPPER'S SIGNATURE	日期 DATE	经手人 AGENT	日期 DATE

项目 5　缮制报检单据

学习目标

通过学习，要求完成以下任务：

1．了解出入境货物报检的基础知识；

2．正确填制出入境货物检验检疫申请单。

任务情境5.1.1

丽生进出口有限公司与香港 ABC 公司签约出口一批木制梳妆台。根据法律规定，该产品属于法定检验产品，须向海关检验检疫部门申请检验检疫。该公司报检员根据合同、提单、商业发票、装箱单（详见【样单Ⅴ-1-1】、【样单Ⅴ-1-2】、【样单Ⅴ-1-3】、【样单Ⅴ-1-4】）等相关材料，登录“中国国际贸易单一窗口”，录入相关数据，办理报检手续。

【样单Ⅴ-1-1】合同

CONTRACT

No.: 2019FJKDIK-WH

Date: Apr.10, 2019

The Seller: LISHENG IMP. & EXP. CO., LTD.

No.5 TAISHAN ROAD,QINGDAO,CHINA

The Buyer: ABC CORPORATION

No.158 STONE ROAD,HONGKONG

The contract is made by and between the Seller and the Buyer, where the Seller agrees to sell and the Buyer agrees to buy the under-mentioned goods according to the terms and conditions stipulated below:

1. Name of Commodity: WOODEN DRESSING TABLE

2. Quantity: 615SETS

3. Unit Price: USD40.80/SET FOB QINGDAO

4. Amount Total: USD25 092.00

5. Packing: IN CARTON

6. Port of Loading: QINGDAO

7. Port of Destination: HONGKONG

8. Date of Shipment: BEFORE Apr. 30, 2019/BY VESSEL

9. Terms of Payment: T/T

【样单Ⅴ-1-2】提单

CONSIGNOR: LISHENG IMP. & EXP. CO., LTD.	OUR BOOK No.: COSGH 89D	B/L No: COSU9938HJCU
CONSIGNEE: TO ORDER	BILL OF LADING	
NOTIFY: ABC CORPORATION No.158 STONE ROAD,HONGKONG TEL: +852-2749××××		

PORT OF LOADING: QINGDAO	VESSEL VOYAGE No.: EAST RIVER/419E	REMARKS:
PORT OF DISCHARGE: HONGKONG	PLACE OF DELIVERY:	Nos. OF ORIGINAL: THREE(3)

MARKS；CONTAINER No. SEAL No.	No. OF PKGS	DESCRIPTION OF GOODS	G. WEIGHT	MEAS
MAKU4087321/CN8796987/40'HQ NO MARK	615 CTNS 1×40'HQ FREIGHT COLLECT	WOODEN DRESSING TABLE	11 070KGS	67.65CBM

SAY ONE (1×40') CONTAINER ONLY	
LADEN ON BOARD　THE VESSEL DATE: Apr.23,2019 BY	ORIENT CO.,LTD. BY ______________AS CARRIER

【样单Ⅴ-1-3】商业发票

INVOICE

丽生进出口有限公司 LISHENG IMP. & EXP. CO., LTD. INV. No.:LS20190101

青岛市泰山路 5 号 No.5 TAISHAN ROAD,QINGDAO,CHINA DATE: Apr.16,2019

SHIP TO: ABC CORPORATION

No.158 STONE ROAD,HONGKONG

ITEM 项号	DESCRIPTION 产品及型号	QUANTITY 数量	UNIT PRICE 单价	AMOUNT 总价
1	木制梳妆台 无型号	615 件	USD40.80	FOB QINGDAO USD 运费：0.00 保费：0.00 25 092.00

TOTAL AMOUNT:USD25 092.00

公司名称：丽生进出口有限公司（盖章）

【样单Ⅴ-1-4】装箱单

PACKING LIST

丽生进出口有限公司 LISHENG IMP. & EXP. CO., LTD. INV. No.:LS20190101

青岛市泰山路 5 号 No.5 TAISHAN ROAD,QINGDAO,CHINA DATE: Apr.16,2019

SHIP TO: ABC CORPORATION

No.158 STONE ROAD,HONGKONG

ITEM 项号	DESCRIPTION 产品及型号	QUANTITY 数量	PKG 件数	NET WEIGHT 净重	GROSS WEIGHT 毛重
1	木制梳妆台 无型号	615 件	615 箱	9378.75KG	11 070KG
运输包装：纸制或纤维板制盒/箱 其他包装：					
目的地：香港					
		合计：	615	9378.75KG	11 070KG

公司名称：丽生进出口有限公司（盖章）

任务要求

缮制出境货物检验检疫申请单。

支撑知识

5.1.1　出入境检验检疫概述

我国出入境检验检疫工作是中国海关依照国家检验检疫法律法规规定，对出入境货物（包括动植物商品），以及运载这些商品和旅客的交通工具、运输设备实施检验、检疫、鉴定、监督管理和对出入境人员实施卫生检疫及口岸卫生监督的统称。

出入境货物需要检验检疫的，应由申请单位向中国海关检验检疫部门申请检验检疫。

出入境货物检验检疫申请人可登录“中国国际贸易单一窗口”或“互联网+海关”，录入货物相关资料，进行网上申请。

5.1.2　出入境货物检验检疫申请单据的内容与缮制规范

出入境货物检验检疫申请单的格式及内容由我国海关统一制定。

出入境货物检验检疫申请单所列各栏须准确、完整、清晰填写，没有填写内容的栏目应以斜杠“/”表示，不得留空。

下面以出境货物检验检疫申请单为例，详见【样单Ⅴ-1-5】，说明其填制规范。

（1）申请单位。填写向海关申请检验检疫的单位中文名称，并加盖申请单位公章。

（2）申请单位登记号。此栏填写申请单位在海关的10位数登记证号码。

联系人：填制申请人员的姓名。

电话：填制申请人的联系电话。

申请日期：填制中国海关检验检疫部门接受申请当天的日期。

（3）发货人和收货人。按合同填写。分别用中外文对照分行填写。

（4）货物名称。按贸易合同或发票所列的货物名称填写，根据需要可填写型号、规格或牌号。货物名称不得填写笼统的商品类，比如“陶瓷”“玩具”等，须填写具体的类别名称，比如“日用陶瓷”“塑料玩具”等。位置不够填写的，可用附页的形式填写。

（5）H.S.编码。填写货物对应的海关商品代码，该编码为8位数或10位数。

（6）产地。填写货物生产/加工的地区名称。

（7）数/重量。填写货物的数/重量，重量一般填写净重，如果填写毛重，或以毛重作为净重，则需要注明。

（8）货物总值。按本批货物合同所列的总值填写（以美元计）。

（9）包装种类及数量。填写本批货物运输包装的种类及数量。

（10）运输工具名称号码。填写货物实际装载的运输工具类别名称（如轮船、飞机、货柜车、火车等）及运输工具编号（船名、飞机航班号、车牌号码、火车车次等）。

（11）贸易方式。选择填报一般贸易、三来一补、边境贸易、进料加工或其他贸易。

（12）货物存放地点。填写本批货物装货时存放的地点。

（13）合同号。填写贸易双方就本批货物所签订的书面贸易合同编号。

（14）信用证号。信用证支付时，本栏目填制信用证号；非信用证支付时，填制支付方式的英文代号。

（15）用途。填写本批货物的用途，如种用、食用、奶用、观赏或演艺、伴侣、实验、药用、饲用、加工或其他。

（16）发货日期。按货物提单所列的日期填写。

（17）输往国家（地区）。填写本批货物的最终目的地国家（地区）。

（18）许可证/审批号。对实施许可证制度管理或审批制度管理的货物，报检时填写许可证编号或审批单编号。

（19）启运地。填写本批货物的装货港（地）。

（20）到达口岸。填写本批货物的目的地口岸名称。

（21）生产单位注册号。填制生产单位的注册号及生产单位中文名称。

（22）集装箱规格、数量及号码。填写装载本批货物的集装箱规格及分别对应的数量和集装箱号码。若集装箱太多，可用附单形式填报。

（23）合同、信用证订立的检验检疫条款或特殊要求。填写贸易合同、信用证中规定的对本批货物特别约定而订立的质量、卫生等条款和申请单位对本批货物检验检疫的特别要求。

（24）标记及号码。按货物实际运输包装标记填写，如没有标记，则填写“N/M”。

（25）随附单据。按实际向检验检疫机构提供的单据，在对应的“□”内画“√”。

（26）需要证单名称。在需要海关出具的证单对应的“□”内画“√”并注明份数。

（27）申请人郑重声明。必须有报检人的亲笔签名。

任务操作

公司单证员缮制的出境货物检验检疫申请如下。

【样单Ⅴ-1-5】中华人民共和国海关出境货物检验检疫申请

中华人民共和国海关

出境货物检验检疫申请

申请单位（加盖公章）：丽生进出口有限公司　　　　　　　　　　*编号＿＿＿＿＿＿＿＿

申请单位登记号：1200600×××　　联系人：王军　　电话：1379120××××　　申请日期：2019年4月5日

<table>
<tr><td rowspan="2">发货人</td><td colspan="5">（中文）丽生进出口有限公司</td></tr>
<tr><td colspan="5">（外文）LISHENG IMP. & EXP. CO., LTD.</td></tr>
<tr><td rowspan="2">收货人</td><td colspan="5">（中文）×××</td></tr>
<tr><td colspan="5">（外文）ABC CORPORATION，HONGKONG</td></tr>
<tr><td>货物名称（中/外文）</td><td>H.S.编码</td><td>产地</td><td>数/重量</td><td>货物总值</td><td>包装种类及数量</td></tr>
<tr><td>木制梳妆台/WOODEN DRESSING TABLE</td><td>9403509990</td><td>青岛即墨</td><td>615 件
9378.75 千克</td><td>25 092 美元</td><td>箱/615</td></tr>
<tr><td>运输工具名称号码</td><td>水路运输/船舶</td><td>贸易方式</td><td>一般贸易</td><td>货物存放地点</td><td>本公司仓库</td></tr>
<tr><td>合同号</td><td>2019FJKDIK-WH</td><td>信用证号</td><td>T/T</td><td>用途</td><td>其他</td></tr>
<tr><td>发货日期</td><td>2019.04.23</td><td>输往国家（地区）</td><td>中国香港</td><td>许可证/审批号</td><td>×××</td></tr>
<tr><td>启运地</td><td>青岛</td><td>到达口岸</td><td>香港</td><td>生产单位注册号</td><td>371461××××/即墨工艺品有限公司</td></tr>
<tr><td colspan="2">集装箱规格、数量及号码</td><td colspan="4">40’×1　MAKU4087321</td></tr>
<tr><td colspan="2">合同、信用证订立的检验检疫条款或特殊要求</td><td colspan="2">标记及号码</td><td colspan="2">随附单据（画“√”或补填）</td></tr>
<tr><td colspan="2">/</td><td colspan="2">N/M</td><td>√合同
□信用证
√发票
□换证凭单
√装箱单
□厂检单</td><td>□包装性能结果单
□许可/审批文件
√代理报关委托书</td></tr>
<tr><td colspan="4">需要证单名称（画“√”或补填）</td><td colspan="2">*检验检疫费</td></tr>
<tr><td colspan="2" rowspan="3">□品质证书　正　副
□重量证书　正　副
□数量证书　正　副
□兽医卫生证书　正　副
□健康证书　正　副
□卫生证书　正　副</td><td colspan="2" rowspan="3">□动物卫生证书　正　副
□植物检疫证书　正　副
□熏蒸/消毒证书　正　副
□出境货物换证凭单　正　副
□
□</td><td>总金额
（人民币元）</td><td></td></tr>
<tr><td>计费人</td><td></td></tr>
<tr><td>收费人</td><td></td></tr>
<tr><td colspan="4" rowspan="4">申请人郑重声明：
1．本人被授权申请检验检疫；
2．上列填写内容正确属实，货物无伪造或冒用他人的厂名、标志、认证标志。并承担货物质量责任。
签名：王军</td><td colspan="2">领取证单</td></tr>
<tr><td>日期</td><td></td></tr>
<tr><td>签名</td><td></td></tr>
</table>

注：有“*”号栏由海关填写

任务实训

实训 5.1.1

一、实训要求：根据下列实训资料缮制出境货物检验检疫申请单。

二、实训资料

1. 出口合同

山东宏康外贸有限公司与美国一家公司签订一份编号为 DS2019SC205 的出口合同，合同信息如下。

卖方：SHANDONG HONGKANG FOREIGN TRADE CO., LTD.
Room 2901, HuaRun Mansion, HaiGang 85#, Qingdao, P.R.China
TEL: 0532-88243××× FAX: 0532-88243×××

买方：ABC INTERNATIONAL BUSINESS GROUP CORP.
Washing Road 25#, San Francisco, USA
TEL: 4577×××/4577××× FAX: 4577×××

Marks & Numbers	Description of Goods	Quantity	Unit Price	Amount
N/M	CANNED APPLE JAM 24 TINS × 340GMS(grams) CANNED STRAWBERRY JAM 24 TINS × 340GMS(grams) PACKING IN ONE 40 FOOT CONTAINER	2200 CARTONS 2200 CARTONS	CFR San Francisco USD6.80/CTN USD6.80/CTN	USD14 960.00 USD14 960.00
TOTAL		4400 CARTONS		USD29 920.00

2. 其他补充资料

H.S.编码：2007991000。

装运时间：Jun.05, 2019。

装运港：青岛。

目的港：San Francisco。

运输方式：海洋运输。

申请单位登记号：2011457869。

开立的信用证编号：STT/2019-110。

合同、信用证订立的条款要求：中国官方出具卫生证书、植物检疫证书。

许可证、审批号：GXIBVC-E-2019-220。

生产单位注册号：BGB/2011/A80098。

集装箱号：COSU2639991。

随附单据：合同、发票、信用证。

需要的证单：《卫生证书》《植物检疫证书》。

证单份数：一正二副。

报检方式：自理报检。

【样单Ⅴ-1-6】出境货物检验检疫申请

中华人民共和国海关
出境货物检验检疫申请

申请单位（加盖公章）： *编号

申请单位登记号： 联系人： 电话： 报检日期： 年 月 日

<table>
<tr><td rowspan="2">发货人</td><td colspan="5">（中文）</td></tr>
<tr><td colspan="5">（外文）</td></tr>
<tr><td rowspan="2">收货人</td><td colspan="5">（中文）</td></tr>
<tr><td colspan="5">（外文）</td></tr>
<tr><td>货物名称（中/外文）</td><td>H.S.编码</td><td>产地</td><td>数/重量</td><td>货物总值</td><td>包装种类及数量</td></tr>
<tr><td></td><td></td><td></td><td></td><td></td><td></td></tr>
<tr><td>运输工具名称号码</td><td></td><td>贸易方式</td><td></td><td>货物存放地点</td><td></td></tr>
<tr><td>合同号</td><td></td><td>信用证号</td><td></td><td>用途</td><td></td></tr>
<tr><td>发货日期</td><td></td><td>输往国家（地区）</td><td></td><td>许可证/审批号</td><td></td></tr>
<tr><td>启运地</td><td></td><td>到达口岸</td><td></td><td>生产单位注册号</td><td></td></tr>
<tr><td colspan="2">集装箱规格、数量及号码</td><td colspan="4"></td></tr>
<tr><td colspan="2">合同、信用证订立的检验检疫条款或特殊要求</td><td colspan="2">标记及号码</td><td colspan="2">随附单据（画“√”或补填）</td></tr>
<tr><td colspan="2"></td><td colspan="2"></td><td>□合同
□信用证
□发票
□换证凭单
□装箱单
□厂检单</td><td>□包装性能结果单
□许可/审批文件
□代理报关委托书</td></tr>
<tr><td colspan="4">需要证单名称（画“√”或补填）</td><td colspan="2">*检验检疫费</td></tr>
<tr><td colspan="2">□品质证书 正 副
□重量证书 正 副
□数量证书 正 副
□兽医卫生证书 正 副
□健康证书 正 副
□卫生证书 正 副</td><td colspan="2">□动物卫生证书 正 副
□植物检疫证书 正 副
□熏蒸/消毒证书 正 副
□出境货物换证凭单 正 副
□
□</td><td>总金额（人民币元）
计费人
收费人</td><td></td></tr>
<tr><td colspan="4" rowspan="3">申请人郑重声明：
1. 本人被授权申请检验检疫；
2. 上列填写内容正确属实，货物无伪造或冒用他人的厂名、标志、认证标志。并承担货物质量责任。
签名：</td><td colspan="2">领取证单</td></tr>
<tr><td>日期</td><td></td></tr>
<tr><td>签名</td><td></td></tr>
</table>

注：有“*”号栏由海关填写

项目6　缮制报关单据

学习目标

通过学习，要求完成以下任务：

1．掌握进出口货物报关单的最新缮制规范；

2．能根据相关资料准确填制报关单。

任务情境6.1.1

丽生进出口有限公司（企业统一社会信用代码：91370103353478××××）与香港 ABC 公司签约出口一批木制梳妆台，生产厂家是即墨宏泰家具厂（企业统一社会信用代码：91370103353479××××）。预订装运期为 2019 年 4 月 23 日。公司按照约定的船期将货物交到装运港（青岛），委托倍通货代有限公司（企业统一社会信用代码：91370211080181××××）办理报关手续。报关员张丹根据公司提供的单证，填制出口货物报关单，向海关申报。

公司提供的参考单证如下。

【样单Ⅵ-1-1】合同

CONTRACT

No.: 2019FJKDIK-WH

Date: Apr.10, 2019

The Seller: LISHENG IMP. & EXP. CO., LTD.

No.5 TAISHAN ROAD,QINGDAO,CHINA

The Buyer: ABC CORPORATION

No.158 STONE ROAD,HONGKONG

The contract is made by and between the Seller and the Buyer, where the Seller agrees to sell and the Buyer agrees to buy the under-mentioned goods according to the terms and conditions stipulated below:

1. Name of Commodity: WOODEN DRESSING TABLE

2. Quantity: 615SETS

3. Unit Price: USD40.80/SET FOB QINGDAO

4. Amount Total: USD25 092.00

5. Packing: In Carton

6. Port of Loading: QINGDAO

7. Port of Destination: HONGKONG

8. Date of Shipment: Before APR.30, 2019/By Vessel

9. Terms of Payment: T/T

【样单Ⅵ-1-2】提单

<table>
<tr><td colspan="2">CONSIGNOR:
LISHENG IMP. & EXP. CO., LTD.</td><td>OUR BOOK No.:
COSGH 89D</td><td>B/L No.:
COSU9938HJCU</td></tr>
<tr><td colspan="2">CONSIGNEE:
TO ORDER</td><td colspan="2" rowspan="2">BILL OF LADING</td></tr>
<tr><td colspan="2">NOTIFY:
ABC CORPORATION
No.158 STONE ROAD,HONGKONG
TEL: +852-2749××××</td></tr>
<tr><td>PORT OF LOADING:
QINGDAO</td><td>VESSEL VOYAGE No.:
EAST RIVER/419E</td><td colspan="2">REMARKS:</td></tr>
<tr><td>PORT OF DISCHARGE:
HONGKONG</td><td>PLACE OF DELIVERY:</td><td colspan="2">Nos. OF ORIGINAL:
THREE(3)</td></tr>
</table>

MARKS；CONTAINER No. SEAL No.	No. OF PKGS	DESCRIPTION OF GOODS	G. WEIGHT	MEAS
MAKU4087321/CN8796987/40'HQ NO MARK	615 CTNS 1×40'HQ	WOODEN DRESSING TABLE	11 070KGS	67.65CBM
	FREIGHT COLLECT			

SAY ONE (1×40') CONTAINER ONLY

LADEN ON BOARD THE VESSEL

DATE:Apr.23,2019

BY

ORIENT CO.,LTD.

BY ____________AS CARRIER

【样单Ⅵ-1-3】商业发票

INVOICE

丽生进出口有限公司 LISHENG IMP. & EXP. CO., LTD. INV. No.:LS20190110

青岛市泰山路 5 号 No.5 TAISHAN ROAD,QINGDAO,CHINA DATE: Apr.16,2019

SHIP TO: ABC CORPORATION

No.158 STONE ROAD,HONGKONG

ITEM 项号	DESCRIPTION 产品及型号	QUANTITY 数量	UNIT PRICE 单价	AMOUNT 总价
1	木制梳妆台 无型号	615 件	USD 40.80	FOB QINGDAO 运费：0.00 保费：0.00 USD 25 092.00

TOTAL AMOUNT:USD25 092.00

公司名称：丽生进出口有限公司（盖章）

【样单Ⅵ-1-4】装箱单

PACKING LIST

丽生进出口有限公司 LISHENG IMP. & EXP. CO., LTD. INV. No.:LS20190110

青岛市泰山路 5 号 No.5 TAISHAN ROAD,QINGDAO,CHINA DATE: Apr.16,2019

SHIP TO: ABC CORPORATION

No.158 STONE ROAD,HONGKONG

ITEM 项号	DESCRIPTION 产品及型号	QUANTITY 数量	PKG 件数	NET WEIGHT 净重	GROSS WEIGHT 毛重
1	木制梳妆台 无型号	615 件	615 箱	9378.75KGS	11 070KGS
运输包装：纸制或纤维板制盒/箱 其他包装：					
目的地：香港					
		合计：	615 箱	9378.75KGS	11 070KGS

公司名称：丽生进出口有限公司（盖章）

任务要求

缮制出口货物报关单。

支撑知识

6.1.1 报关概述

一般而言，报关是指进出境货物的收/发货人或其代理人向海关办理货物进出境手续及相关海关事务的过程。

一、报关期限

根据我国海关规定，出口货物应在货物运抵海关监管区后，装货的 24 小时之前向海关申报；进口货物应在装载货物的运输工具申报进境之日起 14 日内向海关申报。

二、申报方式

根据我国海关规定，申报方式可分为纸质申报和电子申报两种。目前我国基本全部实现了电子申报，报关单位通过登录专门的申报系统（比如“中国国际贸易单一窗口”“互联网+海关”等网络平台），录入电子报关数据，并上传报关随附单证，海关通过网络即可完成对报关数据的审核，实现电子通关，甚至无纸通关。

三、报关单证

进出口货物向海关申报时，需要向海关提供的单证包括：

（1）进口或出口货物报关单。

（2）随附单证。主要有商业发票、装箱单、运输单据等基本单证和进出口许可证件、原产地证书等特殊单证。

代理报关时，报关单位还须向海关提供代理报关委托书。

目前，我国的报关单证都实现了电子化。纸质的报关单据在海关要求提交时，可以自行打印提交给海关；海关不需要时，仅供报关单位存档保存使用。

6.1.2 进出口货物报关单的格式、内容及缮制规范

进出口货物报关单是进出口货物的收、发货人或其代理人，按照海关规定的格式对进出口货物的实际情况作出书面申请，以此要求海关对其货物按适用的海关制度办理通关手续的法律文书。

我国进出口货物报关单的格式、内容由海关统一制定，电子报关单和纸质报关单的格式不完全一样。此处介绍纸质报关单的填制要求和规范（详见【样单Ⅵ-1-5】出口货物报关单和【样单Ⅵ-1-11】进口货物报关单）。纸质报关单的填制规范不完全适用于电子报关单，但填好的纸质报关单可以作为电子报关单的录入凭单，供报关人员作为录入电子报关单的数据。

一、进出口货物报关单填制的一般要求

（1）报关单的填报必须真实，做到“两个相符”。一是单证相符，即所填报关单各栏目的

内容必须与合同、发票、装箱单及批文等随附单据相符；二是单货相符，即所填报关单各栏目的内容必须与实际进出口货物相符，不得伪报、瞒报、虚报。

（2）报关单的填报要准确、齐全、完整、清楚。报关单各栏目的内容要逐项详细准确填报（打印），字迹清楚、整洁、端正。

（3）不同批文或合同的货物、同一批货物中不同贸易方式的货物、不同备案号的货物、不同提运单的货物、不同征免性质的货物、不同运输方式或相同运输方式但不同航次的货物等，均应分单填报。

（4）一份原产地证书只能对应一份报关单。同一份报关单上的同一种商品不能同时享受协定税率和减免税。

（5）一份电子报关单最多填报 50 种商品。一份纸质报关单最多填报 6 种商品。

二、进出口货物报关单的缮制规范

根据新修订的海关总署公告 2019 年 18 号（关于修订《中华人民共和国海关进出口货物报关单填制规范》的公告），报关单各栏目的填制规范如下。

（1）预录入编号。预录入编号指预录入单位预录入报关单的编号，用于申报单位与海关之间引用其申报后尚未接受申报的报关单。一份报关单对应一个预录入编号，由系统自动生成。

（2）海关编号。海关编号指海关接受申报时给予报关单的编号，一份报关单对应一个海关编号，由系统自动生成。

报关单的海关编号为 18 位，其中第 1～4 位为接受申报海关的代码（海关规定的《关区代码表》中相应的海关代码），第 5～8 位为海关接受申报的公历年份，第 9 位为进出口标志（“1”为进口，“0”为出口；集中申报清单“I”为进口，“E”为出口），后 9 位为顺序编号。

（3）境内发/收货人（出口报关单填写国内实际发货单位，进口报关单填写境内实际收货单位）。

此栏应填报在海关备案的对外签订并执行进出口贸易合同的中国境内法人、其他组织名称及编码。编码填报 18 位法人和其他组织统一社会信用代码。如果没有统一社会信用代码，则填报该单位在所在地主管海关办理备案登记时，海关给企业设置的 10 位备案编码。

（4）出/进境关别。本栏目根据货物实际进出口的口岸海关，填写海关规定的《关区代码表》中相应的口岸海关名称及关区代码（4 位数）。

（5）出/进口日期。出口日期指运载出口货物的运输工具办结出境手续的日期，在申报时免予填报。进口日期填报运载进口货物的运输工具申报进境的日期。无实际进出境的货物，填报海关接受申报的日期。

进出口日期为 8 位数字，顺序为年（4 位）、月（2 位）、日（2 位）。

（6）申报日期。申报日期指海关接受进出口货物收发货人、受委托的报关企业申报数据的日期。以电子数据报关单方式申报的，申报日期为海关计算机系统接受申报数据时记录的日期；以纸质报关单方式申报的，申报日期为海关接受纸质报关单并对报关单进行登记处理的日期。本栏目在申报时免予填报。

申报日期为 8 位数字，顺序为年（4 位）、月（2 位）、日（2 位）。

（7）备案号。此栏填报进出口货物收或发货人、消费使用单位、生产销售单位在海关办理加工贸易合同备案或征、减、免税备案审批等手续时，海关核发的《中华人民共和国海关加工贸易手册》、电子账册及其分册（以下统称“加工贸易手册”）、《进出口货物征免税证明》（以下简称“征免税证明”）或其他备案审批文件的编号。

一份报关单只允许填报一个备案号，无备案的货物此栏空白不填。

（8）境外收/发货人。境外收货人通常指签订并执行出口贸易合同中的买方或合同指定的收货人；境外发货人通常指签订并执行进口贸易合同中的卖方。

此栏填报境外收发货人的名称及编码。名称一般填报英文名称，检验检疫要求填报其他外文名称的，在外文名称后填报，以半角括号分隔。对于 AEO 互认国家（地区）企业的，编码填报 AEO 编码，填报样式为“国别（地区）代码+海关企业编码”，例如“新加坡 AEO 企业 SG123456789012”（新加坡国别代码+12 位企业编码）；非互认国家（地区）AEO 企业等其他情形，编码免予填报。

特殊情况下无境外收发货人的，名称及编码填报“NO”。

（9）运输方式。根据货物实际进出境的运输方式或货物在境内流向的类别，按照海关规定的《运输方式代码表》选择填报相应的运输方式。

（10）运输工具名称及航次号。填报载运货物进出境的运输工具名称或编号及航次号。填报内容应与运输部门向海关申报的舱单（载货清单）所列相应内容一致。

（11）提运单号。填报进出口货物提单或运单的编号。一份报关单只允许填报一个提单或运单号，一票货物对应多个提单或运单时，应分单填报。

（12）货物存放地点。填报货物进境后存放的场所或地点，包括海关监管作业场所、分拨仓库、定点加工厂、隔离检疫场、企业自有仓库等。

（13）消费使用单位/生产销售单位。消费使用单位填报已知的进口货物在境内的最终消费、使用单位的名称及其 18 位法人和其他组织统一社会信用代码；生产销售单位填报出口货物在境内的生产或销售单位的名称及其 18 位法人和其他组织统一社会信用代码。无 18 位统一社会信用代码的，填报其名称为“NO”。

（14）监管方式。监管方式是以国际贸易中进出口货物的交易方式为基础，结合海关对进出口货物的征税、统计及监管条件综合设定的海关对进出口货物的管理方式。其代码由 4 位数字构成，前两位是按照海关监管要求和计算机管理需要划分的分类代码，后两位是参照国际标准编制的贸易方式代码。

根据实际对外贸易情况，按海关规定的《监管方式代码表》选择填报相应的监管方式简称及代码。一份报关单只允许填报一种监管方式。部分监管方式代码、简称及全称如表 6.1 所示。

表 6.1 部分监管方式代码、简称及全称

监管方式代码	监管方式简称	监管方式全称
0110	一般贸易	一般贸易
0130	易货贸易	易货贸易
0214	来料加工	来料加工装配贸易进口料件及加工出口货物
0615	进料对口	进料加工

（15）征免性质。根据实际情况按海关规定的《征免性质代码表》选择填报相应的征免性质简称及代码，持有海关核发的《征免税证明》的，按照《征免税证明》中批注的征免性质填报。一份报关单只允许填报一种征免性质。

加工贸易货物报关单按照海关核发的《加工贸易手册》中批注的征免性质简称及代码填报。

部分征免性质代码表如表 6.2 所示。

表 6.2　部分征免性质代码表

代　码	简　称	全　称
101	一般征税	一般征税进出口货物
502	来料加工	来料加工装配和补偿贸易进口料件及出口成品
503	进料加工	进料加工贸易进口料件及出口成品

（16）许可证号。填报进（出）口许可证、两用物项和技术进（出）口许可证、两用物项和技术出口许可证（定向）、纺织品临时出口许可证、出口许可证（加工贸易）、出口许可证（边境小额贸易）的编号。

免税品经营单位经营出口退税国产商品的，免予填报。

一份报关单只允许填报一个许可证号。

（17）启运港。填报进口货物在运抵我国关境前的第一个境外装运港。

根据实际情况，按海关规定的《港口代码表》填报相应的港口名称及代码，未在《港口代码表》列明的，填报相应的国家名称及代码。

（18）合同协议号。此栏填报进出口货物合同（包括协议或订单）编号。未发生商业性交易的免予填报。

（19）贸易国（地区）。发生商业性交易的进口填报购自国（地区），出口填报售予国（地区）；未发生商业性交易的填报货物所有权拥有者所属的国家（地区）。

按海关规定的《国别（地区）代码表》选择填报相应的贸易国（地区）中文名称及代码。部分国别（地区）代码表如表 6.3 所示。

表 6.3　部分国别（地区）代码表

国　别	代　码	国　别	代　码
中国	CHN	日本	JPN
法国	FRA	美国	USA
德国	DEU	—	—

（20）运抵国（地区）/启运国（地区）。运抵国（地区）填报出口货物离开我国关境直接运抵或者在运输中转国（地区）未发生任何商业性交易的情况下最后运抵的国家（地区）。

启运国（地区）填报进口货物启运国（地区）发出直接运抵我国或者在运输中转国（地区）未发生任何商业性交易的情况下运抵我国的国家（地区）。

不经过第三国（地区）转运的直接运输进出口货物，以进口货物的装货港所在国（地区）为启运国（地区），以出口货物的指运港所在国（地区）为运抵国（地区）。

经过第三国（地区）转运的进出口货物，如在中转国（地区）发生商业性交易，则以中转国（地区）作为启运/运抵国（地区）。

按海关规定的《国别（地区）代码表》选择填报相应的启运国（地区）或运抵国（地区）中文名称及代码。

无实际进出境的货物，填报“中国”及代码。

（21）指运港/经停港。指运港填报出口货物运往境外的最终目的港；最终目的港不可预知的，按尽可能预知的目的港填报。

经停港填报进口货物在运抵我国关境前的最后一个境外装运港。

根据实际情况，按海关规定的《港口代码表》选择填报相应的港口名称及代码。经停港/指运港在《港口代码表》中无港口名称及代码的，可选择填报相应的国家名称及代码。

无实际进出境的货物，填报“中国境内”及代码。

（22）离境口岸/入境口岸。离境口岸填报装运出境货物的跨境运输工具离境的第一个境内口岸的中文名称及代码；采取多式联运跨境运输的，填报多式联运货物最初离境的境内口岸中文名称及代码。

入境口岸填报进境货物从跨境运输工具卸离的第一个境内口岸的中文名称及代码；采取多式联运跨境运输的，填报多式联运货物最终卸离的境内口岸中文名称及代码。

离境口岸/入境口岸类型包括港口、码头、机场、机场货运通道、边境口岸、火车站、车辆装卸点、车检场、陆路港、坐落在口岸的海关特殊监管区域等。按海关规定的《国内口岸编码表》选择填报相应的境内口岸名称及代码。

（23）包装种类。填报进出口货物的所有包装材料，包括运输包装和其他包装，按海关规定的《包装种类代码表》选择填报相应的包装种类名称及代码。运输包装指提运单所列货物件数单位对应的包装，其他包装包括货物的各类包装，以及植物性铺垫材料等。

（24）件数。填报进出口货物运输包装的件数（按运输包装计）。特殊情况填报要求如下：

- 舱单件数为集装箱的，填报集装箱个数。
- 舱单件数为托盘的，填报托盘数。

不得填报为“0”，裸装货物填报为“1”。

（25）毛重（千克）。填报进出口货物及其包装材料的重量之和，计量单位为千克，不足一千克的填报为“1”。

（26）净重（千克）。填报进出口货物的毛重减去外包装材料后的重量，即货物本身的实际重量，计量单位为千克，不足一千克的填报为“1”。

（27）成交方式。根据进出口货物实际成交价格条款，按海关规定的《成交方式代码表》选择填报相应的成交方式代码。无实际进出境的货物，进口填报“CIF”，出口填报“FOB”。成交方式代码表如表 6.4 所示。

表 6.4　成交方式代码表

货物实际成交方式	报关单成交方式栏目
EXW、FAS、FCA、FOB	FOB
CPT、CFR	CFR
CIP、CIF、DAP、DAT、DDP	CIF

（28）运费。填报进口货物运抵我国境内输入地点起卸前的运输费用，出口货物运至我国境内输出地点装载后的运输费用。

运费可按运费单价、总价或运费率三种方式之一填报，注明运费标记（运费标记“1”表示运费率；“2”表示每吨货物的运费单价；“3”表示运费总价），并按海关规定的《货币代码表》选择填报相应的币种代码。部分货币代码表如表 6.5 所示。

表 6.5　部分货币代码表

代码	中文名称	代码	中文名称
HKD	港币	GBP	英镑
JPY	日本元	NOK	挪威克朗
KRW	韩国元	SEK	瑞典克朗
CNY	人民币	RUB	俄罗斯卢布
TWD	新台币	CAD	加拿大元
EUR	欧元	USD	美元

（29）保费。填报进口货物运抵我国境内输入地点起卸前的保险费用，出口货物运至我国境内输出地点装载后的保险费用。

保费可按保险费总价或保险费率两种方式之一填报，注明保险费标记（保险费标记“1”表示保险费率；“3”表示保险费总价），并按海关规定的《货币代码表》选择填报相应的币种代码。

（30）杂费。填报成交价格以外的、按照《中华人民共和国进出口关税条例》相关规定应计入完税价格或应从完税价格中扣除的费用。可按杂费总价或杂费率两种方式之一填报，注明杂费标记（杂费标记“1”表示杂费率；“3”表示杂费总价），并按海关规定的《货币代码表》选择填报相应的币种代码。

应计入完税价格的杂费填报为“正值”或“正率”，应从完税价格中扣除的杂费填报为“负值”或“负率”。运费、保费、杂费三栏目的填制方法举例如表 6.6 所示。

表 6.6　运费、保费、杂费三栏目的填制方法举例

栏　目	费　率（标记代号是 1）	单　价（标记代号是 2）	总　价（标记代号是 3）
运费	例如，5%的运费率，运费栏填制为“5/1”	例如，USD50/吨的运费，运费栏填制为“USD/50/2”	例如，5000 港元的总运费，运费栏填制为“HKD /5000/3”
保费	例如，0.3%的保险费率，保费栏填制为“0.3/1”	—	例如，1500 欧元的总保费，保费栏填制为“EUR/1500/3”
杂费	例如，应从完税价格中扣除 1%的杂费，杂费栏填制为“-1/1”	—	例如，应计入完税价格的 5000 英镑的总杂费，杂费栏填制为“GBP/5000/3”

（31）随附单证及编号。根据海关规定的《监管证件代码表》和《随附单据代码表》选择填报除本规范第十六条规定的许可证件以外的其他进出口许可证件或监管证件、随附单据代码及编号。

本栏目分为随附单证代码和随附单证编号两栏，其中代码栏按海关规定的《监管证件代码表》和《随附单据代码表》选择填报相应证件代码；随附单证编号栏填报证件编号。

（32）标记唛码及备注。标记唛码栏填报标记唛码中除图形以外的文字、数字，无标记唛码的填报“N/M”。

备注栏目填制的内容根据不同的货物，填制的内容各不相同。

例如，集装箱装载的货物，在备注栏目填报集装箱号（在集装箱箱体上标示的全球唯一编号）、集装箱规格、集装箱商品项号关系（单个集装箱对应的商品项号，半角逗号分隔）、集装箱货重（集装箱箱体自重+装载货物重量，单位为千克）。集装箱规格代码如表 6.7 所示。

表 6.7　集装箱规格代码

代码	中文名称	代码	中文名称
11	普通 2*标准箱（L）	22	冷藏标准箱（S）
12	冷藏 2*标准箱（L）	23	罐式标准箱（S）
13	罐式 2*标准箱（L）	31	其他标准箱（S）
21	普通标准箱（S）	32	其他 2*标准箱（L）

对于进出口列入目录的进出口商品及法律、行政法规规定须经出入境检验检疫机构检验的其他进出口商品实施检验的，在备注栏填报“应检商品”字样。

（33）项号。分两行填报。

第一行填报报关单中的商品顺序编号；第二行填报备案序号，专用于加工贸易及保税、减免税等已备案、审批的货物，填报该项货物在《加工贸易手册》或《征免税证明》等备案、审批单证中的顺序编号。有关优惠贸易协定项下报关单填制要求按照海关总署相关规定执行。

（34）商品编号。填报由 10 位数字组成的商品编号。前 8 位为《中华人民共和国进出口税则》和《中华人民共和国海关统计商品目录》确定的编码；第 9、10 位为监管附加编号。

（35）商品名称及规格型号。分两行填报。第一行填报进出口货物规范的中文商品名称，第二行填报规格型号。具体填报要求如下：

- 商品名称及规格型号应据实填报，并与进出口货物收发货人或受委托的报关企业所提交的合同、发票等相关单证相符。
- 商品名称应当规范，规格型号应当足够详细，以能满足海关归类、审价及许可证件管理要求为准，可参照《中华人民共和国海关进出口商品规范申报目录》中对商品名称、规格型号的要求进行填报。
- 已备案的加工贸易及保税货物，填报的内容必须与备案登记中同项号下货物的商品名称一致。
- 对需要海关签发《货物进口证明书》的车辆，商品名称栏填报“车辆品牌+排气量（注明 cc）+车型（如越野车、小轿车等）”。进口汽车底盘不填报排气量。车辆品牌按照《进口机动车辆制造厂名称和车辆品牌中英文对照表》中“签注名称”一栏的要求填报。规格型号栏可填报“汽油型”等。
- 由同一运输工具同时运抵同一口岸并且属于同一收货人、使用同一提单的多种进口货物，按照商品归类规则应当归入同一商品编号的，应当将有关商品一并归入该商品编号。商品名称填报一并归类后的商品名称；规格型号填报一并归类后商品的规格型号。

（36）数量及单位。分三行填报。

- 第一行按进出口货物的法定第一计量单位填报数量及单位，法定计量单位以《中华人民共和国海关统计商品目录》中的计量单位为准。
- 凡列明有法定第二计量单位的，在第二行按照法定第二计量单位填报数量及单位。无法定第二计量单位的，第二行为空。
- 成交计量单位及数量填报在第三行。

（37）单价。此栏应填报同一项号下进出口货物实际成交的商品单位价格。无实际成交价格的，此栏填报货值。

（38）总价。此栏应填报同一项号下进出口货物实际成交的商品总价。无实际成交价格的，此栏填报货值。

（39）币制。此栏应根据实际成交情况按海关规定的《货币代码表》选择填报相应的货币名称或代码，如果《货币代码表》中无实际成交币种，需将实际成交货币按申报日外汇折算率折算成《货币代码表》列明的货币填报。

（40）原产国（地区）。原产国（地区）应依据《中华人民共和国进出口货物原产地条例》《中华人民共和国海关关于执行〈非优惠原产地规则中实质性改变标准〉的规定》，以及海关总署关于各项优惠贸易协定原产地管理规章规定的原产地确定标准填报。同一批进出口货物原产地不同的，应分别填报原产国（地区）。进口货物原产国（地区）无法确定的，填报“国别不详”。

此栏应按海关规定的《国别（地区）代码表》选择填报相应的国家（地区）名称及代码。

（41）最终目的国（地区）。最终目的国（地区）填报已知的进出口货物的最终实际消费、使用或进一步加工制造国家（地区）。不经过第三国（地区）转运的直接运输货物，以运抵国（地区）为最终目的国（地区）；经过第三国（地区）转运的货物，以最后运往国（地区）为最终目的国（地区）。同一批进出口货物的最终目的国（地区）不同的，应分别填报最终目的国（地区）。进出口货物不能确定最终目的国（地区）时，以尽可能预知的最后运往国（地区）为最终目的国（地区）。

此栏应按海关规定的《国别（地区）代码表》选择填报相应的国家（地区）名称及代码。

（42）境内目的地/境内货源地。境内目的地填报已知的进口货物在国内的消费、使用地或最终运抵地，其中最终运抵地为最终使用单位所在的地区。最终使用单位难以确定的，填报货物进口时预知的最终收货单位所在地。

境内货源地填报出口货物在国内的产地或原始发货地。出口货物产地难以确定的，填报最早发运该出口货物的单位所在地。

此栏按海关规定的《国内地区代码表》选择填报相应的国内地区名称及代码。境内目的地还需根据《中华人民共和国行政区划代码表》选择填报其对应的县级行政区名称及代码。无下属区县级行政区的，可选择填报地市级行政区。

（43）征免。征免指海关对进出口货物进行征税、减税、免税或特案处理的实际操作方式。

此栏应按照海关核发的“征免税证明”或有关政策规定，对报关单所列各项商品选择海关规定的《征减免税方式代码表》中相应的征减免税方式填报。

加工贸易货物报关单应根据“加工贸易手册”中备案的征免规定填报；“加工贸易手册”

中备案的征免规定为“保金”或“保函”的，应填报“全免”。

（44）特殊关系确认。根据《中华人民共和国海关审定进出口货物完税价格办法》（以下简称《审价办法》）第十六条，填报确认进出口行为中买卖双方是否存在特殊关系，买卖双方存在特殊关系的，应填报“是”，反之则填报“否”。

（45）价格影响确认。根据《审价办法》第十七条，填报确认纳税义务人是否可以证明特殊关系未对进口货物的成交价格产生影响，纳税义务人能证明其成交价格与同时或者大约同时发生的价格相近的，应视为特殊关系未对成交价格产生影响，填报“否”，反之则填报“是”。

（46）支付特许权使用费确认。根据《审价办法》第十一条和第十三条，填报确认买方是否存在向卖方或者有关方直接或间接支付与进口货物有关的特许权使用费，且未包括在进口货物的实付、应付价格中。

买方存在需向卖方或者有关方直接或间接支付特许权使用费，且未包含在进口货物实付、应付价格中，并且符合《审价办法》第十三条的，在“支付特许权使用费确认”栏目填报“是”。

买方存在需向卖方或者有关方直接或间接支付特许权使用费且未包含在实付、应付价格中，纳税义务人根据《审价办法》第十三条，可以确认需支付的特许权使用费与进口货物无关的，填报“否”。

（47）自报自缴。进出口企业、单位采用“自主申报、自行缴税”（自报自缴）模式向海关申报时，填报“是”；反之则填报“否”。

（48）申报单位。自理报关的，填报进出口企业的名称及编码；委托代理报关的，填报报关企业名称及编码。编码填报 18 位法人和其他组织统一社会信用代码。

报关人员填报在海关备案的姓名、编码、电话，并加盖申报单位印章。

（49）海关批注及签章。供海关作业时签注。

任务操作

根据任务情境 6.1.1 中的资料缮制的报关单如下。

【样单Ⅵ-1-5】出口货物报关单

中华人民共和国海关出口货物报关单

预录入编号　　　　海关编号　　　　页码/页数

境内发货人　（91370103353478××××） 丽生进出口有限公司	出境关别（4227） 青岛大港	出口日期	申报日期 2019.04.22	备案号
境外收货人 ABC CORPORATION	运输方式（2） 水路运输	运输工具名称及航次号 EAST RIVER/419E		提运单号 COSU9938HJCU
生产销售单位　（91370103353479221Q） 即墨宏泰家具厂	监管方式　（0110） 一般贸易	征免性质（101） 一般征税		许可证号

合同协议号 2019FJKDIK-WH	贸易国（地区）（HKG） 中国香港	运抵国（地区）（HKG） 中国香港	指运港（HKG000） 香港	离境口岸（370201） 青岛

包装种类 纸制或纤维板制盒/箱	件数 615	毛重（千克） 11 070	净重（千克） 9378.75	成交方式 FOB	运费	保费	杂费

随附单据及编码
代理报关委托协议

标记唛码及备注
NO MARK　　集装箱箱数及号码：2；MAKU4087321

项号	商品编号	商品名称及规格型号	数量及单位	单价	总价	币制	原产国（地区）	最终目的国（地区）	境内货源地	征免
1	9403509990	木制梳妆台 梧桐木/密度板/家用/无品牌/75×40×141	615 件 9378.75 千克 615 件	40.8	25 092.00	美元 （USD）	中国 （CHN）	中国香港 （HKG）	即墨 （37289）	照章征税 （1）

特殊关系确认：否　　价格影响确认：否　　支付特许权使用费确认：否　　自报自缴：否

报关人员　　报关人员证号 42109610　　电话 申报单位:（913702110801817802）倍通货代有限公司	兹声明对以上内容承担如实申报、依法纳税之法律责任 申报单位（签章）	海关批注及签章

任务实训

实训 6.1.1　知识巩固

单项选择题

1．我国海关规定，出口货物向海关申报应在装货的（　　）小时之前进行。

A．12　　B．24　　C．36　　D．48

2．一份电子报关单最多可以申报（　　）个货物。

A．10　　B．50　　C．6　　D．60

3．下列单证中，属于报关的主要单证的是（　　）。

A．报关单　　B．提货单　　C．商业发票　　D．原产地证书

4．一份出口合同的两种货物由两艘船只装运出境，出口报关时，应填制（　　）份报关单。

A．1　　B．2　　C．3　　D．4

5．某进口合同采用 DDP 条件成交，在进口报关单的成交方式一栏应填写（　　）。

A．DDP　　B．FOB　　C．CFR　　D．CIF

6．一份 CIF 进口合同中规定，运费 500 美元，保费 0.3%，进口报关单的“运费”“保费”栏填写正确的是（　　）。

A．“运费”栏应填“USD/500/2”，“保费”栏应填“0.3/1”

B．“运费”栏应填“USD/500/3”，“保费”栏应填“0.3/1”

C．“运费”栏应填“500/1”，“保费”栏应填“0.3/2”

D．“运费”栏、“保费”栏均空白不填

7．一份 CFR 出口合同，出口报关单的“运费”“保费”栏目应（　　）。

A．“运费”栏应填，“保费”栏不需要填

B．“运费”栏不需要填，“保费”栏应填

C．“运费”“保费”栏都应填写

D．“运费”“保费”栏都可以不填

8．一份 CFR 进口合同，进口报关单的“运费”“保费”栏应（　　）。

A．“运费”栏应填，“保费”栏不需要填

B．“运费”栏不需要填，“保费”栏应填

C．“运费”“保费”栏都应填写

D．“运费　“保费”栏都可以不填

实训 6.1.2　能力实训

一、实训要求：根据资料填制进口货物报关单。

二、实训材料

1. 案例综述

永盛包装材料有限公司（统一社会信用代码：91370600345698××××）从德国购进一批PE 发泡卷材供企业生产化妆品瓶盖密封垫用，该材料为聚乙烯材质，薄片状，装载该货物的运输工具于 2019 年 6 月 19 日在烟台申报进境。该公司提供了购货合同及其他相关单证等资料，并取得报检电子回执，检验检疫编号为 QWER45695QWE45695。该商品编号为 3913010300，法定计量单位为米/千克。

2. 相关单据

【样单Ⅵ-1-6】合同

PURCHASE CONTRACT

ORDER No.:YONGSHENG 2019.04.05

DATE: Apr.5，2019

BUYER:

YONGSHENG PACKING MATERIAL CO.,LTD.

XIEJIA INDUSTRIAL PARK, YANTAI CITY SHANDONG PROVINCE,CHINA

SELLER:

ALFELDER KUNSTSTOFFWERKE HERM,MEYER GMBH

HILDESHEIMER STRASSE 78 ALFELD,GERMANY

THE SELLER AGREE TO SELL AND THE BUYER AGREE TO BUY THE UNDER-MENTIONED ON THE TERMS AND CONDITIONS STATED BELOW:

品名 COMMODITY	规格 SPECITICATION	尺寸 SIZE	数量 QUANTITY	价格 PRICE	金额 AMOUNT
POLYETHYION-SCHAUM DICHRE PE 发泡卷材	ALKO zell 250	32.5mm × 1.8mm	108.00km （108.00 千米）	365.00EUR/km （365.00 欧元/千米）	EUR39 420.00

Time of shipment: the last date of shipment should be 4 weeks after date of contract signed.

Port of loading : Port of Germany

Port of discharge: Yantai, Shandong, China

Packing: 2×40’ FCL

Terms of Payment:60days net(见单后 60 天付款)

Marks:±10% OF TOTAL QUANTITY AND AMOUNT SHOULD BE ALLOWED, AND THE BUYER SHOULD PAY ACCORDING TO THE ACTUAL QUANTITY

THE SELLER: ______________ THE BUYER: ____________

【样单Ⅵ-1-7】发票

ALFELDER KUNSTSTOFFWERKE HERM,MEYER GMBH

COMMERCIAL INVOICE

Shipper/Exporter

ALFELDER KUNSTSTOFFWERKE HERM,MEYER GMBH　　No.& Date of invoice：503496

HILDESHEIMER STRASSE 78 ALFELD,GERMANY　　Apr. 15,2019

Consignee

YONGSHENG PACKING MATERIAL CO.,LTD

XIEJIA INDUSTRIAL PARK, YANTAI CITY SHANDONG PROVINCE,CHINA

Your order Framework dated 2019.02.14

Pos.	Item No.	Description	Quantity	Unit price	Amount
1.0	1-104194	ALKO zell 250	108 000.00m	365.00EUR each 1000m	EUR39 420.00

YOUR item No.　PE-FOAM

DESTINATION:YANTAI,SHANDONG CHINA

MADE IN GERMANY

No. 1-45 / 1-45 =90 pallets

Gross weight 18 316 kg

Net weight : 17 596kg

Shipmen by MV“KUALA LUMPUR EXPRESS” ets 2019.04.29 ex Hamburg eta 2019.06.16 YanTai

Method of shipment: sea freight

Terms of delivery: CIF

Terms of payment: Cash against documents

Important:

It is forbidden to ship our goods together with products which could cause a serious or any other contamination of our goods.

ALFELDER KUNSTSTOFFWERKE HERM,MEYER GMBH

【样单Ⅵ-1-8】装箱单

PACKING LIST

Pallets marked ALFELDER KUNSTSTOFFWERKE HERM,MEYER GMBH

DESTINATION:YANTAI,SHANDONG CHINA

MADE IN GERMANY

MEYER CHARGE 1063298

No.1-45 / 1-45

1-45) 54 000 metres ALKO zell 250

1.80×325.00MM- REEL

YOUR ITEM No. PE-FORM

=270 REELS

GROSS WEIGHT:9158 KGS

NET WEIGHT: 8798 KGS

40’ container No. OOLU7749169

1-45) 54 000 metres ALKO zell 250

1.80×325.00MM- REEL

YOUR ITEM No. PE-FORM

=270 REELS

GROSS WEIGHT:9158 KGS

NET WEIGHT: 8798 KGS

40’ container No. OOLU7329459

Total: 90PALLETS

Dimensions : 0.75M×0.75M×2.10M

Gross weight: 18 316.00 KGS

Net weight: 17 596.00KGS

By sea freight

Alfeld (Leine) 2019.04.15

ALFELDER KUNSTSTOFFWERKE HERM,MEYER GMBH

【样单Ⅵ-1-9】提货单

山东烟台中外运船务代理有限公司

提货单　　　　No.：00006488

提货地址：烟台港 2 号舱

收货人：烟台市永盛包装材料有限公司

港区场站　　　　2019 年 06 月 20 日

<table>
<tr><td colspan="2">船名
KUALA LUMPUR　EXPRESS</td><td>航次
024E</td><td>起运港
HAMBURG</td><td>目的港
YANTAI</td><td>预计到港时间</td></tr>
<tr><td colspan="2">提单号
OOLU3072278710</td><td>交付条件
CY-CY</td><td>到付海运费</td><td colspan="2">合同号
H3-HKL1211</td></tr>
<tr><td colspan="2">卸货地点</td><td>抵港日期
2019.06.19</td><td>进库场日期</td><td colspan="2">第一程运输</td></tr>
<tr><td>货名</td><td colspan="2">PE 发泡卷材</td><td colspan="3">集装箱号/铅封号</td></tr>
<tr><td>集装箱数</td><td colspan="2">2×40GP</td><td colspan="3" rowspan="5">OOLU7329459 / KL2121081
OOLU7749169/ KL2121082</td></tr>
<tr><td>件数</td><td colspan="2">90</td></tr>
<tr><td>毛重（KG）</td><td colspan="2">18 316</td></tr>
<tr><td>体积（CBM）</td><td colspan="2">1.18</td></tr>
<tr><td colspan="3">标志</td></tr>
<tr><td colspan="6">注意事项：凡属法定检验检疫进口商品，必须向有关监督机构申报。</td></tr>
</table>

1	2	3	4
5	6	7	8

6.【样单Ⅵ-1-10】提单

Shipper	B/L No.**OOLU3072278710**
	BOOKINGNOTE:**3072278710**
ALFELDER KUNSTSTOFFWERKE HERM,MEYER GMBH **HILDESHEIMER STRASSE 78 ALFELD,GERMANY**	**ORIENT OVERSEAS CONTAINER LINE**
Consignee or to order	
YONGSHENG PACKING MATERIAL CO.,LTD. **XIEJIAZHUANG INDUSTRIAL PARK, YANTAI CITY SHANDONG PROVINCE,CHINA**	**BILL OF LADING**
Notify party and address	**EXPORT REFERENCE:**
SAME AS CONSIGNEE	

Pre-carriage by	Place of receipt	Port of loading	Type of delivery
	HAMBURG	**HAMBURG**	**CY/CY**

Ocean vessel & voyage	Port of discharge	Place of delivery	Originals to be released
KUALA LUMPUR EXPRESS 024E	**YANTAI, CHINA**	**YANTAI,CHINA**	**HAMBURG**

Marks and Nos.	No. of Packages	Description of Goods	Gross Weight(kgs)	Measurement(CBM)
OOLU7749169/ **KL 21211082**	**45 PACKAGES**	**45 PACKAGES /FCL / FCL /40GP** **1×40' S.T.C** **=45PALLETS** **ALKOzell 250** **1.80×325.00mm- reel** **Your item No. PE-FORM**	**9158.00KGS**	**1.18CBM**
OOLU7329459/ **KL2121081**	**45 PACKAGES**	**45 PACKAGES /FCL / FCL /40GP** **1×40' S.T.C** **=45PALLETS** **ALKOzell 250** **1.80×325.00mm- reel** **Your item No. PE-FORM** **KIESELGUHR** **FREIGHT PREPAID**	**9158.00KGS**	

PARTICULARS DECLARED BY SHIPPER BUT NOT ACKNOWLEDGED BY CARRIER

Total packages	**SAY NINTY PACKAGES ONLY**

Number of original B/L	Place and date issue	IN WITNESS whereof the number of original B(s)L as stated havebeen
THREE (3)	**APR.29,2019**	signed,one of which being accomplished,the order(s) to be void.
Freight and charges		Declared value

Laden on Board the vessel	Stamp and signature
APR.29,2019 AT HAMBURG	ORIENT OVERSEAS CONTAINER LIMITED AS CARRIER

SUBJECT TO THE TERMS AND CONDITIONS ON BACK

【样单Ⅵ-1-11】进口货物报关单（空白）

中华人民共和国海关进口货物报关单

预录入编号　　　　**海关编号**　　　　**页码/页数**

境内收货人	进境关别	进口日期	申报日期	备案号
境外发货人	运输方式	运输工具名称及航次号	提运单号	货物存放地点
消费使用单位	监管方式	征免性质	许可证号	启运港
合同协议号	贸易国（地区）	启运国（地区）	经停港	入境口岸

包装种类	件数	毛重（千克）	净重（千克）	成交方式	运费	保费	杂费

随附单据及编码

标记唛码及备注

项号	商品编号	商品名称及规格型号	数量及单位	单价	总价	币制	原产国（地区）	最终目的国（地区）	境内目的地	征免

特殊关系确认　　价格影响确认　　支付特许权使用费确认　　自报自缴

报关人员　报关人员证号　电话　兹声明对以上内容承担如实申报、依法纳税之法律责任 申报单位　　　　申报单位（签章）	海关批注及签章

项目 7　全业务流程综合制单实训

学习目标

通过学习，要求完成以下任务：

1．熟悉进出口业务程序；

2．完成各业务环节相关单证的缮制。

任务操作

三雄进出口有限公司（统一社会信用代码：91370103353478421A）与日本的 TKAMLA CORPORATION 公司几经磋商，于 2019 年 1 月 1 日签订了一份全棉毛毯的销售确认书（详见【样单Ⅶ-1-1】）。2019 年 1 月 12 日，三雄进出口有限公司收到由中国银行烟台支行发出的信用证通知书，告知 TKAMLA CORPORATION 通过日本 FUJI BANK LTD 开来编号为 33416582 的信用证（详见【样单Ⅶ-1-2】）。

【样单Ⅶ-1-1】销售确认书

SAN XIONG IMP. & EXP.　CO., LTD.

No.33 ChangJiang Road, YanTai, China

SALES CONFIRMATION

TO Messrs:　　　　No.:　SX110264

TKAMLA CORPORATION　　　　Date: Jan. 01, 2019

6-7,KAWARA MACH, OSAKA, JAPAN

Tel：0081-3-362-1654　Fax：0081-3-362-1655

Dear Sirs: We hereby confirm having sold to you the following goods on the terms and conditions as specified below:

MARKS & No.	Name of Commodity and Specification	Quantity	Unit Price	Amount
T.C. OSAKA C/Nos. 1-250	COTTON BLANKET ART No. H666 ART No. HX88 PACKED IN 250 CARTONS	 500 PCS 500 PCS	CIF OSAKA USD5.50 USD4.50	 USD2750.00 USD2250.00
	Total	1000PCS		USD 5000.00
Total Amount in words: SAY US DOLLARS FIVE THOUSAND ONLY				

续表

Time of Shipment: LATEST DATE OF SHIPMENT Mar. 16, 2019

Port of Loading: YANTAI PORT

Port of Destination: OSAKA PORT

Partial Shipment: NOT ALLOWED

Transshipment: NOT ALLOWED

Terms of Payment: IRREVOCABLE L/C AT SIGHT WHICH SHOULD BE REACHED THE SELLER BEFORE Jan. 20, 2019 BY THE BUYER

Insurance: FOR 110 PERCENT OF THE INVOICE VALUE COVERING ALL RISKS AND WAR RISK

THE BUYER	THE SELLER
TKAMLA CORPORATION	SAN XIONG IMP. & EXP. CO., LTD.
(signature)	(signature)

【样单Ⅶ-1-2】信用证

SEQUENCE OF TOTAL	*27:	1/1
APPLICABLE RULES	*40:	IRREVOCABLE
DOC. CREDIT NUMBER	*20:	33416582
DATE OF ISSUE	*31C:	2019.01.12
EXPIRY	*31D:	DATE 2019.03.17
PLACE IN THE COUNTRY OF THE BENEFICIARY		
APPLICANT	*50:	TKAMLA CORPORATION 6-7, KAWARA MACH, OSAKA, JAPAN
BENEFICIARY	*59:	SAN XIONG IMP. & EXP. CO., LTD. No.33 CHANGJIANG ROAD, YANTAI, CHINA
AMOUNT	*32B:	CURRENCY USD AMOUNT 5000.00
AVAILABLE WITH/BY	*41D:	ANY BANK IN CHINA BY NEGOTIATION
DRAFTS AT ...	*42C:	DRAFTS AT SIGHT FOR FULL INVOICE VALUE
DRAWEE	*42A:	FUJI BANK LTD
PARTIAL SHIPMENTS	*43P:	NOT ALLOWED
TRANSSHIPMENT	*43T:	NOT ALLOWED
PORT OF LOADING	*44E:	YANTAI PORT
PORT OF DISCHARGE	*44F:	OSAKA PORT
LATEST DATE OF SHIP.	*44C:	2019.03.16
DESCRIPT. OF GOODS	*45A:	

COTTON BLANKET

ART No. H666 500PCS USD5.50/PC

ART No. HX88 500PCS USD4.50/PC

续表

PRICE TERM: CIF OSAKA DOCUMENTS REQUIRED *46A: + SIGNED COMMERCIAL INVOICE IN TRIPLICATE. + PACKING LIST IN 3 FOLD. + 3/3 SET OF ORIGINAL CLEAN ON BOARD OCEAN BILLS OF LADING MADE OUT TO ORDER OF SHIPPER AND BLANK ENDORSED, MARKED "FREIGHT PREPAID" AND NOTIFY APPLICANT. + CERTIFICATE OF ORIGIN GSP FORM A, ISSUED BY THE CHAMBER OF COMMERCE OR OTHER AUTHORITY DULY ENTITLED FOR THIS PURPOSE. + FULL SET OF NEGOTIABLE INSURANCE POLICY OR CERTIFICATE BLANK ENDORSED FOR 110% OF INVOICE VALUE COVERING ALL RISKS AND WAR RISK. DETAILS OF CHARGES *71B: ALL BANKING CHARGES OUTSIDE JAPAN ARE FOR ACCOUNT OF BENEFICIARY PRESENTATION PERIOD *48: DOCUMENTS MUST BE PRESENTED WITHIN 15 DAYS AFTER THE DATE OF SHIPMENT, BUT WITHIN THE VALIDITY OF THE CREDIT CONFIRMATION *49: WITHOUT INSTRUCTIONS *78: THE NEGOTIATION BANK MUST FORWARD THE DRAFTS AND ALL DOCUMENTS BY REGISTERED AIRMAIL DIRECT TO US IN ONE LOT, UPON RECEIPT OF THE DRAFTS AND DOCUMENTS IN ORDER, WE WILL REIMBURSE THE NEGOTIATING BANK IN ACCORDANCE WITH THEIR INSTRUCTIONS

【样单Ⅶ-1-3】其他资料

1．货物包装情况。 250CARTONS,4PCS/CARTON 毛重：20.5KGS/CARTON 净重：20KGS/CARTON 体积：0.2CBM/CARTON 2x20'CONTAINER 箱号：TEXU2263990、TEXU2264000 2．总运费：500.00 美元 3．保险费率：0.3% 4．法定计量单位：件

公司单证员张敏根据合同，对信用证进行了认真审核，认为信用证与合同规定相符。

2019 年 1 月 25 日，跟单员王莉与生产厂家宏泰毛毯厂联系，及时将货物备妥装箱刷唛后等待发运。

单证员张敏即缮制商业发票和装箱单，为后续业务做单证准备。

【样单Ⅶ-1-4】商业发票

三雄进出口有限公司

SAN XIONG IMP. & EXP. CO., LTD.

No.33 ChangJiang Road, YanTai, China

Tel: 0086-535-6372831 Fax: 0086-535-6372832

COMMERCIAL INVOICE

INV No.: **XH196671**

INV Date: **Feb.01, 2019**

S/C No.: **SX110264**

L/C No.: **33416582**

TO Messrs:

TKAMLA CORPORATION

6-7, KAWARA MACH, OSAKA, JAPAN

Tel：0081-3-362-1654 Fax：0081-3-362-1655

FROM YANTAI PORT TO OSAKA PORT BY VESSEL

Marks & No.	Name of Commodity and Specification	Quantity	Unit Price	Amount
T.C. **OSAKA** **C/Nos. 1-250**	**COTTON BLANKET** **ART No. H666** **ART No. HX88**	 **500 PCS** **500 PCS**	**CIF OSAKA** **USD5.50** **USD4.50**	 **USD2750.00** **USD2250.00**
	TOTAL	**1000PCS**		**USD5000.00**
Total Amount: **SAY US DOLLARS FIVE THOUSAND ONLY**				

PACKED IN **250 CARTONS**

WE HEREBY CERTIFY THAT THE CONTENTS OF INVOICE HEREIN ARE TRUE AND CORRECT.

SAN XIONG IMP. & EXP. CO., LTD.

（STAMP SIGNATURE）

【样单Ⅶ-1-5】装箱单

三雄进出口有限公司

SAN XIONG IMP. & EXP. CO., LTD.

No.33 ChangJiang Road, YanTai, China

Tel: 0086-535-6372831 Fax: 0086-535-6372832

PACKING LIST

INV No.: **XH196671**

S/C No.: **SX110264**

L/C No.: **33416582**

TO Messrs:

TKAMLA CORPORATION

6-7, KAWARA MACH, OSAKA, JAPAN

FROM YANTAI PORT TO OSAKA PORT

Marks & No.	Commodity	QTY (PCS)	CTNS	G.W. (KGS)	N.W. (KGS)	MEAS (CBM)
T.C.	**COTTON BLANKET**					
OSAKA	**ART No. H666**	**500**	**125**	**20.5/CTN**	**20/CTN**	**0.2/CTN**
C/Nos. 1-250	**ART No. HX88**	**500**	**125**	**20.5/CTN**	**20/CTN**	**0.2/CTN**
TOTAL		**1000PCS**	**250CTNS**	**5125KGS**	**5000KGS**	**50CBM**

SAY TOTAL TWO HUNDRED AND FIFTY CARTONS ONLY

该笔交易的信用证要求提供普惠制原产地证书格式 A（Certificate of Origin GSP FORM A）。2019 年 2 月 6 日，公司跟单员王莉向海关申请普惠制产地证明书 FORM A。

【样单Ⅶ-1-6】普惠制原产地证书格式 A

1. Goods consigned from (Exporter's business name, address, country)	Reference No. SD20190819
SAN XIONG IMP. & EXP.　CO., LTD. **No.33 CHANGJIANG ROAD, YANTAI,CHINA**	GENERALIZED SYSTEM OF PREFERENCES **CERTIFICATE OF ORIGIN** (Combined declaration and certificate)
2. Goods consigned to (Consignee's name, address, country)	FORM A
TKAMLA CORPORATION **6-7,KAWARA MACH,OSAKA, JAPAN**	Issued in THE PEOPLE'S REPUBLIC OF CHINA (country) See Notes overleaf
3. Means of transport and route (as far as known)	4. For official use
FROM YANTAI TO OSAKA　BY VESSEL	

5. Item No.	6. Marks and numbers of packages	7. Number and kind of packages; description of goods	8. Origin criterion (see Notes overleaf)	9. Gross weight or other quantity	10. Number and date of invoices
1	**T.C.** **OSAKA** **C/Nos.1-250**	**TWO HUNDRED FIFTY (250) CARTONS OF COTTON BLANKET** ***********************	**"P"**	**G.W.** **1000PCS**	**XH196671** **Feb.01，2019**

11. Certification It is hereby certified, on the basis of control carried out, that the declaration by the exporter is correct.	12. Declaration by the exporter The undersigned hereby declares that the above details and statements are correct, that all the goods were produced in **CHINA** (country) and that they comply with the origin requirements specified for those goods in the Generalized System of Preferences for goods exported to **JAPAN** (country)
YANTAI CUSTOMS 盖章	
GUANGZHOU FEB.7,2019　李华	**SAN XIONG IMP. & EXP.　CO., LTD. (STAMP)** **YANTAI FEB.06,2019** 王莉
Place and date, signature and stamp of certifying authority	Place and date, signature and stamp of authorized signatory

同日，跟单员王莉安排单证员张敏填制出口货物订舱委托书，委托纽世达货运代理公司向船公司办理货物订舱手续。

【样单Ⅶ-1-7】出口货物订舱委托书

<table>
<tr><td colspan="5">出口货物订舱委托书</td></tr>
<tr><td colspan="2">装运港：
YANTAI</td><td>目的港：
OSAKA</td><td>合同号：
SX110264</td><td>国别：
JAPAN</td></tr>
<tr><td>唛头及号码</td><td>件数及包装</td><td>货名及型号</td><td>重量（千克）</td><td>体积（CBM）</td></tr>
<tr><td>**T.C.**
OSAKA
C/Nos.1-250</td><td>**250 箱**</td><td>**全棉毛毯**
COTTON
BLANKET</td><td>**5125**</td><td>**50**</td></tr>
<tr><td colspan="3">SHIPPER</td><td colspan="2">需正本提单 **3** 份 ，副本 **3** 份</td></tr>
<tr><td colspan="3" rowspan="4">SAN XIONG IMP. & EXP. CO., LTD.
No.33 CHANGJIANG ROAD, YANTAI,CHINA</td><td colspan="2">信用证号：**33416582**</td></tr>
<tr><td colspan="2">可否转船：否 可否分批：否</td></tr>
<tr><td colspan="2">装期：**2019 年 2 月 13 日前**</td></tr>
<tr><td colspan="2">箱量 volume
20’（**2**） 40’（ ） 40’ HQ( ) CFS( )</td></tr>
<tr><td colspan="3">CONSIGNEE:</td><td colspan="2" rowspan="2">请配：</td></tr>
<tr><td colspan="3">**TO ORDER**</td></tr>
<tr><td colspan="3">NOTIFY:</td><td colspan="2">运费结算：预付</td></tr>
<tr><td colspan="3" rowspan="2">**TKAMLA CORPORATION**
6-7,KAWARA MACH,OSAKA, JAPAN
Tel：0081-3-362-1654
Fax：0081-3-362-1655</td><td colspan="2">装箱：产地</td></tr>
<tr><td colspan="2"></td></tr>
<tr><td colspan="3">委托人要求：</td><td colspan="2">委托单位：
三雄进出口有限公司
联系人：王莉
电话：1375450××××</td></tr>
</table>

纽世达货运代理公司订舱后，通知跟单员王莉该批货物拟于 2019 年 2 月 13 日装运，船名：NANXING V.086，配舱回单号：COCS1111861，王莉须于 2019 年 2 月 13 日前办好报检报关手续，以便及时装船。

本票货物采用 CIF 条件成交，卖方应办理投保手续。2019 年 2 月 7 日，王莉请张敏填制投保单向保险公司办理投保缴费手续，2019 年 2 月 8 日保险公司签发保险单。

【样单Ⅶ-1-8】保险单

中国人民保险公司

The People's Insurance Company of China

发票号码 Invoice No.	**XH196671**	保险单号次 Policy No.	**SH118812**

海 洋 货 物 运 输 保 险 单

MARINE CARGO TRANSPORTATION INSURANCE POLICY

被保险人（Insured）	**SAN XIONG IMP. & EXP.　CO.,　LTD.**

中国人民保险公司（以下简称本公司）根据被保险人的要求，及其所缴付约定的保险费，按照本保险单承担险别和背面所载条款与下列特别条款承保下列货物运输保险，特签发本保险单。

This policy of Insurance witnesses that the People's Insurance Company of China (hereinafter called "The Company"), at the request of the Insured and in consideration of the agreed premium paid by the Insured, undertakes to insure the undermentioned goods in transportation subject to conditions of the Policy as per the Clauses printed overleaf and other special clauses attached hereon.

标记 Marks & No.	保险货物项目 Descriptions of Goods	包装单位数量 Packing Unit Quantity	保险金额 Amount Insured
T.C. **OSAKA** **C/Nos.1-250**	**COTTON BLANKET**	**250 CTNS　1000PCS**	**USD5500.00**

总保险金额 Total Amount Insured	**SAY US DOLLARS FIVE THOUSAND FIVE HLINDRED ONLY**

保费 Premium	AS ARRANGED	运输工具 Per conveyance S.S	**NANXING V.086**	开航日期 Slg. on or abt	**2019.02.13**

起运港 From	**YANTAI PORT,CHINA**	目的港 To	**OSAKA,JAPAN**

承保险别（Conditions）

COVERING　ALL RISKS AND WAR RISK

所保货物，如发生本保险单项下可能引起索赔的损失或损坏，应立即通知本公司下述代理人查勘。如有索赔，应向本公司提交保险单正本（本保险单共有2份正本）及有关文件。如一份正本已用于索赔，其余正本则自动失效。

In the event of loss or damage which may result in acclaim under this Policy, immediate notice must be given to the Company's Agent as mentioned hereunder. Claims, if any, one of the Original Policy which has been issued in（ **TWO** ）original (s) together with the relevant documents shall be surrendered to the Company. If one of the Original Policy has been accomplished, the others to be void.

THE PEOPLE'S INSURANCE COMPANY OSAKA BRANCH

98LSKL MACH OSAKA JAPAN

TEL:028-543657

赔款偿付地点 Claim payable at	**OSAKA　IN　USD**

日期（Date）	**Feb.08,2019**	在 At	

地址：Address：	中国烟台芝罘区南大街23号 23 NANDAJIE ,ZHIFU,YANTAI,CHINA	中国人民保险公司烟台分公司 The People's Insurance Company of China GENERAL MANAGER　王林

BLANK ENDORSED: SAN XIONG IMP. & EXP.　CO., LTD. 王莉

【样单Ⅶ-1-9】出境货物检验检疫申请单

中华人民共和国海关

出境货物检验检疫申请

申请单位（加盖公章）：三雄进出口有限公司（章） *编号 896541231

申请单位登记号：1254789479 联系人：王莉 电话：1375450×××× 申请日期：2019.02.10

发 货 人	（中文）三雄进出口有限公司
	（外文）SAN XIONG IMP. & EXP. CO., LTD.
收 货 人	（中文）××××××
	（外文）TKAMLA CORPORATION

货物名称（中/外文）	H. S. 编码	产地	数/重量	货物总值	包装种类及数量
全棉毛毯 COTTON BLANKET	5802.3090	中国烟台	1000 件	5000 美元	250 箱

运输工具名称号码	NANXING V.086	贸易方式	一般贸易	货物存放地点	长江路 33 号
合同号	HX110264	信用证号	33416582	用 途	
发货日期	2019.02.13	输往国家	日本	许可证/审批证	
起运地	烟台	到达口岸	大阪	生产单位注册号	123455Q
集装箱规格、数量及号码	2×20' TEXU2263990,TEXU2264000				

合同、信用证订立的检验检疫条款或特殊要求	标记及号码	随附单据（划"√"或补填）	
	T.C. OSAKA C/Nos.1-250	√ 合同 √ 信用证 √ 发票 换证凭单	√ 装箱单 厂检单 包装性能结果单 许可/审批文件

需要证单名称（画"√"或补填）		*检验检疫费	
品质证书 1 正 2 副 重量证书 - 正 - 副 兽医卫生证书 - 正 - 副 健康证书 1 正 2 副 卫生证书 - 正 - 副 动物卫生证书 - 正 - 副	植物检疫证书 - 正 - 副 熏蒸/消毒证书 - 正 - 副	总金额 （人民币元）	
		计费人	
		收费人	

申请人郑重声明：	领取证单	
1. 本人被授权申请检验检疫； 2. 上列填写内容正确属实，货物无伪造或冒用他人的厂名、标志、认证标志。并承担货物质量责任。 签名：王莉	日期	
	签名	

2019 年 2 月 10 日，公司委托货代公司向烟台海关报检报关。

【样单Ⅶ-1-10】出口货物报关单

中华人民共和国海关出口货物报关单

预录入编号　　　　海关编号　　　　页码/页数

境内发货人（91370103353478421A）三雄进出口有限公司 | 出境关别（4227）烟台海关 | 出口日期 | 申报日期 | 备案号

境外收货人 TKAMLA CORPORATION | 运输方式（2）水路运输 | 运输工具名称及航次号 NANXING /086 | 提运单号 COCS1111861

生产销售单位（913701033532514216）宏泰毛毯厂 | 监管方式（0110）一般贸易 | 征免性质（101）一般征税 | 许可证号

合同协议号 SX110264 | 贸易国（地区）（JPN）日本 | 运抵国（地区）(JPN) 日本 | 指运港 大阪 | 离境口岸 烟台港

包装种类 纸制或纤维板制盒/箱 | 件数 250 | 毛重（千克）5125 | 净重（千克）5000 | 成交方式 CIF | 运费 LISD/500/3 | 保费 0.3/1 | 杂费

随附单据及编码
代理报关委托协议

标记唛码及备注
NO MARK　集装箱箱数及号码：2；TEXU2263990、TEXU2264000

项号	商品编号	商品名称及规格型号	数量及单位	单价	总价	币制	原产国（地区）	最终目的国（地区）	境内货源地	征免
1	5802.3090	全棉毛毯 货号 H666	500 件 500 件	5.50	2750.00	美元（USD）	中国（CHN）	日本（JPN）	烟台（37062）	照章征税（1）
2	5802.3090	全棉毛毯 货号 HX88	500 件 500 件	4.50	2250.00	美元（USD）	中国（CHN）	日本（JPN）	烟台（37062）	照章征税（1）

特殊关系确认：否　　价格影响确认：否　　支付特许权使用费确认：否　　自报自缴：否

报关人员　报关人员证号 42109610　电话　　兹声明对以上内容承担如实申报、依法纳税之法律责任　　海关批注及签章
申报单位:（913702110801817802）纽世达货运代理公司　　申报单位（签章）

该批货物于 2019 年 2 月 11 日由海关放行，放行后货物于 2019 年 2 月 13 日完成装船，纽世达货运代理公司凭 NANXING 号货轮大副签发的收货单向船公司换取提单，船公司于 2019 年 2 月 13 日签发提单。

【样单Ⅶ-1-11】提单

<table>
<tr><td colspan="2">Shipper
SAN XIONG IMP. & EXP. CO., LTD.
No.33 CHANGJIANG ROAD, YANTAI,CHINA</td><td colspan="3" rowspan="2">B/L No.: **COCS1111861**
中国对外贸易运输总公司
CHINA NATIONAL FOREIGN TRADE TRANSPORT CORPORATION
直运或转船提单</td></tr>
<tr><td colspan="2">Consignee
TO ORDER</td></tr>
<tr><td colspan="2">Notify party
TKAMLA CORPORATION
6-7,KAWARA MACH,OSAKA, JAPAN
Tel：0081-3-362-1654
Fax：0081-3-362-1655</td><td colspan="3" rowspan="4">BILL OF LADING
DIRECT OR WITH TRANSHIPMENT</td></tr>
<tr><td>Pre-carriage</td><td>Port of loading
YANTAI,CHINA</td></tr>
<tr><td>Vessel
NANXING V.086</td><td>Port of transshipment</td></tr>
<tr><td>Port of discharge
OSAKA,JAPAN</td><td>Final destination</td></tr>
<tr><td>Container seal No. or Marks and Nos.</td><td colspan="2">Number and Kind of Packages; Description of Goods</td><td>Gross Weight (KGS)</td><td>Measurement (CBM)</td></tr>
<tr><td>**T.C.**
OSAKA
C/Nos.1-250</td><td colspan="2">**COTTON BLANKET**
SAY TWO HUNDRED FIFTY CARTONS ONLY
TOTAL 2×20' CONTAINERS
CY TO CY
FREIGHT PREPAID</td><td>**5125KGS**

ON BOARD</td><td>**50CBM**</td></tr>
<tr><td colspan="3">REGARDING TRANSHIPMENT INFORMATION PLEASE CONTACT</td><td colspan="2">Freight and Charge
FREIGHT PREPAID</td></tr>
</table>

<table>
<tr><td rowspan="2">Ex. rate</td><td>Prepaid at</td><td>Freight payable at</td><td>Place and date of issue
YANTAI,Feb.13,2019</td></tr>
<tr><td>Total prepaid</td><td>Number of original Bs/L
THREE(3)</td><td>Signed for or on behalf of the master
王浩
AS MASTER OF THE SHIPPING COMPANY MENTIONED ABOVE</td></tr>
</table>

（注：此提单须由三雄进出口有限公司空白背书方能交付）

2019年2月14日，跟单员王莉让单证员张敏及时缮制了一份装运通知发送给买方，以便买方安排接货。

【样单Ⅶ-1-12】装运通知

SAN XIONG IMP. & EXP.　CO., LTD.
No.33 CHANGJIANG ROAD, YANTAI,CHINA
SHIPPING ADVICE

INV No.:XH196671
S/C No.:SX110264
L/C No.:33416582

TO MESSRS:
TKAMLA CORPORATION
6-7,KAWARA MACH,OSAKA, JAPAN
DEAR SIRS:
WE HEREBY INFORM YOU THAT THE GOODS UNDER THE ABOVE MENTIONED CREDIT HAVE BEEN SHIPPED.THE DETAILS OF THE SHIPMENT ARE STATED BELOW:

COMMODITY: COTTON BLANKET	**SHIPPING MARKS**
NUMBER OF CARTONS:250 CTNS	
OCEAN VESSEL: NANXING V.086	**T.C.**
DATE OF DEPARTURE:Feb.13,2019	**OSAKA**
B/L No.:COCS1111861	**C/Nos.1-250**
PORT OF LOADING:YANTAI	
DESTINATION:OSAKA PORT	

SAN XIONG IMP. & EXP.　CO., LTD.
王莉

货物发运后，单证员备齐信用证要求的单据（包括商业发票一式三份、装箱单一式三份、提单一式三份、普惠制原产地证书格式A一份、保险单两份），并缮制汇票，在信用证规定的交单期内向银行交单议付。

【样单Ⅶ-1-13】汇票

Drawn under **FUJI BANK LTD**
L/C No.: **33416582**　Dated:**Jan.12，2019**
Payable with interest @..................% per annum
No.:**XH196671**
Exchange for **USD5000.00**　Date:**Feb.17，2019**　YANTAI,CHINA
At**** sight of this First of exchange (Second of exchange being unpaid)
Pay to the order of **BANK OF CHINA, YANTAI BRANCH**
The sum of **SAY US DOLLARS FIVE THOUSAND ONLY**
To: **FUJI BANK LTD.**
1013，SAKULA OTOLIKINGZA MACHI TOKYO JAPAN

SAN XIONG IMP. & EXP.　CO., LTD.
王莉

任务实训

实训 7.1.1　全业务流程综合制单

一、任务要求：根据实训材料缮制全套结汇单据。

二、实训材料

1.【样单Ⅶ-1-14】信用证资料

27	/ SEQUENCE OF TOTAL	1/1
40A	/ FORM OF DOCUMENTARY CREDIT	IRREVOCABLE
20	/ DOCUMENTARY CREDIT NUMBER	307811722732
31C	/ DATE OF ISSUE	2018.11.15
31D	/ DATE AND PLACE OF EXPIRY	2018.12.30 IN BENEFICIARY'S COUNTRY
50	/ APPLICANT	MOUN CO., LTD. No.443, 249, ROAD BANGKOK, THAILAND
59	/ BENEFICIARY	XINTAI FORIGN TRADE CORP. QINGDAO, CHINA
32B	/ CURRENCY CODE AMOUNT	USD 18 080.00
39A	/ PERCENTAGE CRDT AMT TOLERANCE	05/05
41D	/AVAILABLE WITH BY	ANY BANK IN CHINA BY NEGOTIATION
42C	/DRAFTS AT…	SEE 47A
42A	/DRAWEE	ISSUING BANK
43P	/PARTIAL SHIPMENTS	NOT ALLOWED
43T	/TRANSSHIPMENT	ALLOWED
44A	/ON BOARD /DISP/TAKING CHARGE	CHINA PORT
44B	/FOR TRANSPORTATION TO	BANGKOK, THAILAND
44C	/LATEST DATE OF SHIPMENT	2018.12.10
45A	/DESCP OF GOODS AND /OR SERVICES	

16000KGS METHAMIDOPHOS 70 PCT.MIN TECH.

AT USD 1.13 PER KG. CIF BANGKOK

PACKING IN 200KGS /IRON DRUM

(DETAILS AS PER PROFORMA INVOICE No. 33745)

46A　/DOCUMENTS REQUIRED

+COMMERCIAL INVOICE IN 1 ORIGINAL AND 6 COPIES INDICATING FOB VALUE, FREIGHT CHARGES AND INSURANCE PREMIUM SEPARATELY, ALL OF WHICH MUST BE MANUALLY SIGNED.

续表

+FULL SET OF 3/3 CLEAN ON BOARD OCEAN BILLS OF LADING OR MULTIMODAL TRANSPORT DOCUMENT AND TWO NON- NEGOTIALE COPIES MADE OUT TO ORDER OF BANGKOK PUBLIC COMPANY LIMITED,BANGKOK MARKED FREIGHT PREPAID AND NOTIFY APPLICANT.IF MULTIMODAL TRANSPORT DOCUMENT IS PRESENTED, IT MUST SHOWN ON BOARD VESSEL NOTATION INDICATING THE DATE , THE OCEAN VESSEL'S NAME AND PORT OF LOADING .

+INSURANCE POLICY OR CERTIFICATE OR DECLARATION IN TWO NEGOTIABLE FORMS INDICATING "ORIGINAL" AND "DUPLICATE" PLUS ONE NON-NEGOTIABLE COPY ENDORSED IN BLANK FOR 110PCT OF THE INVOICE VALUE, WITH CLAIMS PAYABLE IN BANGKOK IN CURRENCY OF THE DRAFT, COVERING INSTITUTE CARGO CLAUSE (ALL RISKS) AND INSTITUTE WAR CLAUSES(CARGO).

+PACKING LIST IN ONE ORIGINAL PLUS 4 COPIES, ALL OF WHICH MUST BE MANUALLY SIGNED.

+CERTIFICATE OF ORIGIN IN 2 COPIES.

+BENEFICIARY'S CERTIFICATE CERTIFYING THAT ONE COPY OF ALL NON-NEGOTIABLE DOCUMENTS HAS BEEN SENT DIRECTLY TO BUYER WITHIN 5 DAYS AFTER SHIPMENT EFFECTED.

47A　　/ ADDITIONAL CONDITIONS:

+DRAFTS IN DUPLICATE AT 120 DAYS AFTER SHIPMENT DATE, INTEREST/DISCOUNT CHARGES AND ACCEPTANCE COMMISSION ARE FOR BENEFICIARIE'S ACCOUNT AND INDICATING THIS L/C NUMBER.

+A DISCREPANCY FEE OF USD50.00 WILL BE IMPOSED ON EACH SET OF DOCUMENTS PRESENTED FOR NEGOTIATION UNDER THIS L/C WITH DISCREPANCY, THE FEE WILL BE DEDUCTED FROM THE BILL AMOUNT.

71B　　/CHARGES

ALL BANKING CHARGES OUTSIDE THAILAND INDICATING REIMBURSING BANK COMMISSION AND DISCRIPANCY FEE (IF ANY) ARE FOR ACCOUNT OF THE BENEFICIARY

48　　/ CONFIRMATION INSTRUCTION

WITHOUT

53　　/ REIBURSING BANK – NAME AND ADDRESS

BANGKOK BANK PUBLIC COMPANY LIMITED, NEW YORK BRANCH

78　　/ INSTRUCT TO PAY/ACCPT/NEGOT BANK

ALL DOCUMENTS ARE TO BE SENT TO BANGKOK BANK PUBLIC COMPANY LIMITED HEAD OFFICE, 333 SOILOM ROAD, BANGKOK 10500, THAILAND IN ONE LOT BY FIRST AVAILABLE AIRMAIL

2.【样单Ⅶ-1-15】其他资料

发票号码：SHE18/7203

日期：2018 年 11 月 20 日

货物于 2018 年 11 月 29 日从青岛起运至曼谷

装运船只：JENNY 航次 V. 02

运费：600.00 美元，保险费：100.00 美元

数量：80 桶，净重 200KG/DRUM，毛重 220KG/DRUM

1×20'Container: COSU3274685

货物名称：甲胺磷 H.S. Code: 2930.9000

3.【样单Ⅶ-1-16】空白商业发票

COMMERCIAL INVOICE

ISSUER			INVOICE No.	
			DATE	
TO			S/C No. L/C No.	
SHIPMENT FROM ________________ TO__________________ BY______________				
MARKS AND NUMBERS	DESCRIPTION OF GOODS	QUANTITY	UNIT PRICE	AMOUNT
TOTAL				

4.【样单Ⅶ-1-17】空白装箱单

PACKING LIST

ISSUER			INVOICE No. DATE		
			SHIPPING MARKS		
CONSIGNEE					
SHIPMENT FROM ________________ TO__________________ BY______________					
DESCRIPTION OF GOODS	QUANTITY	PACKAGES	G.W.	N.W.	MEAS.
TOTAL					

5.【样单Ⅶ-1-18】空白提单

<table>
<tr><td colspan="2">Shipper</td><td colspan="4" rowspan="6">B/L No.
中国远洋运输总公司
CHINA OCEAN SHIPPING CO.
Port To Port or Combined Transport
BILL OF LADING
Received in external apparent good order and condition except as otherwise noted. The total number of packages or units stuffed in the container, the description of goods, the weights shown in this B/L are furnished by the merchants, and which the carrier has no reasonable means of checking and is not a part of this B/L contract.
ORIGINAL</td></tr>
<tr><td colspan="2">Consignee</td></tr>
<tr><td colspan="2">Notify Party</td></tr>
<tr><td>Pre-carriage by</td><td>Place of Receipt</td></tr>
<tr><td>Ocean Vessel Voy</td><td>Port of Loading</td></tr>
<tr><td>Port of Discharge</td><td>Place of Delivery</td></tr>
<tr><td>Marks & Nos.
Seal No.</td><td>No. of containers or Pkgs</td><td colspan="2">Kind of Packages;
Description of Goods</td><td>Gross Weight
(KGS)</td><td>Measurement</td></tr>
<tr><td></td><td></td><td colspan="2"></td><td></td><td></td></tr>
<tr><td colspan="6">Total Number of Containers or Packages(In Words)</td></tr>
<tr><td>Freight & Charges</td><td>Revenue Tons</td><td>Rate</td><td>Per</td><td>Prepaid</td><td>Collect</td></tr>
<tr><td>Ex. Rate</td><td>Prepaid at</td><td colspan="2">Payable at</td><td colspan="2">Place and Date of Issue</td></tr>
<tr><td>Total Freight</td><td>No. of Original B(S)/L</td><td colspan="4" rowspan="2">Signed for the Carrier</td></tr>
<tr><td colspan="2">LADEN ON BOARD THE VESSEL
Date by</td></tr>
</table>

6.【样单Ⅶ-1-19】空白保险单

<table>
<tr><td colspan="6">中保财产保险有限公司
The People's Insurance (Property) Company of China,Ltd</td></tr>
<tr><td>发票号码
Invoice No.</td><td colspan="2"></td><td>保险单号次
Policy No.</td><td colspan="2"></td></tr>
<tr><td colspan="6">海 洋 货 物 运 输 保 险 单
MARINE CARGO TRANSPORTATION INSURANCE POLICY</td></tr>
<tr><td>被保险人 Insured</td><td colspan="5"></td></tr>
<tr><td colspan="6">中保财产保险有限公司（以下简称本公司）根据被保险人的要求，及其所缴付约定的保险费，按照本保险单承担险别和背面所载条款与下列特别条款承保下列货物运输保险，特签发本保险单。
This policy of Insurance witnesses that the People's Insurance (Property) Company of China, Ltd. (hereinafter called "The Company"), at the request of the Insured and in consideration of the agreed premium paid by the Insured, undertakes to insure the undermentioned goods in transportation subject to conditions of the Policy as per the Clauses printed overleaf and other special clauses attached hereon.</td></tr>
<tr><td colspan="2">保险货物项目 Descriptions of Goods</td><td colspan="2">包装单位数量 Packing Unit Quantity</td><td colspan="2">保险金额 Amount Insured</td></tr>
<tr><td colspan="2"></td><td colspan="2"></td><td colspan="2"></td></tr>
<tr><td colspan="4">承保险别 Conditions</td><td colspan="2">货物标记 Marks of Goods</td></tr>
<tr><td colspan="4"></td><td colspan="2"></td></tr>
<tr><td>总保险金额
Total Amount Insured</td><td colspan="5"></td></tr>
<tr><td>保费
Premium</td><td></td><td>载运输工具
Per conveyance S.S.</td><td></td><td>开航日期
Slg. on or abt</td><td></td></tr>
<tr><td>起运港 From</td><td colspan="2"></td><td>目的港 To</td><td colspan="2"></td></tr>
<tr><td colspan="6">所保货物，如发生本保险单项下可能引起索赔的损失或损坏，应立即通知本公司下述代理人查勘。如有索赔，应向本公司提交保险单正本（本保险单共有　　份正本）及有关文件。如一份正本已用于索赔，其余正本则自动失效。
In the event of loss or damage which may result in acclaim under this Policy, immediate notice must be given to the Company's Agent as mentioned hereunder. Claims, if any, one of the Original Policy which has been issued in　　　original (s) together with the relevant documents shall be surrendered to the Company. If one of the Original Policy has been accomplished, the others to be void.</td></tr>
<tr><td>赔款偿付地点
Claim payable at</td><td colspan="5"></td></tr>
<tr><td>日期 Date</td><td colspan="2"></td><td>在 At</td><td colspan="2"></td></tr>
<tr><td>地址
Address</td><td colspan="3"></td><td colspan="2"></td></tr>
</table>

7.【样单Ⅶ-1-20】空白原产地证书

<table>
<tr><td colspan="2">1. Exporter(full name and address)</td><td colspan="3" rowspan="2">CERTIFICATE No.

CERTIFICATE OF ORIGIN
OF
THE PEOPLE'S REPUBLIC OF CHINA</td></tr>
<tr><td colspan="2">2. Consignee(full name, address, country)</td></tr>
<tr><td colspan="2">3. Means of Transport and Route</td><td colspan="3" rowspan="2">5. For Certifying Authority Use Only</td></tr>
<tr><td colspan="2">4. Country / Region of Destination</td></tr>
<tr><td>6. Marks & Numbers</td><td>7. Numbers and Kinds of Packages; Description of Goods</td><td>8. H.S. Code</td><td>9. Quantity</td><td>10. Number and Date of Invoices</td></tr>
<tr><td colspan="2">11. Declaration by the exporter
The undersigned hereby declares that the above details and statement are correct; that all the goods were produced in China and that they comply with the Rules of Origin of the People's Republic of China.</td><td colspan="3">12. Certification
It is hereby certified that the declaration by the exporter is correct.</td></tr>
<tr><td colspan="2">Place and date, signature and stamp of authorized signatory</td><td colspan="3">Place and date, signature and stamp of certifying authority</td></tr>
</table>

8.【样单Ⅶ-1-21】空白受益人证明

XINTAI FOREIGN TRADE CORP.

QINGDAO ,CHINA

BENEFICIARIY'S CERTIFICATE

9.【样单Ⅶ-1-22】空白汇票

BILL OF EXCHANGE				
凭 Drawn Under			不可撤销信用证 Irrevocable L/C No.	
日期 Date		支 取 按息付款 Payable With interest @ %		
号码 No.		汇票金额 Exchange for		
	见票 At		日 后 (本 汇 票 之 副 本 未 付) 付 交 Sight of this FIRST of Exchange (Second of Exchange Being unpaid) Pay to the order of	
金额 The sum of				
此致 To				

参 考 文 献

[1] 全国国际商务单证专业培训考试办公室. 国际商务单证理论与实务[M]. 北京：中国商务出版社，2016.

[2] 黎孝先，石玉川. 国际贸易实务[M]. 上海：对外经贸大学出版社，2016.

[3] 徐薇. 国际贸易单证实务与操作[M]. 北京：人民邮电出版社，2016.

[4] 孟祥年. 外贸单证实务[M]. 上海：对外经贸大学出版社，2015.

[5] 刘金波. 国际金融实务[M]. 北京：人民大学出版社，2016.

[6] 王善论. 国际商会信用证案例评析[M]. 厦门：厦门大学出版社，2014.

[7] 章安平. 进出口业务操作[M]. 北京：高等教育出版社，2014.

[8] 姚大伟. 国际商务单证理论与实务[M]. 上海：上海交通大学出版社，2014.

[9] 童宏祥. 外贸单证操作[M]. 上海：华东师范大学出版社，2014.

[10] 余世明. 国际商务单证实务[M]. 广州：暨南大学出版社，2014.

[11] 翟步习. 信用证英语[M]. 上海：对外经贸大学出版社，2014.

[12] 赵加平，张颖. 国际货运与代理操作实务[M]. 北京：中国海关出版社，2011.

[13] 朱春兰，外贸单证实务[M]. 大连：大连理工大学出版社，2011.

[14] 林文斌，涂奇. 外贸单证实务[M]. 南京：南京大学出版社，2011.

[15] 庄艳. 外贸单证操作实务[M]. 北京：对外经济贸易大学出版社，2009.

[16] 张华，周树玲. 外贸单证实务（2 版）[M]. 北京：对外经济贸易大学出版社，2008.

[17] 阚细春，王燕萍. 外贸单证实务[M]. 北京：冶金工业出版社，2008.